꽃 진 자리에 향기 더 붉다

김재홍 산문집
꽃 진 자리에 향기 더 붉다
■
인쇄 2012년 5월 12일
발행 2012년 5월 15일
■
지은이 김재홍
펴낸곳 도서출판 문화의힘
펴낸이 이순옥
■
대전 동구 삼성1동 125-6
한밭오피스텔 406호/ 등록 제117호
전화 042-633-6537
전송 0505-489-6537

ISBN 978-89-90647-56-6

값15,000원

꽃 진 자리에 향기 더 붉다

山史 金載弘 산문집

도서출판 문화의힘

|축시|

山史 散詞

|유 자 효|

내 친구 산사와 함께 한 45년은
아내보다도
자식보다도
더 오래 함께 한 세월
이제 삶의 한 고비를 접고
조상 계신 터에 살 집을 마련했으니
그대 편안하신가
외로우신가
내 친구 산사와 얼마나 더 함께 할까
남은 그 세월
눈부실까
황홀할까
눈물겨울까

소년과 우물

—산사 김재홍 귀거래

|유 재 영|

어머니가
떠주신 물 마시고
물 대접 속 낮달까지
마시고

떠난
고향

오십 년 지나
돌아온 그 자리

누옥에
책 몇 권,

아침엔
햇빛 한 사발
저녁엔
고요 한 대접

우물 속
소년은 없고
커다란 허공 하나
조용히
잠겼습니다

21세기 디오게네스

|김 미 숙|

마침내 그를 보았다

정치인은 제 주머니 속 나라만 보고
법률가는 고장난 저울만 보고
교육자는 책장 속에 든 사람만 본다는데

이백과 두보의 생각을 두루 꿰고 있다는 그를
우주 어디에서도 찾지 못했던 그를
바람 부는 물의 나라, 水國에서 만났다

시간의 풍랑 위에 조각배 띄우고
울타리 없는 뱃길 따라
삐걱삐걱 다시 돌아온 목천 마을

이제 등불 들고 찾지 않아도
제 스스로 등불이 되어
어둠의 파도 위에 묵묵히 서 있는 그를
마침내 만났다

해

– 山史 선생의 학덕을 기리며

|이 동 순|

해는
만물을 기르고 거두시나니

가만히 있는 것 같아도
오래오래 느끼며 지켜보노라면
종일 공중에 떠서
지상의 작고 여린 목숨들을 보살피시나니

바위 같은 얼음장도 녹이시고
산골 후미진 모퉁이
한줌 흙에 겨우 뿌리박고 고개 내민
가냘픈 노루귀 얼레지를 측은히 바라보시나니

갓 태어난 고라니 등이 추울새라
젖은 물기를 속히 말려주시고
나뭇가지에 앉아 깃털 다듬는 어린 박새의
이마에도 입김을 보내어 주시나니

껍질 벗은 풀무치
방아깨비 여치 귀뚜라미
사슴벌레들이 힘차게 날아갈 수 있도록
다정한 손길로 오래오래 쓰다듬어주시나니

하지만 세상 꼴이 마음에 들지 않을 땐
단호하게 비를 멈추고 천년 세월 무서운 폭양으로
그 번성하던 궁궐과 음악소리 온갖 탐욕의 문서들까지
모조리 사막 속에 묻어버리시나니

해는
만물을 기르고 거두시나니

(시인, 영남대 교수)

■ 축시

Ⅰ. 내가 나를 바라보니

Ⅱ. 꽃 진 자리에 향기 더 붉다

Ⅲ. '홀로'의 삶, '더불어'의 삶을 위하여

Ⅳ. 시를 읽는 즐거움

V. 서정시는 현대시의 본도·정도·대도

Ⅵ. 잊을 수 없는 나의 님, 연인이여

Ⅶ. 잃어버린 시간을 찾아서
– 서문 모음·기타

Ⅰ. 내가 나를 바라보니

나 있는 곳이 내 집이다

젊은 날 수많은 삶의 문제로 괴로워 방황하고 있을 때 문득 찾아뵌 어느 스님이 내게 불쑥 한마디 던졌다. "너 있는 곳이 바로 네 집 아니냐. 네 안에서 찾아라!"

이 말은 참으로 오랫동안 내 마음에 든든한 버팀목이 되어 주었고 지금까지도 희망의 등불로 빛나고 있다.

괴테가 말했듯이 '방황하고 있는 것은 삶의 슬기를 찾고 있는 것'이라고 할 수 있으리라. 그러기에 내 젊은 날은 오래오래 방황의 연속이었다. 세상은 넓고 넓지만 정작 갈 곳이 없었다. 어디에 가나 나는 '꿔다 놓은 보릿자루'였고 '촌닭 관청에 온 모습' 그대로였다. 그만큼 자신이 없었고 열등감이 언제나 그림자처럼 나를 따라다녔다. 돈에, 권력에 주눅들고 사람과 조직에 치이고 심지어는 커다란 건물 앞에서조차 어쩔 줄 모르는 모습이었다.

그런 때 스님의 그 한마디는 참으로 순금의 말씀으로 다가왔다.

그렇다! 세상 모든 생명들이 생명 앞에서 평등한 것이고 또 평등해야 하는 것이 자연의 이치이며 당위적인 일이다. 마찬가지로 세상의 모든 사람들은 삶 앞에서 평등하며 평등해야만 한다. 능력에는 차이가 있고 인격 또한 다양하지만 생명 그 자체는 높낮이가 없는 것이다. 그런데도 세상 사람들은 탐욕에 눈이 어두워 다른 생명을 가벼이 여기고 사람을 무시하고, 매도하고, 심지어는 죽이기까지 하지 아니하는가? 또 우리 스스로도 자기를 천대하고 학대하며 심지어는 죽음에 이르게까지 하기도 한다. 우리 모두는 자신감은 물론 자아를 잃고 허깨비처럼 방황하며 떠돌고 있을 뿐인 것이다. 그래선지 '나 있는 곳이 바로 내 집'이라는 말씀은 내가 그 어느 곳에 가더라도, 그 어떤 환경에 처하더라도 중심을 잃지 말고 내 자신의 주인이 되어 살아가라는 얘기로 받아들여졌다. 그래선지 지난날 한용운 선생도 그런 깨침의 시, 오도송을 쓰지 않았겠는가. '남아란 가는 곳이 바로 고향이다/그런데도 나그네 설움에 잠긴 사람 그 얼마나 많은가/한 마디 버럭 질러 세상을 뒤흔드노니/눈 속에 복사꽃 붉게 흩날리도다男兒到處是故鄕/幾人長在客愁中/一聲喝破三千界/雪裡桃花片片飛'라고 말이다. 이 말대로 진정한 고향은 어디 따로 있는 것이 아니라 항상 내 마음에 있는 것, 내 마음 흘러가는 곳에 있는 것이다. 그러기에 내 집 또한 내가 머무는 그곳일 수밖에 없다.

그런데도 나는, 우리는 어디 먼 곳에, 나의 밖 어디엔가 마치 고향이, 집이 따로 있는 것처럼 찾아 헤매고 있는 것이다. 그러니 그 모습이 마치 소를 타고 있으면서 소를 찾고 있는 것처럼 얼마나 어리석고 안타까운 일이겠는가. 그러고 보니 '풀씨가 날아다니다 멈추는 곳/그곳이 나의 고향/그곳에 묻히리//햇빛 하염없이 뛰노는 언덕배기이면 어떻고/소나기 쏜살같이 꽂히는 시냇가면 어떠리/온갖 짐승 제멋에 뛰노는 산속이면 어떻고/노오란 미꾸라지 꾸물대는 진흙밭이면 어떠리//풀씨가 날아다니다/멈출 곳 없어 언제나 떠다니는 길목/그곳이면 어떠리/그곳이 나의 고향/그곳에 묻히리'(조태일, 「풀씨」)라는 시가 생각난다.

그렇다! 세상 어느 밝은 하늘 아래 또는 어둔 쑥굴헝에 놓이더라도 그곳이 바로 나의 고향, 나의 집이라 생각하여 마음을 편안히 하고 최선을 다해 열심히, 성실하게 살아가면 그것으로 족하지 아니하겠는가 말이다.

풍상세월, 진정성을 위하여

최근 선거전을 치루는 과정을 지켜보면서 나는 마치 온 나라가, 언론이 선거만을 위해서 있는 것이 아닌가 하는 착각이 들 정도로 혼란스러운 상태로 지낼 수밖에 없었다. 그만큼 온 나라가 온통 소란스럽고 어지러웠기 때문이리라. 정치가 국민을 안심시키고 사람들이 어떻게 국가와 국민들을 사랑하고, 서로 돕고 상생할 수 있어야하는가 하는 삶의 지혜를 일깨워주고 역사의 방향성을 제시해주는 것이 돼야 할 터인데도 불구하고 그야말로 사생결단, 이전투구를 일삼는 모습만 주로 보아왔기에 그런 생각이 아니 들 수 없었다.

이제 선거 잔치는 끝났다. 어찌됐든 간에 서로 가슴속에 남아 있을지도 모를 원망과 미움, 어리석음의 찌꺼기를 털어버리고 서로 승복하며 상생의 길로 나아가야만 할 것이다. 그래선지 문득 만해 한용운 스님의 시 한 편이 떠오른다. 아마도 이젠 우리 모두 진정한 생명사랑, 상생과 사랑의 철학, 평화 실현의 길로 나아가야 하리라 생각되기 때문이리라. 나는 '만해 스님', 역사·사회적으로 호칭할 때 '만해 선생'을 존경하고 사랑한다.

> 내가 당신을 사랑하는 것은 까닭이 없는 것이 아닙니다
> 다른 사람들은 나의 홍안紅顔만을 사랑하지마는 당신은 나의 백발白髮도 사랑하는 까닭입니다
>
> 내가 당신을 기루어하는 것은 까닭이 없는 것이 아닙니다
> 다른 사람들은 나의 미소만을 사랑하지마는 당신은 나의 눈물도 사랑하는 까닭입니다
>
> 내가 당신을 기다리는 것은 까닭이 없는 것이 아닙니다
> 다른 사람들은 나의 건강만을 사랑하지마는 당신은 나의 죽음도 사랑하는 까닭입니다
>
> — 한용운, 「사랑하는 까닭」

그렇지만 내가 그분을 진심으로 공경하고 흠모하는 것은 그분의 민족운동사, 종교사상사, 문학예술사에 걸친 뛰어난 업적과 삶의 위대성 때문이기도 하지만 이 시 「사랑하는 까닭」 등에서 발견되는 진정성의 시혼을 높이 평가하고 사모하기 때문이라고 고백하고 싶다. 실상 시집 『님의 침묵』의 시 88편 모두가 다 사랑의 노래이고 생명의 노래인 것은 두말할 나위가 없다. 그렇지만 이 시 「사랑하는 까닭」은 특히 그러한 참사랑과 참생명의 길을 아주 극명하고 알기 쉽게 일러주는 데서 폭넓은 공감을 불러일으킨다.

한마디로 나는 그것을 '진정성의 시혼'이라 부르고자 한다. 오늘날 현대사회는 기계문명과 상업주의의 발달 및 물신주의, 대량주의의 범람으로 인해 누구나가 서로 단절되고 소외시키는 불연속성의 시대, 불확정성의 시대를 살아가고 있는 것이 사실이다. 그러기에 현대인들은 단절과 소외, 불안과 방황 속에서 서로 불신하고 좌절하며 증오와 방황으로 하루하루를 살아가기 마련이다.

말하자면 인간 내면에 자리 잡고 있는 탐욕과 성냄, 어리석음으로서 삼독三毒을 품고 살아가고 있으며 집착과 애착, 원착怨着으로서 삼착三着에서 해방되지 못하면서 불쌍한 중생의 모습으로 해 저문 벌판을 헤매고 있는 모습인 것이다. 더구나 지구상 유일의 분단국가로서 온갖 대항논리와 적개심의 법칙에 지배되어 냉전구도 속에 핏발 선 채로 살아올 수밖에 없던 이 땅 현실에 비추어 봄에 있어서랴….

이점에서 이 시 「사랑하는 까닭」은 오늘날 우리의 삶 속에서 참 인간회복에의 길, 참 생명사랑의 길로서 '진정성의 시혼'을 낮고 그윽한 목소리로 일러주고 있어 관심을 환기하는 것이다.

진정성이란 무엇인가? 그것은 인간이 인간다울 수 있는 표징으로서 진실성과 성실성, 치열성과 일관성을 가치덕목으로 하여 성립되는 것이 아닌가 생각한다.

진실성이란 무엇이던가? 한마디로 그것은 거짓되고 사악한 것이 아니라 말 그대로 진실되고 착하고 아름다운 것으로서 眞·善·美의 실천

규범과 정신자세를 의미한다. 인간인 한에야 100% 진실한 사람이란 없을 것이다. 다만 그렇게 진실하고 착하고 아름답게 살려고 노력하는 사람만이 있을 뿐이다. 그렇게 살려고 최선을 다하는 자세 그것이 바로 진실성을 보여주는 길인 것이다.

또 성실성이란 무엇인가? 그것은 매사에 있어 성심성의를 다하려는 마음가짐과 생활태도를 의미한다. 기계가 아닌 인간이기에 규칙적인 반복만으로는 살아갈 수 없다. 피가 뜨겁기에 끊임없이 흔들리면서 때로 나태하고 풀어지기도 하면서 살아갈 수밖에 없는 것이다. 그러나 그야말로 짐승이 아닌 인간이기에 다시 마음을 다잡고 정신을 바로 하여 삶의 길로 성실하게 매진해 나아가야만 할 것이 자명한 이치이다.

또한 치열성이란 무엇인가? 그것은 어떤 일에 있어서 단순한 성실성만을 의미하는 것은 아니다. 하고자 하는 일, 해야만 하는 어떤 일에 온 정열을 바치는 일, 그래서 마침내는 목숨까지도 헌신할 수 있는 그런 소신공양적 불태움의 자세를 말한다. 사랑을 위해서 죽는 순애를 비롯해서 나라와 겨레를 위해 죽는 순국, 그리고 스스로의 신앙을 위해 기꺼이 세상에 하나뿐인 목숨마저도 바칠 수 있는 순교 등이 그러한 치열성의 단적인 표상이다. 어찌 그런 큰 것들뿐이랴. 연구를 위해 밤새도록 꺼지지 않는 연구실·도서관의 등불이며, 영하의 추위 속에서 전선을 지키는 병사들, 그리고 고통의 담금질을 이 악물고 견뎌내는 입원 환자들의 인내심도 다 그러한 치열한 정신의 모습이 아닐 수 없으리라.

무엇보다도 중요한 가치덕목은 일관성이라 생각한다. 온갖 역경과 고초를 겪으면서도 신의를 저버리지 않는 그런 마음 자세, 세상의 온갖 유혹과 탐욕 앞에서도 흔들리지 않고 지절을 변치 않는 그런 정신의 곧은 자세야말로 사람들의 믿음과 존경을 자아내게 하는 근원적인 힘이 아닐 수 없으리라.

오늘날 삼독三毒과 삼착三着 속에서 어쩔 수 없이 부유하며 살아갈 수밖에 없는 우리네 유수인생, 그러나 이러한 진실성, 성실성, 치열성, 일관성을 지니고 또 지키며 살아가려는 사람의 모습이야말로 바로 진정성의 시혼을 지켜 나아가는 인류정신의 파수꾼이자 등불이 아닐 수 없다.

만해 스님의 시 「사랑하는 까닭」이 우리에게 일러주는 것은 바로 이런 진정성의 삶을 살아가라 하는 교훈이자 지혜의 말씀이 아닌가 한다. 누구나 흔히 좋아하는 홍안보다도 백발을 사랑하고, 미소보다도 그 속에 숨어 있는 쓰라린 눈물을 읽어내며, 죽음 그 너머 끝까지 믿고 공경하며 사랑하면서 살아가라고 하는 뜨거운 사자후를 담고 있는 것으로 해석되기 때문이다. 바로 이런 진정성을 지닌 분이 만해 한용운 선생이기에 나는 오늘도 그분의 시집 『님의 침묵』의 시편들을 읊조리며 하루하루를 살아간다.

백담계곡, 달마가 동쪽으로 온 까닭은

지난 한 해 동안 연구년을 맞이하여 내설악 깊은 산속에서 하늘과 바람과 별, 그리고 나무와 물소리를 벗하며 지내다가 학기 초 새봄에 다시 원래 내 자리인 학교의 강의실과 연구실로 돌아왔다. 그동안 아침에는 백담계곡 흐르는 물소리를 들으며 새소리와 더불어 깨어났고, 밤에는 산등성이를 말 달려가는 솔바람 소리 속에 달빛과 함께 잠들면서 한 생애 살아온 내 작은 삶과 학문을 반성해보면서 소중한 하루하루를 보낼 수 있었다.

그러면서 인생과 자연에 대한 많은 깨달음을 얻을 수 있었는데 그중에서 백담사 앞을 흐르는 계곡물의 모습에서 많은 것을 배울 수 있었다.

깊고 깊은 설악의 적막을 깨뜨리고 나 여기 이렇게 살아 있노라고 외치며 하루 종일 흐르는 물소리, 그 살아 있는 소리를 들으며 인생을 다시 생각하고 남은 날을 어떻게 살아가야 할까를 번민하며 새삼 마음을 가다듬곤 하였다. 잠시도 쉼 없이 흘러가는 계곡물의 흐름 속에서 '네 안에서 찾아라' '부지런히 신념을 갖고 살아라' '항상 깨어 일관성 있게 살아라'라는 대자연의 목소리를 들을 수 있었던 것이다. 그러면서 커다란 바윗돌을 만나면 그것을 껴안고 유유히 감돌아 흐르는 여울물의 모습 속에서 끊임없이 '서로 용서하며 살아라' '화해하며 살아라' '여유를 갖고 살아라'는 상선약수上善若水 지혜의 말씀도 새겨들을 수 있었다. 또한 '때로 멈출 줄 알아야 새로 힘차게 흐를 수 있으며, 적당히 쉴 줄 알아야 다시 더 열심히 살 수 있다'는 지혜도 얻을 수 있었다. 무엇보다도 말없이 산자락 골골마다 빠짐없이 스며들면서 목마른 풀과 나무에게 젖줄이 돼주고, 온갖 짐승과 벌레들에게 목숨의 샘물이 되어주는 계곡물의 그 자세 속에서 우리가 어떻게 세상에 자기를 드러내지 않고 헌신하면서 내가 가진 작은 것들을 베풀며 살아갈 것인가를 일러주는 성자의 모습을 배울 수도 있었다.

아울러 더 낮은 곳으로 몸을 낮추며 흘러가는 계곡물의 자세 속에서 탐욕과 성냄과 어리석음 등 '삼독三毒의 무거운 짐을 내려놓아라' '마음의 짐을 내려놓고 맑고 향기롭게 살아가라'는 대자연의 가르침을 배울 수 있었다. 무엇보다도 온갖 속세의 부질없는 집착과 애착, 그리고 원착怨着으로서 삼착三着을 벗어나서 '자유롭게 편히 살다 가라'는 물소리의 속삭임을 들으면서 온갖 삶의 미망과 질곡으로부터 조금씩 깨어나 맑아질 수 있었다.

그러고 보면 오늘도 변함없이 흘러가고 있을 저 백담의 계곡물은 바로 나에게 삶의 의미를 조용조용 일깨워주는 소중한 스승이자 현자의 모습이고, 그러면서 삶의 온갖 지혜를 물소리로 조용조용 깨닫게 해주는 철학자이자 시인의 모습이 아닌가 생각된다. 무엇보다도 오늘날 온갖 욕망이 굽이치는 이 세속의 거리, 뜨거운 열기 넘치는 삶의 현장 속을 최선을 다해 살아가면서도 끊임없이 스스로의 삶을 되돌아보면서 마음을 닦고 가라앉히며 정신을 단련하며 여유 있게 살아가라고, 한순간 한순간을 보다 보람 있고 가치 있게 살아가라고 일깨워주는 구도자의 초상, 종교가의 모습 그것이 아닌가 생각하게 된다는 뜻이다.

'달마는 왜 동쪽으로 왔는가'라는 불가의 화두가 있다. 부처의 길, 진정한 깨침의 길은 해 지는 쪽으로 가는 길, 버리러 가는 길이기에 서쪽으로 가는 길이다. 그런데도 달마는 동쪽으로 온 것이다. 구도의 길, 깨침의 길과 현실의 길, 세속의 길은 하나이고 하나가 될 수밖에 없다는 뜻이 되겠다. 바로 이것이 내가 백담계곡의 솔바람소리와 물소리를 두고 다시 내 소중한 삶의 현장으로, 동쪽으로 온 까닭이라고 말할 수 있지 않겠는가.

우리말의 아름다움을 찾아서

우리 현대시 연구 수십 년, 그에 대한 작은 결실로 최근에 나는 조그만 우리말 사전 하나를 펴냈다. 이름하여 한국 현대시『시어사전』이 그것이다. 시인들이 창의적으로 만들어낸 조어, 즉 개인 시어를 바탕으로 고어, 방언, 비속어, 그리고 시에 빈번히 쓰이는 상징어, 비유어 가운데 쓸만한 낱말들을 가려 뽑고 그에 대한 예시와 출전 등을 밝혀놓은 사전이다.

20여 년 간의 작업 끝에 이『시어사전』을 편찬해 내면서 내가 새삼 확인한 것은 우리말의 아름다움과 그 가능성이며 모국어에 대한 자부심과 자랑스러움이다. 우리말은 다른 어느 나라의 말보다 조어면에 있어서만 하더라도 풍부하면서도 섬세한 가능성을 지니고 있기 때문이다. 한 예로 '잠'을 들어보기로 하자. 잠의 상징적인 다양성을 차치하고서라도 '꽃잠, 나비잠, 노루잠, 등걸잠, 가랑잎잠, 쪽잠, 칼잠, 부엉이잠, 말뚝잠, 검불잠, 팔베개잠, 발칫잠, 봉놋잠, 누에잠, 초벌잠, 무릎잠' 등 수많은 쓰임새가 있음을 본다. 꽃잠이란 무엇이고 쪽잠, 나비잠, 말뚝잠 등은 과연 무슨 뜻일까? 그 재미있는 뜻을 자세히 아는 사람은 그리 많지 않을 것이다. 꽃잠이란 신혼부부가 첫날밤 아름다운 꿈에 젖어드는 잠이며, 쪽잠은 행군이나 야영 중에 잠깐 드는 고달픈 잠, 나비잠은 아기가 나비처럼 두 팔을 벌리고 자는 예쁜 잠, 그리고 말뚝잠은 누가 업어 가도 모를 만큼 깊이 든 잠을 뜻한다. 또한 누에잠은 누에가 몇 번씩 허물을 벗듯이 하룻밤에 몇 번씩 자다 깨다 하는 잠, 노루잠은 노루꼬리만큼 짧게 자는 잠 등등…. 그러고 보면 우리말의 조어 가능성은 사물의 형상만큼이나 무궁무진하다고 할 수 있겠다.

흔히들 그러지 않던가? 각 나라의 언어에는 세 가지 등급이 있다고. 생존어와 생활어, 그리고 예술어가 그것이다. 생존어란 과거 불행했던 민족의 언어들이 그러했듯이, 또 일제하 우리말의 운명처럼 목숨만 부지하고 있는 경우를 말한다. 또한 생활어란 그보다 상황이 나아져서 공식어로서 일상생활에 널리 활용되는 단계를 의미한다. 오늘의 우리말이 그에 해당된다고 하겠다. 그리고 예술어란 생활어에서 한 걸음 진전된 모습이라고 할 수 있다. 이 점에서 모든 언어는 예술어를 지향한다고 하겠다. 예술어는 인간에게 있어 가장 깊고 높고 섬세한 정신의 움직임을 탐구하는 시와 그 속에 쓰인 시어에서 보듯이 보다 높은 수준의 감수성과 인식능력을 필요로 한다는 뜻이다. 그러기에 시인의 궁극적 사명은 자아발견과 자기극복, 자아실현, 그리고 자기구원의 길로서 삶의 질을 고양하고 나아가서 사회적 삶·역사적 삶으로 시적 인식과 실천의 지평을 넓혀감으로써 민족어의 완성을 지향해 나아가야만 하는 것이다.

그렇지만 그것이 어디 시인의 사명일 뿐이겠는가? 말과 글은 모든 사람들의 생존권의 표현이며 민족적 주권의 표상이고 민족혼의 상징이 아닐 수 없다. 따라서 민족 구성원 모두에게 있어 자기 나라 말과 글을 갈고 닦음으로써 민족정신을 앙양하고 민족문화의 발전에 이바지할 의무가 있음은 물론이다. 이에 광복 50주년을 지낸 이 시점에서 제2의 광복운동, 그리고 통일운동으로서 우리말·글 사랑운동을 대대적으로 전개해 나아가야 하지 않을까 생각한다.

바다·태양·섬·갯벌 이야기

아청빛 바다로 가자

이제 떠나야 할 시간이다. 새로운 나를 찾아, 또 다른 너를 보기 위해 산과 바다로 가야 한다. 자유로운 우주의 숨결, 생명의 에너지를 충전하기 위해 '오..오..오..오. 소리치며 달려오는 바다'(정지용, 「바다」), '푸른 띠를 두른 세계주의자'(조병화, 「바다」)를 만나러 가야 한다.

바다가 보이는 언덕에 앉아 출렁이는 여름 바다의 관능, 굽이치는 낭만을 보아야 한다. '蘭이와 나는/산에서 바다를 바라보는 것이 좋았다//짐승처럼 말없이 앉아서/바다같이 말없이 앉아서/바다를 바라보는 일은 기쁜 일이었다//난이와 나는/느티나무 아래 말없이 앉아서/바다를 바라보는 순하디 순한 작은 짐승이었다'(신석정, 「작은 짐승」)와 같이 푸른 해원을 향해 나아가는 돛단배를 바라보면서 바람이 만들어 가는 새털구름, 조개구름, 빗살무늬 구름의 성채를 쌓아보거나, 바다 위를 물오리처럼 떠다니는 청자기빛 섬을 보노라면 온갖 탐욕과 성냄,

어리석음이 싱그럽게 맑아져 올 것이 아니겠는가?

그러면서 바닷가 모래톱에 서면 '귀 기울여도 있는 것은 역시 바다와 나뿐/밀려왔다 밀려가는 무수한 물결 위에 무수한 밤이 왕래하나/길은 항시 어데나 있고 길은 결국 아무데도 없다'라는 서정주의 '바다'가 생각나기도 한다. 또 '다 용서해버리자/기껏 백년도 못 되는 갈잎 삶 가지고//나의 죄 고해하자'라는 김성춘의 「바다」도 아련히 떠오른다.

그리고 쪽배에 앉아 한잔 술이라도 기울이노라면 새삼 '나는 어느날 /바다 속에/(그러나 어느 하늘 아래선지는 잊었지만)/쏟아부었다. 허무에 바치는 공물供物로서/귀중한 술 한 잔을'이라는 폴 발레리의 「잃어버린 술」도 다가올 것이다. 아니면 '바다의 끝없는/물결 위로/내 돌팔매질을 하다//오오 바다여/내 화살을 어디에 감추어 버렸나//바다에 끝없는 물결은 그냥 가마득할 뿐'이라는 신석초의 「바다에」도 떠오르지 않겠는가.

무한으로 출렁이는 청옥빛 바다, 영원으로 흘러드는 바다 속 어딘가에 자취도 없이 사라져버린 돌멩이처럼 우리의 삶도 유한한 것, 한 번뿐인 것이라는 깨달음을 가질 수 있으리라. 과연 우리는 이 여름 어느 바닷가에서 무엇을 향해, 누구에게로 허무의 화살, 그리움의 돌멩이를 던져보고 있을 것인가?

태양은 백금빛으로 끓어오르고

나무숲과 계곡물이 어우러져야 산이 산이 되듯이 태양이 눈부시게 작열할 때 바다는 비로소 바다로 살아 꿈틀거린다. 강렬한 빛과 열기의 여름 해가 있기에 온갖 생명이 잉태되고 약동할 수 있다. 태양은 모든 생명들에게 빛을 주고 열을 주는 에너지원이자 생명의 근원이 되기 때문이다. 끝없이 펼쳐지는 수평선과 그 위를 나는 갈매기 떼, 작열하는 태양이 함께 어울려 연주하는 교향시야말로 조물주가 인간에게 베푸는 위대한 사랑의 선물임에 분명하다. 그러기에 '해'의 시인 박두진도 어둠의 시대에 '해야 솟아라, 해야 솟아라, 말갛게 씻은 얼굴 고운 해야 솟아라'라고 염원하지 않았던가. 여름 태양의 불길과 바다의 푸른 물결이 만나 일으키는 불꽃 튀는 긴장력과 화해력에서 바다는 싱싱한 생명력을 뿜어내는 것이리라. 결국 여름 바다에 간다는 것은 빛과 열이 가득찬 태양의 생명력을 충전해 오는 일이 아닐 수 없으리라.

섬과 섬 사이에서

'사람과 사람 사이에 섬이 있다/그 섬에 가고 싶다'라는 정현종의 시 「섬」이 있다. 섬은 육지의 딸이면서 동시에 바다의 아들이다. 그것은 단절되고 고립되어 있기에 외로움과 그리움의 상징이다. 섬은 우리에게 인간의 바다 한가운데 홀로 태어나 혼자 살아갈 수밖에 없는 운명의 형식을 깨닫게 해준다. 그것은 바다가 육지를 향해 흔들어 대는 노스탈자의 손수건이면서 소리 없는 그리움의 아우성이라고 하겠다. 그래서 한 젊은 시인은 섬을 '바다가 기르는 상처//만약 저 바다에/섬이 없다면/다른 그 무엇이 있어 이 세상과 통할 수 있을까'(이홍섭, 「섬」)라고 노래한다. 그래서 섬은 지금 이 순간에도 밤바다의 등댓불처럼 우리에게 깜빡깜빡 외로움과 그리움의 신호를 보내고 있는 것이 아니겠는가.

노을 갯벌에서 바지락을 주우며

'그대여 서해에 와서 지는 낙조를 보고 울기 전엔/왜 나 채석강변에 사는지 묻지 말아라'고 바닷가 시인 송수권은 「여름낙조」에서 노래하고 있다. 끼룩끼룩 낙조의 바다를 나는 물새의 모습이 애절하며 물썬 바다 뻘밭을 기어다니는 참게들의 모습이 생명에 대한 연민을 불러일으킨다는 뜻이리라.

갯벌은 육지의 끝이면서 바다가 시작되는 경계선이다. 그러기에 바닷가 갯벌을 다녀온다는 것은 지난 일을 반성하고 새 출발을 다짐하는 일, 즉 하나의 일을 끝내고 새로운 일을 다시 시작한다는 상징성을 지닌다. 아울러 갯벌은 뭇 바닷가 생명들의 소중한 삶터이면서 동시에 어민들에겐 삶과 노동의 공간이 된다. 그래서 '바르비종 마을의 만종 같은/저녁종 소리가/천도복숭아 빛깔로/포구를 물들일 때/하루치의 이삭을 주신/모르는 분을 위해/무릎 꿇어 갯벌에 입맞추는 간절함이여//거룩하여라/호미 든 아낙네들의 옆모습'(이가림, 「바지락 줍는 사람들」)을 가슴에 새겨 볼 수 있으리라.

그러니 이 여름날 저녁 바다의 노을을 등에 지고 갯벌을 거닐어 보는 여유와 운치야말로 살아 있는 자들이 누릴 수 있는 생명의 참기쁨이 아니겠는가? 새삼 이 여름밤 잠 못 드는 베갯머리에 찰싹찰싹 부딪혀오는 먼 바다 파도 소리에 소라귀를 기울여 본다.

산은 산이요 물은 물이로다

길이 없어 산길로 들어서니

누가 외로움이 쌓여 산이 된다고 말하였던가. 누구의 그리움이 그리 깊기에 산봉우리로 솟아올랐는가. 산이여, 여름산은 진초록 옷소매 흔들어 무더위와 삶에 지친 우리를 부른다.

길이 끝나 산길에 들어서니 문득 '산은 날아도 새 등이나 꽃잎 하나 다치지 않고/짐승들의 굴 속에서도 돌 한 개 들성거리지 않는다//산은 울적하면 솟아서 봉우리가 되고/물소리가 듣고 싶으면 내려와 깊은 계곡이 된다' 하는 김광섭의 시 「산」이 떠오른다. 그리고는 '산들과 잠시나마/고요히 지내려고/산에 오르면//산들은 저희들끼리/거대한 그림자를 만들어/한 점 티끌도 안 보이게/나를 지운다'(조태일, 「소멸」)처럼 세속의 잡다한 풍경은 물론 '나'라는 존재까지도 그만 사라져버리게 한다.

그렇다. 산은 지상의 온갖 것들, 고운 것 미운 것, 추한 것 아름다운 것, 죽은 것 산 것을 모두 하나로 품어 안으면서 자유로워라, 평등하라, 그리고 너그러이 용서하고 사랑하며 살아가라고 속삭여 준다. 어서 대자연의 품으로 달려와 영원한 어머니의 가슴에 안겨 푹 쉬고 가라고 침묵으로 속삭인다.

그리고는 '산이 날 에워싸고/씨나 뿌리며 살아라 한다//산이 날 에워싸고/그믐달처럼 사위어가는 목숨/그믐달처럼 살어라 한다'(박목월, 「산이 날 에워싸고」)고 타이르며 여유롭고 넉넉한 마음으로 살아가라고 가르쳐준다. 그래서 산은 어쩌면 '혼자 있어도 외롭지 않을성싶다'(정희성, 「산」)와 같이 그 자체로서 완벽한 존재자의 모습 또는 신의 음성을 느끼게 해준다.

그러나 어쩌랴, 산은 산대로 엄청난 풍요와 충만 가운데에서도 뿌리 깊은 고독과 허무의 병을 앓고 있는 것을. '벌목정정伐木丁丁이랬지. 아름드리 큰 솔이 베혀짐즉도 하이 골이 울어 멩아리소리 쩌르렁 돌아옴직도 하이 다람쥐도 좇지 않고 묏새도 울지 않어 깊은 산 고요가 차라리 뼈를 저리우는데'(정지용, 「장수산·1」)에서처럼 산은 남들 다 잠든 밤이면 근원적인 허적과 함께 생리적인 고독에 저 홀로 신음하기도 한다.

그것이다! 온 세상 뭇 생명들을 차별상 없이 품안에 껴안고 함께 가려하니 산은 산대로 얼마나 고단하랴. 산이야말로 모든 것을 가지고 있는 것 같지만 기실 아무 것도 제 것이 없는 것 아닌가. 그래서 예로부터 '어진 자는 산에서 깨친다[仁者樂山]'라고 하지 않았던가.

산은 모든 것을 허락하고 사랑하되 스스로는 다 비우고 사는 이름 없는 성자聖者가 아닐 수 없다. 그러기에 우리는 여름 산에 들어 충만 속에 가득찬 텅 빈 고요를 바라보면서 끝없이 용서하면서 겸허하게 살아야 하는 삶의 크나큰 교훈을 배운다.

행운유수, 바람과 구름의 길을 따라

지팡이 하나로 산길을 더듬어 가노라니 '십리도 반나절쯤 구경하며 갈 만도 하니/구름 속 오솔길이 이리도 그윽한 줄이야/시내 따라 가노라니 물도 다한 곳/꽃도 없는데 숲에서 풍겨오는 아, 산의 향기여'라는 만해의 「약사암 가는 길에」가 떠오른다. '물도 다한 곳'이란 무엇일까. 도의 세계에서 말하는 바, 세속의 온갖 번뇌를 다 떨치고 자유자재로운 깨달음, 즉 무애無碍의 경지에 도달함을 말하는 것이 아니겠는가?

그러고 보니 문득 '비슬산 구비길을 스님 돌아가는 걸까/나무들 세월 벗고 구름 비껴 섰는 골을/푸드득 하늘 가르며 까투리가 나는 걸까'라는 시 「오봉산 가는 길」에 담긴 승려 시인 조오현의 간절한 마음이 비로소 헤아려진다.

그렇다면 우리는 왜 땀 흘리며 여름 산을 찾아 오르는 것일까? 스님들은 왜 속세를 벗어나서 청산에 이름을 묻고 한 세상 구름처럼 살다 가는 것일까.

바로 그것이리라. 저 높은 산봉우리를 유유히 흘러가는 흰 구름의 생리, 바람의 모습을 닮고자 하는 것이리라. 바로 '문득 돌아보니/나는 나는 흐르는 구름의 딸이요/떠도는 바람의 연인이어라'(유안진, 「자화상」) 처럼 가볍고 투명한 정신에의 길, 가벼운 자유에의 길을 가고자 하기 때문이 아니겠는가 말이다. '사람은/아무리 높은 사람이라도/땅에서 살다 가고/구름은 아무리 낮은 구름이라도/하늘에서 살다/하늘에서 가는'(이생진, 「산·12」) 이치를 깨달으면서도 하늘을 나르되 자국을 남기지 않는 새나 그물에 걸리지 않는 바람과 구름의 생리를 배우려는 것이리라.

새삼 여름 산길을 가노라니 새와 바람과 구름의 길을 따라 행운유수 行雲流水 어디론가 가볍게 날아가고만 싶다.

나무는 숲을 이뤄 참스승이 되고

여름 산에 나무숲이 없다면 산을 어찌 산이라 하겠는가? 산에 들어 우리는 '일찍이/이름을 버린/무명용사나/무명성인無名聖人들 같은/나무들/바위들'(김남조, 「산에 와서」)을 만나게 된다. 그러면서 깨닫는다. 인간 세상 사람의 하늘을 지탱하는 것은 산야에 들꽃같이 살아가는 어질고 착한 무명의 사람들이 아니겠는가 하는 것을. 그러한 이름 없는 사람의 들꽃과 푸나무들이 우주를 떠받치는 얼마나 아름답고 소중한 존재들인가를 더욱 마음에 새기게 된다.

그래서 '나무가 나무끼리 어울려 살듯/우리도 그렇게 살 일이다/가지와 가지가 손목을 잡고/긴 추위를 견디어내듯//나무가 비바람 속에서 크듯 우리도 그렇게 클 일이다'(오세영, 「나무처럼」)라는 나무와 숲의 슬기와 이치를 배워야 하는 것이다. 나무는 항상 당당해서 나무이고 순결해서 나무 아니겠는가. 나무와 나무가 어울려 아름다운 숲을 이루듯이 너와 내가 만나 '참우리'를 이루고 사회를, 역사를 정의롭게 만들어가야 함을 소중히 일깨워주는 것이 바로 나무와 숲이 일러주는 교훈이리라. 그러니 나무가, 숲이 바로 우리 인생에 참스승이 아니고 무엇이겠는가?

계곡물에 눈과 귀를 씻으며

산이 높아야 골이 깊고, 골이 깊어야 물이 맑고 시원하다 하지 않던가. 사람 또한 그러하리니 여름 산에 와서 '누가 소리 높여 외치지 않아도/물은 물대로 흐르고/그 소리를 듣는 사람은/새겨서 다 듣는다//누가 소리 높여 외치지 않아도/산은 산대로 돌아가고/그 소리를 아는 사람은/짐작해 다 안다//누가 소리 높여 외치지 않아도/물 따라 산 따라/순리대로 흐르고/순리대로 돌아가는/맑고 푸른 소리'(권달웅, 「잠언, 물은 물대로」)를 들으며 새삼 살아가는 이치를 생각한다.

한 방울 이슬이 모이고, 샘물이 고여 계곡물은 흐르고, 강을 이루며 마침내 바다에 이르른다. 우리는 이러한 물의 흐름 속에서 또 배우리니, 바위를 뚫는 빗방울의 견고한 의지와 역경으로써 바위에 부딪쳐 바위를 감돌며 흐르는 부드러운 인내심과 포용력을 여름 산에 와서 보고 깨닫는 것이다.

아, 그렇구나. 여름 산에 와서 며칠 하늘 산 초록 물에 몸을 담그고 계곡 푸른 물에 눈과 귀를 씻노라니 비로소 '산이 지나가다가 잠깐/물가에 앉아 귀를 씻는다//그 아래 엎드려 물을 마시니/내 입에서 향기가'(이성선, 「山詩」) 나는구나.

그러고 보니 산봉우리가 떠받들고 있는 푸른 하늘과 저 구름이, 내 몸을 비추고 있는 맑은 계곡물이 바로 우리가 오래 찾아 헤매던 마음 우주의 거울이구나. 멀리 산봉우리 너머 불어오는 솔바람 소리에 마음 거울을 맑게 닦아본다.

여름 강과 배 이야기

엄마야 누나야 강변 살자

푸르른 여름, 불의 태양을 풀무질하며 매미가 울고 있다. 울지 않으면 보이지 않기 때문에 온몸으로 죽어라고 소리치며 누군가를 불러대고 있는 것이다. '여름이 뜨거워서 매미가/우는 것이 아니라 매미가 울어서/여름이 뜨거운 것이다'라는 안도현의 시 「사랑」이 문득 떠오른다. 그런가 하면 '엄마야 누나야 강변 살자 뜰에는 반짝는 금모래빛/뒷문門 밖에는 갈잎의 노래/엄마야 누나야 강변 살자'라는 소월의 시 「엄마야 누나야」도 새삼 은빛 금빛으로 물결쳐 온다. 그 옛날 어린 시절에도 다정하게 다가왔지만 이 시는 지금도 여전히 동심과 전원적 삶에 대한 그리움과 설렘을 불러일으켜 준다.

여름은 동심의 계절이고 시냇물, 강과 친해지는 물의 계절이다. 그래서 '여름 아이[夏童]' 또는 '물아이[河童]'라는 말이 친근하게 다가오지 않는가. 시냇가에서 아이들이 물장구치며 피라미 송사리떼 좇으며 어울려 부르는 동요 세상이 여름날에는 제격이라는 뜻이다.

'졸졸졸 시냇물아 어디로 가니/강물 따라 가고 싶어 강으로 간다//강물아 흘러흘러 어디로 가니/넓은 세상 보고 싶어 바다로 간다'(이종구 시, 권길상 곡 「시냇물」)라는 노랫말과 곡조가 찰랑찰랑 마음결에 이랑져 온다. '시냇물은 졸졸졸졸/고기들은 왔다 갔다/버들가지 한들한들/꾀꼬리는 꾀꼴꾀꼴'이라는 이태선의 동시(박재훈 곡의 「여름냇가」)가 욜랑욜랑 떠오르기도 한다.

그렇다! 여름은 어린이의 계절이고 시냇물의 계절이기에 우리에게 동심에의 그리움을 불러일으킨다. 말하자면 성장의 계절이자 사랑의 계절이라는 뜻이 되리라.

그러기에 우리 마음 속에는 '내마음의 어딘 듯 한편에 끝없는/강물이 흐르네/도쳐오르는 아츰 날빛이 빤질한/은결을 도도네/가슴엔 듯 눈엔 듯 또 핏줄엔 듯/마음이 도른도른 숨어 있는 곳/내 마음의 어딘 듯 한편에 끝없는 강물이 흐르네'라는 김영랑의 「동백잎에 빛나는 마음」이 흐르고 있는 것이다. 여름 시냇가에 서서 시냇물 따라 더위에 지친 마음을 흘려보내노라면 '물을 따라/자꾸 흐를라치면//네가 사는 바닷말에 이르리라고//풀잎 따서/작은 그리움 하나//편지하듯/이렇게 띄워본다'(이형기, 「강가에서」)라는 심정이 되어 어디론가 하염없이 그리움의 쪽배 하나 띄워 보내게 되리라.

사랑은 강물 따라 흐르고

앞서거니 뒤서거니 '어서 따라오라고/따라가자고' 흘러가는 강물은 우리에게 사랑과 시간의 흐름을, 나아가서 인생의 속절없는 흘러감을 일깨워준다. '사람이 사람을 만나 서로 좋아하면/두 사람 사이에 물길이 튼다//그대를 생각할 때면 언제나 싱싱한 강물이 보이는/시원하고 고운 사람을 친하고 싶다'라는 마종기의 시 「우화의 강·1」이 떠오르기도 한다.

강물이 흘러간다는 것, 그것은 누군가의 외로움 속으로 우리들 그리움의 물길이 흘러들어가는 것이 아닐 수 없기 때문이다. 그것은 '우리가 물이 되어 만난다면, 가문 어느 집에선들 좋아하지 않으랴'라는 강은교의 「우리가 물이 되어」의 심정이기도 하리라.

강물은 끊임없는 흐름과 파동성, 그리고 굽이침으로 인해 사랑의 그리움과 외로움을 일깨워준다. 물의 액체성, 유동성, 생성력은 생명의 원형성을 반영하기에 물은 생명의 근원이자 생명과 사랑을 지속적으로 일깨워주는 촉매로서 작용한다. 물결과 파도의 간단없는 일어남과 스러짐, 밀려옴과 밀려감의 끊임없는 반복은 바로 그리움과 외로움, 사랑함과 미워함, 체념과 미련으로 이어지는 인생의 모습, 사랑의 본모습과 다를 바 없는 것이다.

흐르는 것이 물뿐이랴

그래서 우리는 마침내 굽이치는 여름 강물에서 깨닫게 된다. 강물의 흐름, 물결 파도의 굽이침은 그대로 삶과 시간의 원리를 반영하며 역사의 굴곡을 상징한다는 것을. '하늘 아래서 강은 하늘을 낳는다/여름 강가에 나아가/물푸레나무 풍금소리를 듣는다/강물은 저 홀로 깊어지지 않는다/항상 저 홀로 있으나/누가 그리워하게 한다//강이야말로 이 세상에서 가장 좋은 것이다'(고은, 「여름 강가에서」)가 그것이며, '강은 아랑곳없이/그 깊고 넓은 침묵을 안고/태고의 모습으로 흐른다//과거와 현재와 미래가/한데 이어져서 흐른다'(구상, 「한강근경」)가 그러한 모습이다. 일찍이 이육사가 '끊임없는 광음을/부지런한 계절이 피어선 지고/큰 강물이 비로소 길을 열었다'(「광야」)고 강물을 노래한 것도 그러한 '사랑/삶/시간/역사'의 흐름법칙과 순환원리를 노래한 것이 아니겠는가.

그러기에 우리는 이 여름날 양수리 강가에라도 서서 '착한 사람이 정말 착한 사람을/양수리에서 만나/강물에 비친/꿈꾸는 나무들의 알몸을 보며/물을 적시고 있다'(오탁번, 「양수리」)라는 심정이 되어야 하리라. 그래서 스스로 깊어가는 강물을 보며 '흐르는 것이 물뿐이랴/우리도 저와 같아서/강변에 나아가/삽을 씻으며/우리의 슬픔을 퍼다 버린다'(정희성, 「저문강에 삽을 씻고」)라는 마음자세를 가져보기도 하는 것이리라. '강물이여/가서 쉼없는 자여/한번 가선 돌아옴이 없는 자여/즐거이즐거이 노래하며 가는 자여/한번 가서 마침내 뉘우침이 없는 자여/(유치환, 「단장·16」)라는 흐름의 시학, 강물의 철학을 배워야 하는 것이다.

그래서 오늘도 강물은 시인의 마음으로 굽이치며 철학자의 가슴으로 흘러가면서 사랑과 삶의 법칙, 역사의 흐름을 조용조용 우리에게 일깨워주고 있는 것이리라.

나룻배 아닌 삶이 어디 있으랴

새삼 여름 강을 따라 흐르노라니 문득 그런 동요도 떠오른다. '강가에서 부는 바람 시원한 바람/그 바람은 좋은 바람 고마운 바람/사공이 배를 젓다 잠이 들어도/저 혼자 나룻배를 저어 간다오'(윤석중 시, 박태현 곡)라는 「산바람 강바람」이 그것이다. 우리가 한세상 살다보면 얼마나 여러 차례 사람의 나룻배 신세를 지게 되는가. 문득 강가에 이르렀을 때 길이 끊어져 당황할 때가 얼마나 많았던가. 그러기에 강은 언제나 배를 떠올리게 하고 누군가를 향한 고마움을 생각나게 해준다. 이쪽과 저쪽, 차안과 피안을 하나로 이어주는 배가 있기에 우리는 끊어진 삶과 세계를 하나로 만들어 갈 수 있다는 말이다.

'나는 나룻배/당신은 행인//당신은 나를 짓밟습니다/나는 당신을 안고 물을 건너갑니다/당신을 안으면 나는 깊으나 옅으나 급한 여울이나 건너갑니다/당신은 물을 건너면 나를 돌아다보지도 않고 가십니다 그려/그러나 언제든지 당신이 오실줄만은 알아요/나는 날마다 날마다 당신을 기다리면서 낡아갑니다//나는 나룻배 당신은 행인'이라는 만해의 시가 있지 않던가. 그렇다! 우리는 크든 작든 서로 세상의 나룻배가 되어주면서 누군가를, 무엇인가를 기다리면서 살아가기 마련이다. 살아가면서 나룻배처럼 낡아만 간다. 그러니 나룻배 아닌 삶이 어디 있으랴. 그러기에 배는 '인생이라는 총량을 싣고'(지센, 「배」) 거친 세상의 강물, 험한 바다를 항해해 가는 삶의 모습 그 자체가 아닐 수 없으리라.

이 여름 우리는 어느 인연의 강물에 무슨 가랑잎 쪽배를 띄우고 이 한 세상을 노질해 가고 있을 것인가. 새삼 뱃전에 찰싹찰싹 부딪는 물결 소리가 이 한여름 밤을 잠 못 이루게 하누나.

여름밤, 별빛을 바라보며

별을 노래하는 슬픈 사람아!

그 어느 시인이 어둠 속에서 별을 바라보며 희망을 노래했던가. '창은 별이 빛날 때만 창이다/희망은 희망을 가질 때만 희망이다//나그네여, 그래도 이 절망과 어둠 속에서/창을 열고 별을 노래하는 슬픈 사람이 있다'(정호승, 「희망은 아름답다」)라고….

세상이 온통 물난리를 겪고 있었다. 무너지는 강둑에 혼자 서서 몸 하나로 넘쳐나는 홍수를 밀어내려 몸부림치던 처절한 가슴이 있었다. 아직도 물이 빠져나간 을씨년스런 거리와 논바닥에 서서 그래도 희망의 벼포기들을 일으켜 세우는 쓰라린 심정들이 있다. 그래 그렇다! 창은 별이 빛날 때 창이듯이 우리들 어둔 마음도 희망이 살아 빛날 때 삶이 더욱 삶다워질 수 있지 않겠는가. 이제 우리 모두 다시 일어서야 할 때이다. 상처난 몸과 마음을 따뜻이 감싸주고 서로 격려하면서 슬픔의 힘을 옮겨서 새 희망의 정수박이에 들이부어 주어야 할 운명의 시간인 것이다. 실상 우리가 이처럼 시를 쓰고 읽는 일도 슬픔에서 힘을, 좌절에서 용기를, 절망에서 희망을 얻고자 함이 아니겠는가.

그래도 별은 다시 하늘에 뜨고

여름이 깊고 깊어 이제 그 막바지에 이르렀나보다. 여름이 그 고단한 뒷등을 보이며 조금씩 서쪽 고갯마루를 넘어가고 있기 때문이다. 그래선지 '세상은 슬픈 거라며/한없이 서러운 거라며/새빨간 저녁놀에/날개 적시며 물새는 울고//홀로 가라고/강 길을 홀로 가라고//엉겨붙은 바람에 몸 내맡기고/언덕의 미루나무는 말한다//그래도 별은 하늘에 뜨고//풀잎엔 맑은 이슬 맺히겠지/붉은 등 켜진 창에/저녁놀 얼비치고'(신경림, 「덕포나루」)라는 시가 문득 떠오른다.

말 그대로 산다는 일은 그리도 어려운 일이고 세상은 이처럼 힘겹고 슬프기만 한 것인가? 여름 나기가 여간 어려운 것이 아니다. 얼마 전까지만 해도 '노인은/삽으로/영산강을 퍼올린다 바닥이 보일 때까지/머지않아 그대 눈물의 뿌리가 보일 때까지/노인은 다만/성난 사랑을 혼자서 퍼올린다//아직도 논바닥은 붉게 타는데/바보같이 바보같이/노인은 바보같이'(이성부, 「전라도·7」)라면서 가뭄이 우리들의 가슴을 목타게 했는데, 며칠 전엔 또 폭우가 쏟아지고 태풍이 몰아쳐서 삶에 지친 우리 마음을 더욱 고통스럽게 만들어 주고 말았다. 수마가 할퀴고 간 자리마다 넋을 놓고 망연자실해 있는 이웃들의 모습에서 우리는 본다. 한 여름을 무사히 넘긴다는 일이 얼마나 어려운 것인지, 세상살이가 얼마나 힘들고 고통스러운 일인가를….

그렇지만 이제 또 다시 절망을 딛고 이겨 가노라면 '별은 하늘에 뜨고//풀잎엔 맑은 이슬 맺히지' 않겠는가? 그러고 보니 문득 그런 시가 한 편 떠오른다. '별 하나 보이지 않는 밤하늘 밑에/행길도 집도 아주 감초였다//풀짚는 소리 따라 초롱불은 어디를 가는가//산턱 원두막일 상한 곳을 지나//문허진 옛 성터일쯤한 곳을 돌아//흔들리든 호롱불은 꺼진 듯 보이지 않는다//조용히 조용히 흔들리든 초롱불'(박남수, 「초롱불」 전문)과 같이 이 여름 어두운 몸과 마음의 한세상 살이이지만 희망의 불빛은 그래도 꺼지지 않고 이어져 가지 않겠는가 말이다.

달 없는 밤은 온통 별들의 장날

세상살이가 쉽지 않기에 사람들은 지난 시절 그 꿈 많던 어린 시절을 떠올려보고 그리워하는 게 인지상정 아니겠는가. 생각해보면 어린 날의 여름밤은 그런대로 호젓하게 아름답고 풍요로웠던 것만 같다. 노을 질 무렵 마당에 멍석을 깔고 온 식구들이 둘러앉아 함께 먹던 마당 식사가 그러하며, 어두워 가는 밤하늘을 바라보며 피워 올리던 매캐하면서도 구수하던 모깃불 내음이 또한 그러하다. 그러노라면 어느새 마음은 '푸른 하늘 은하수 하얀 쪽배엔/계수나무 한 나무 토끼 한 마리/돛대도 아니 달고 삿대도 없이/가기도 잘도 간다 서쪽 나라로'(윤극영

작사·작곡)의 심정이 되어 어디론가 흘러가기 마련이다. 그래설까, '그 누가 하늘에 보석을 뿌렸나/작은 보석 큰 보석 곱기도 하다/모닥불 놓고 옥수수 먹으며/하늘의 별을 세던 밤도 있었다//별 하나 나 하나 별 두울 나 두우울/논뜰엔 당옥새 구슬피 울고/강낭수숫대 바람에 설릴 제/은하수 바라보면 잠도 멀어져'라는 노천명의 시 「저녁별」이 그리워지는 것은. 그야말로 호박꽃 초롱에 반딧불 넣고 물방아 소리 들으며 하늘의 별을 세던 고향 하늘 별 뜬 밤이 지금도 그립기만 하다. 그러기에 어떤 시인은 '달 없는 밤하늘은/온통 별들의 장날이었습니다'(조병화, 「편지」 전문)라고 여름밤의 지향 없는 외로움과 그리움을 노래하던 것이 아니었겠는가.

어디서 무엇이 되어 다시 만나랴

누가 '별들의 바탕은 어둠이 마땅하다'(정진규)라고 노래했던가. 여름밤이 깊어지면 문득 그런 시가 생각나기도 한다. '저렇게 많은 중에서/별 하나가 나를 내려다본다/저렇게 많은 사람 중에서/그 별 하나를 쳐다본다/밤이 깊을수록/별은 밝음 속에 사라지고/나는 어둠 속에 사라진다//이렇게 정다운 너 하나 나 하나는/어디서 무엇이 되어/다시 만나랴'라는 김광섭의 시 「저녁에」 말이다.

그렇다. 사람들이 하늘의 별을 하나 둘 헤아리면서 자기의 별을 찾고 그리워하는 것과 마찬가지로 밤하늘 어둠 속에 무수히 떠 있는 별들도 지상 위에 어둠을 안고 살아가는 사람의 별 하나를 그리워하는지도 모른다. 그러기에 별은 우리에게 스스로의 운명을 떠올리게 하고, 운명에 대한 사랑을 다짐하게 만드는 것이리라. '죽는 날까지 하늘을 우러러/한 점 부끄럼이 없기를/잎새에 이는 바람에도/나는 괴로워했다/별을 노래하는 마음으로/모든 죽어가는 것을 사랑해야지/그리고 나한테 주어진 길을 걸어가야겠다//오늘밤에도 별이 바람에 스치운다'라는 윤동주의 시 「서시」처럼 말이다. 별을 노래하는 마음이란 무엇이던가? 그것은 진실한 마음, 착한 마음, 아름다운 마음이면서 동시에 스스로의 운명을 사랑하고 이웃을 공경하며 자연의 생명력을 존중하는 그런 마음이 아니겠는가.

그러니 이제 우리 모두 별을 노래하는 마음으로 이 여름의 온갖 고단함과 처참함, 그리고 슬픔을 맑게 씻어가야 하지 않겠는가. '순아 버레우는 고풍古風한 뜰에/달빛이 밀물처럼 밀려왔구나//달은 과일보다 향그럽다//포도는 달빛이 스며 고웁다'(장만영, 「달, 포도, 잎사귀」)와 같은 아름다운 가을을 기다리면서 별빛의 향기와 소리로 우리의 어둡고 지친 마음을 맑게맑게 씻어가야 하지 않겠는가 하는 뜻이다.

오늘밤 어둔 가슴에도 별들이 바람에 스치우며 들려주는 음악소리가 새삼 향기롭기만 하다.

겨울정신, 또는 삼독三毒과 삼착三着 뛰어넘기

찬바람이 불고 안단테 하얀 현絃의 눈이 내리는 한겨울입니다. 이제 정들었던 지난 한 해와도 석별을 고하고, 새로운 마음으로 새해를 맞이해야 할 시간입니다. 그래선지 '겨울정신'이라는 말이 떠오르는군요.

겨울정신이란 무엇일까요? 한마디로 그것은 온갖 욕망의 구속, 운명의 질곡으로부터 벗어나 탐욕과 성냄과 어리석음을 떨치고 가벼운 정신에의 길, 자유에의 길로 나아가고자 하는 마음자세가 아닐는지요. '참솔가지 몇 개로 견디고 있다/완당阮堂이여/붓까지 얼었던가/생각하면 우리나라의 추위가 이 속에도 있고/누구나 마른 소나무 한 그루로/이 겨울을 서 있어야 한다'라는 정희성의 「세한도歲寒圖」(푸른솔)는 바로 그러한 겨울정신의 한 형상이라고 할 것입니다.

그렇습니다. 불가에서 하는 말로 삼독三毒과 삼착三着이 있지요. 사람들을 병들고 시들게 하는 세 가지 독소와 세 가지 병인病因을 일컫는 말입니다. 먼저 삼독이란 탐욕과 성냄과 어리석음을 말합니다. 비유컨대 사람의 몸과 마음은 나무[木]와 같아서 이러한 세 가지 독소의 불이 붙으면 시커멓게 타서 생명이 병들고 마침내 죽음에 이르게 된다는 뜻이지요. 그러니 우리는 정희성의 「세한도」의 마음, 즉 '겨울정신'을 갖고 온갖 탐욕을 절제하고 성냄을 순화하고 어리석음을 맑게 깨치면서 보다 바람직한 생명의 길로 나아가지 않으면 안 될 것입니다.

한편 삼착이란 흔히 하는 말로 애착과 집착, 그리고 원착怨着을 일컫는 것이지요. 매사에 너무 집착하여 매달리면 그러한 탐욕에서 벗어나지 못하게 된다는 뜻일 겁니다. 또한 사람을 사랑하는 일에 있어서도 지나치게 빠져드는 애착도 마땅히 경계해야만 한다는 말씀입니다. 지나친 애착은 필연적으로 증오를 낳는 것이기에 무섭고 두려운 것이지요. 그러기에 무엇보다 경계해야 할 것은 사람을 지나치게 미워하고 원망하는 마음이라고 하겠습니다. 지나친 애착도 그렇지만, 누구를 사무치게 원망하는 마음도 사람들을 병들게 하고 마침내 죽음에 이르게 하는 무서운 병인인 것입니다.

그래선지 우리는 또 한 편 유안진의 시 「세한도 가는 길」을 떠올리게 됩니다. '서리 덮인 기러기 죽지도/그믐밤을 떠돌던 방황도/오십령五十嶺 고개부터는 추사체로 뻗친 길이다/천명天命이 일러주는 세한행 그 길이다/누구의 눈물로도 녹지 않는 얼음장 길을/닳고 터진 알발로/뜨겁게 녹여 가라신다/매웁고도 아린 향기 자오록한 꽃진 흘려서/자욱자욱 붉게붉게 뒤따르게 하라신다'라는 시 말입니다.

그렇게 매운 인고忍苦와 지절志節의 정신, 극복과 자유의 겨울정신으로 우리는 이 겨울을 무사히 이겨내고 새봄의 꽃나무, 그 생명과 희망의 길로 나아가야 한다는 뜻입니다.

Ⅱ. 꽃 진 자리에 향기 더 붉다

아, 그리운 정한모 선생님

1. 한 굽은 소나무의 인연 이야기

선생님과의 본격적인 만남은 내 젊은 시절 동숭동의 교정에서 비롯된다. 어디 낙도나 벽지에 가서 외로운 아이들 손을 잡고 함께 공부하면서 시나 쓰려 꿈꾸던 내가 우연히 4학년 때 써 본 평론이 이른바 평론가로 등단하는 계기가 되고 그것이 그 분의 눈에 띄게 되고, 이어서 대학원에 진학함으로써 선생님을 연구실에서 직접 모시면서 10여년 세월을 보낼 수 있게 된 것이다.

대학원을 마치고 제때 석사학위를 받아야만 병역으로 육사 교수부로 갈 수 있는 절실한 사정이 내게 있었던 데다가, 워낙 공사다망하신 그 시절 선생께도 누군가 옆에서 일을 거들어드려야 할 사람이 꼭 필요한 사정이 있었다. 그래서 나는 모교에 교사 부임차 갔다가 일주일 만에 작파하고 선생의 강력한 협박(?)과 회유에 따라 어쩔 수 없이 연구실에 무급조교로 상주하게 되면서 그분과의 지상에서의 질기고 오랜 인연이 시작됐던 것이다.

2. 동숭동 참새 떼의 노을 음악회 시절

지금의 대학로, 지난날 동숭동 서울대 정문을 들어서면 은행나무와 마로니에 사이로 난 길 끝, 고풍스런 대학원 건물 3층에 선생의 연구실이 있었다. 아침 일곱 시면 서강 부근 집에서 출근하여 청소하고 전화 받고, 도서관에서 선생께서 그 무렵 집필을 시작하신『한국현대시문학사』『현대시론』자료를 찾고 모으면서, 틈틈이 내게 필요한 책도 읽고 그야말로 전업조교생활을 시작한 것이다. 하루 종일 분주하게 쫓기다가 저녁 무렵 일을 마치고 나면 온 동네 참새들이 다 모여들어 은행나무 마로니에 숲에서 재잘재잘 노을 음악회를 열어대는 모습이 참 아름다이 좋아 보이던 그 시절, 배고픔과 외로움을 길들이면서도 그야말로 '젊음은 아름다워라'를 쓸쓸히 외쳐 불러대곤 하던 시절이었다.

바로 그 무렵 내가 선생에게서 배운 것은 그 분의 학문보다도 원만한 삶의 자세였다. 사람을 대하되 가능한 한 선입견이나 편견을 접어두고 그분 특유의 균형감각으로 차별 없이 따뜻하게 대하려는 모습이 '인간적인 너무나 인간적인' 느낌으로 다가왔기 때문이다. 그래선지 그 무렵 춥고 배고프고 외로웠던 많은 젊은이들이 그 분의 곁에 모여들었고 그분을 따르고자 했던 것으로 회상된다. 학생운동 과정에서 어려운 처지에 놓이게 된 학생들이나 타교 출신들, 특히 지방학교 출신 학생들에게 그분께서 다정하게 위로와 격려의 말씀을 건네는 모습은 나에게 진한 감동을 느끼게 해 줄 때가 많았다. 그러한 자세를 나는 깊이 느끼고 배울 수 있었음을 이제 와서 감히 고백한다. 그만큼 그분은 인간으로서의 원만한 성품과 스승으로서의 온후한 인품을 지녔고, 오늘날 그분이 비록 이 세상을 떠나신 뒤에도 '꽃 진 자리에 오히려 향기가 짙다花下有餘香'라는 옛말처럼 뜻있는 사람들의 가슴에 짙은 향기로 남아 떠돌고 있을 것이 분명하다.

3. 1등도 좋지만 2등 정신으로 살아가도록 노력해라

선생께선 그 바쁜 생활 가운데에도 가끔 비바람 치는 날이거나 눈이라도 내리는 날에는 뜻밖에도 문득 연구실 구석에 차운 가슴으로 앉아 있는 나를 불러내어 한 번씩 따뜻한 말씀과 함께 한 잔 술로 위로해 주시곤 하셨다. 성북동 어느 허름한 소줏집이거나 삼청동 모퉁길, 정종 대포집에서 함께 한잔하며 세상사는 일, 살아가야 하는 방법과 도리를 몸으로 일러 주곤 하신 것이다. 그 중에 인상적인 말씀 하나, "남과 싸워 1등하려 하지 마라, 인생은 2등 3등으로도 족한 것이다, 네 안에서 너에게 1등하려 노력하도록 해라. 꼴찌면 어떠!"라 하던 말씀이 아직도 귀에 쟁쟁 새겨져 있다. 선생께선 세상살이에 있어 당신도 그런 2, 3등의 자세로 살려 노력해 왔고, 그것이 험한 세상에서 살아남을 수 있었던 비결이고 남의 가슴을 덜 아프게 하는 일이라는 지혜의 말씀을 내게 하나씩 심어주신 것이다.

사실 그렇지 않은가? 남보다 더 많이 가지려고 악다구니하기에 세상엔 싸움과 고함소리가 그치지 아니하는 것이고, 언제나 1등만 하려 바둥거리다 보니 스스로 삶의 본질과 에센스를 놓쳐버리고 불안과 초조 강박관념 속에 살아가는 것이 아니겠는가? 선생께선 '소유'가 아니라 '존재'의 삶을, 양이 아닌 질의 삶을, 그렇게 2, 3등주의로 빗대어 말씀해두신 것이었고, 그렇기에 당신 스스로 여유를 가질 수 있었으며 다른 사람들에게도 넉넉한 미소와 따뜻한 위로를 심어줄 수 있었던 게 아닌가 한다. 또한 그렇게 살려고 노력했기에 세상에 적이 많지 않았고, 그분이 자리하는 곳에 항상 웃음과 원만함이 넘실거리게 되었으며, 상처받고 주눅든 제자들의 마음을 펴줄 수 있었던 것으로 생각된다. 그러한 선생의 원만한 성품과 온후한 인정주의는 요즘 말로 생명과 사랑의 시학, 상생의 철학을 실천한 것이며 '아가'와 '어머니'를 함께 사랑하는 평화의 사상을 소박하게 펼쳐 보여준 것으로 이해된다는 뜻이다.

4. 활인검의 비평, 용기와 희망을 주는 비평을 하라

그분 특유의 둥글둥글한 생활 자세와 원만한 성품으로 인해 선생께선 간간 두루뭉수리라거나 적당주의자라고 비판받고 폄하되기도 하는 걸 들었다. 특히 학문에서도 지나치게 건조한 자료주의의 태도로 말미

암아 높은 평가를 받지 못한 감도 없지 않았다. 아울러 비평에 있어서도 상대주의나 온정주의로 인해 크게 주목을 받지 못한 것이 사실일는지 모른다.

그분은 늘상 그런 말씀을 하신 것으로 기억된다. "김군, 가급적이면 남을 인신공격하거나 작품을 까는 것 중심의 비평을 하지 말도록 하게. 참다운 비평은 작가를 아프게 해서 죽이는 것보다 그가 지닌 장점을 발견해줌으로써 용기를 북돋워주고 희망을 갖고 나아가게 하는 것이 더 바람직한 것이 아니겠나"라는 말씀이 그것이다. 그 철없던 당시엔 속으로 '선생님이 저러시니까 학자로서, 비평가로서 높이 평가받지 못하는 것이지'라고 생각하며 내심 불만을 가지곤 했던 것이 사실이다.

그러나 내가 뒷날 차츰 학계의 변두리나 평단의 말석에 자리하면서 실제로 살아가다보니 그 말씀이 참으로 온당한 것이 아닌가 생각되기 시작하였다. 비유컨대 '살인검이 아니라 활인검이 되려 노력하라'는 말씀이 아니었겠는가. 그러면서도 그동안 명색이 평론가랍시고 행세하면서 작가, 작품들을 다양하고 깊이 있게 제대로 다 읽지도 못하고 함부로 비평의 칼을 휘둘러서 얼마나 많은 사람들의 가슴을 아프게 해왔을까 생각하면 지금도 등골에 진땀이 흐르면서 선생의 그 말씀이 참으로 진리가 아닌가 생각된다. 비평에서 날카로운 비판 기능이 꼭 필요한 것이긴 하지만 한 걸음 더 나아가서 장점을 발견하여 격려함으로써 보다 나은 작품세계로 나아갈 수 있게 격려 고무하는 것도 바람직한 비평의 기능이자 비평가의 사명이 될 수 있는 것으로 판단하기 때문이다.

5. 선연선과의 철학을 믿으며

선생께선 평소 사람과 사람 사이의 만남의 필연성, 즉 인연을 소중하게 여기신 것으로 회상된다. 언제 어디서 만나더라도 인연 있었던 사람들은 그 누구라도 높낮이에 상관없이 꼭 기억해내고 기억해줌으로써 그 분들로 하여금 자신의 존재에 대한 확신을 할 수 있도록 해주시곤 하는 모습을 여러 차례 목격하였다. 아마도 당신 자신이 한평생 살아오면서 그렇게 소외되고 무시당하는 경우를 적지 아니 겪었기 때문인지도 모른다. 그러나 분명한 것이 있다. 그분이 인연을 소중하게 생각하는 것은 사람을 소중하게 생각하려는 휴머니즘적인 인생관 또는 인간주의적 문학관에서 비롯된 것이라는 점이다. 옛말에 부세청연선연선과浮世淸緣 善緣善果라 했던가, 인연을 생각하면서 소중히 하는 것은 바로 사람을, 생명을 소중하게 생각하려는 마음자세에서 비롯된 것이라고 여겨지는 때문이다. 실상 그것이 바로 시의 마음, 문학사랑의 마음자세가 아니겠는가. 소외된 이들, 그늘진 사람들, 상처받은 사람들을 격려하고 함께 따뜻하게 살아가려 노력하던 그분의 원만구족한 생활태도와 철학이야말로 바로 이러한 생명존중사상 또는 인간존중의 철학을 반영한 것일시 분명하다는 뜻이다.

6. 현대문학창작을 연구, 학문적 차원으로 끌어올려

선생께서는 학문적인 면에서 이 땅의 현대문학연구를 문단 저널리즘 차원에서, 대학 차원, 학문 차원으로 이끌어 올리면서 현대시 창작과 연구를 하나로 연결한 데 그 업적이 놓여지는 것으로 이해된다. 독립운동 또는 민족운동의 방편이자 상징으로 주류를 이루던 국어학과 고전문학의 연구 위세에 눌려 겨우 명맥을 유지하고 있던 당대의 현대문학연구를 서울대 교수로서의 지위와 학문적 업적을 쌓으면서 '한국시인협회회장'으로 시인협회의 확고한 기틀을 마련하고, '국어국문학회 대표이사' '한국현대문학연구회 회장' '한국비교문학회 회장' 등을 수행하여 학문 차원으로 정립시키는 데 크게 기여한 것이다. 그러면서도 시창작을 바탕으로 하여 많은 창작 시집을 펴내고 '대한민국예술원회원' 등을 지내면서 문단과 학계를 함께 연결하고 발전시키려 노력한 데서 그 공적이 인정될 수 있음은 물론이다. 아마도 선생께서 지도하거나 심사하여 내보낸 현대시 관련 석·박사만 해도 수백에 이르며 이 분들이 오늘날 한국 시학계의 중추로서 활동하고 있음은 주지의 사실이다.

정한모 선생을 통해서 시학 전공과 시학 전공 교수가 본격적으로 대학에서 자리잡게 되었음은 그분의 큰 공적이 아닐 수 없다.

7. 문화 행정가로서의 폭넓은 업적도 보여줘

아울러 선생께선 서울대 교수로서 오늘날에도 각 대학에서 중진으로 활동하는 수많은 재재다사를 길러 내었을 뿐만 아니라 현실사회로 나아가서 한국방송통신대학장으로서 오늘날 방송통신대학의 학문적 위상을 제고하고 대학으로서 제도적 기틀을 마련하는데 크게 이바지하였다. 아울러 한국문화예술진흥원장으로 중임하면서 문화예술 발전에 굳건한 초석을 놓은 것도 아는 분들은 다 아는 사실이다. 무엇보다도 초유의 문인 문학자 출신 문화공보부장관을 역임하면서 이 땅의 문화예술 발전에도 크게 이바지하였다.

특히 1988년 문화공보부 장관 재임시 논란 중이었던 납·월북문화예술인 문제에 정치적 역량을 발휘하여 과감한 해금조치를 이끌어 낸 것은 이 땅 정신사와 예술사의 분단극복, 나아가서 통일지향의 물꼬를 트는 데 결정적으로 이바지한 것이라는 점에서 소중한 의미를 지닌다.

8. 꽃 진 자리에 오히려 향기가 짙다

이 제한된 지면에서 선생과의 인연, 아니 선생님의 폭넓고 깊이 있는 인간적인 면모와 그 분이 남긴 문학과 학문적인 업적, 그리고 국가사회적인 이바지를 어떻게 다 이야기할 수 있을 것인가. 더구나 제자로서 그분의 그늘 아래 깃들이고 있던 한 사람의 처지에서 어찌 그 총체적인 면모와 업적, 그리고 빛과 그늘을 제대로 짚어내고 비추어 낼 수 있을 것인가.

다만 내가 겪고 느끼고 생각한 것의 일단만을 주마간산 격으로 서술할 수 있었을 뿐이다. 그러나 한 가지 분명한 것이 있다. 그분은 나를 비롯하여 젊은 날 어둠과 추위 속에 방황하던 많은 제자들, 외로운 사람들에게 따뜻한 손을 내밀어 인간 신뢰의 마음을 회복시켜주고 그들이 가슴 펴고 살아갈 수 있도록 길을 밝혀준 고향의 등불, 인생의 등대 같은 분이었다는 점이다. 그분을 따르던 우리들 수많은 제자들, 특히 10여 년을 연구실에서 직접 모시고 온갖 개인적인 인연까지 맺으며 살아온 나의 수십 년 인생에 있어서는 가슴에 오랫동안 꺼지지 않는 등불로 살아 빛나고 있으리라는 점 말이다.

4·19 또는 진행형 혁명, 박두진 시인께

존경하는 혜산 선생님, 해마다 4월이 오고 4·19를 맞이하면 제게는 언제나 선생님의 시 「우리들의 깃발을 내린 것이 아니다」가 떠오르곤 합니다. 그것은 이 시가 4·19 당시의 모습과 상황을 노래하는 가운데 4·19의 혁명적 이념과 성격을 가장 구체적으로 형상화하고 있다고 생각되기 때문입니다.

물론 4·19 현장시라고 하면 「오빠와 언니들은 왜 총을 맞았나요」라든가 신동문의 「아! 신화神話 같은 다비데군群들」이 생각나기도 하고, 또 「진달래도 피면 무엇하리」라는 박봉우 시인의 시가 떠오르기도 합니다만, 지난날 제가 중학 1학년에 갓 입학하여 온 산에 들에 진달래 붉게 피어 있고, 들풀 싱싱하고 푸르게 돋아 오르기 시작하던 그 무렵의 4·19가 오늘도 선연히 살아나고 있음은 과연 무슨 연유인지요. 아마도 창밖의 교정에서 학생들이 온몸으로 외쳐대는 함성 때문인지도 모릅니다.

지난 30년 동안에 이 땅에서 거듭되어 온 정치적 소용돌이와 시행착오에 제가 시달릴 대로 시달려서 온몸과 마음이 지쳐 있기 때문인지도 모르지요. 오늘도 봄 하늘은 높푸르기만 하건만 제 마음은 어둡기 짝이 없습니다.

그렇습니다! 선생님께서 이 시에서 일찍이 예언하신 대로 4·19혁명은 그 당시의 일과성 혁명운동으로 그칠 수 없었고, 또 그쳐서도 안 되는 미완성 혁명이자 진행형 혁명이었습니다. 그야말로 '우리들의 피깃발을 내릴 수가 없다/우리들의 피외침을 멈출 수가 없다/우리들의 전진을 멈출 수가 없다'라는 구절에서 볼 수 있듯이 당시는 물론 통일의 그날까지 앞으로도 이 땅에서 지속적으로 추구해 나아가야 할 당위적 이념이고 역사적 목표이기 때문입니다.

선생님! 4·19의 근본 이념은 과연 무엇입니까? 아마도 그것은 선생님의 말씀대로 이 땅에 '철저한 민주정체/철저한 사상의 자유/철저한 경제균등/철저한 인간평등'을 실현하려는 전 민족적, 전 민중적 인간해방운동이 아닐까 합니다. 다시 말해서 〈정의, 인도, 자유, 평등, 인간애〉를 실천하기 위해 싸운 이 땅 온 민중의 반독재, 반봉건, 반인권에 대한 저항이며 투쟁이 아니었겠습니까? 그러기에 우리들은 이 시에서 선생님의 실천적인 지성의 면모와 함께 예언적인 지성의 높고 깊은 향훈을 읽을 수 있는 것일 겁니다.

아마도 그것은 선생님께서 일제강점하의 어둠 속에서 '해야 솟아라.

말갛게 씻은 얼굴 고운 해야 솟아라. 산너머 산너머서 어둠을 살라먹고, 산너머서 밤새도록 어둠을 살라먹고, 이글이글 애띤 얼굴 고운 해야 솟아라'라고 노래하시던 「해」의 세계와 맞닿아 있는 것이라고 생각합니다. 「해」를 통해 그 일제강점하의 혹독한 추위와 어둠 속에서 민족의 독립과 인간의 해방을 갈망하고 예감하던 탁월한 예언자적 지성이 제 어둔 마음속을 화안하게 비춰오는 것입니다. 아마도 이러한 실천적인 노호와 예언적인 지성의 원천은 선생님께서 한평생 추구해 오신 신앙의 힘, 즉 기독교적인 역사의식에서 비롯된 것이 아닐는지요. 아울러 행동하는 지성이면서도 행동과 예술의 길을 깊이 있게 분별해 오신 투철한 예술의식에서 연원한 것이라고 생각합니다. 그러기에 이 수년래 선생님께서 탐구해 오신 수석열전의 세계가 바로 선생님의 자연관과 예술관, 인생관과 신앙관이 함께 어우러져서 그윽한 통일과 화해를 이루고 있는 것이 아니겠습니까? 다시 말씀드려서 세속사와 예술사, 그리고 신성사가 서로 화합하여 선생님의 여러 시편에서 아름답고 그윽한 말씀의 무늬결을 이루고 있다고 할 수 있다는 뜻이지요. 연전에 펴내신 신앙시선집 「가시면류관」도 바로 그 한 예가 되겠지요.

선생님! 연구실 창 밖에 울려오는 저 자유를 갈망하는 푸르청청한 함성들은 언제나 그 노호와 절규를 멈추게 될는지요. 모르면 몰라도 이 땅에 분단의 아픔이 가시고 통일이 찾아오기까지, 아니 그 이후에도 오랜 동안 끊임없이 울려올 것이라고 생각됩니다만, 그러기에 선생님께서 또 일찍이 「우리들의 8·15를 4·19에 살자」라는 시를 쓰신 적도 있으셨지 않습니까? 앞으로도 우리들은 우리들의 깃발을 그 얼마 동안이나 더 치켜들고 있어야만 하겠습니까?

선생님! 몇 년 전 뵈었던 인천 송도의 바다 풍경이 문득 되살아납니다. 선생님의 해맑은 안경알에 하얗게 날아오르던 흰 구름과 갈매기 떼의 힘찬 날갯짓이 새삼 그리워집니다. 그것은 아마도 자유의 하늘을 향해 비상하던 그날 4·19 푸른 넋들의 은빛 날개의 모습은 아니었는가 싶습니다.

선생님! 온 천지에 진달래 붉게 피어오를 즈음에 다시 찾아뵈옵겠습니다.

선생님, 설날 세배 받으십시오

– 김윤식 교수께

우리집은 동네에서 썩 떨어진 버드나무 숲으로 둘러싸인 강변에 있었는데, 내 유년기의 벗이란 까치와 까마귀, 메뚜기 그리고 하늘 높이 치솟은 버드나무 숲이었다. … 그 순간 내 글쓰기의 기원이 이 외로움이었음을 나는 깨달을 수 있었다.

– 김윤식, 「운명과 형식」

오래 전 이 대목을 읽는 순간 저와 선생님이 외로움이라는 같은 정신의 고향을 가지고 있으며, 유사한 운명의 형식을 공유하고 있음을 전광석화처럼 느낄 수 있었습니다. 저도 충청도 산골에서 외롭게 자란 소년이고, 후배 비평가로서, 또 대학의 선후배로서 오래된 운명의 공유 형식을 지닌 때문이었겠지요.

제가 1967년 대학 2학년 그 가을이었던가요? 선생님을 처음 만난 비평론 강의 시간, 그때 저는 스무 살 천둥벌거숭이 학생이었고 선생님은 서른을 갓 넘긴 신예 비평가 교수님이셨지요. 그때 선생님께서 저의 한 리포트를 뽑아 격려를 해주신 것이 지금도 저를 낯부끄럽게 만들곤 합니다만, 그것이 바로 제 운명의 지침을 돌려놓은 결정적 계기가 된 것이지요. 그 길로 저도 1969년 평단의 말석에 자리한 지 어느새 40년을 넘어섰습니다. 대학 졸업 후 어디 산골 학교에 가서 외로운 아이들의 손을 잡고 한평생 소박히 살아 보리라던 저의 꿈에 선생님은 느닷없이 나타나 상상력의 심지에 불꽃을 점화해 주신 것입니다. 더 높은 정신, 살아 있는 정신의 높은 영역을 탐험하며 그러한 발견과 창조의 기쁨 속에서 살아보는 것도 꽤 그럴듯한 길일 수 있으리라 일러주신 것이지요. 그래서 저는 '시 나부랭이'나 쓰던 생활을 접고 도서관에 틀어박혀 책을 읽고 앎의 즐거움에 심취하기 시작했던 것입니다.

그러던 어느 날, 선생님께선 저에게 원고 정리를 잠깐 시키셨지요. 신비평류나 읽고 있던 제게 선생님께서 진행하시던 카프 문인들에 대한 연구는 놀라움이 아닐 수 없었습니다. 연구 자세도 인상적이셨습니다. 말씀 한 마디 없이 몰두하시던 그 냉철한 태도는 수도자의 모습 그것이었고, 외로움의 형식이고 고독의 정신을 반영한 것이었지요. 그러한 철저한 견인주의자의 모습, 한 초인의 모습을 보면서 제가 한 걸음씩 비평가의 길, 학문의 길로 다가갈 수 있었다는 것은 큰 행운이 아니었나 생각됩니다.

우리가 갈 수 있고 우리가 가야 할 길의 하늘의 별이 지도가 되어주는 시대란 얼마나 행복한가.

선생님께서 종종 인용하시던 루카치『소설의 이론』의 머리글 속에는 한평생 선생님을 이끌어온 또 하나의 힘, 즉 탐구의 정신, 발견의 정신에 대한 동경과 열망이 담겨 있는 것으로 여겨집니다. 그러한 탐구의 정신, 모험과 개척의 정신이 선생님으로 하여금 한평생 한국문학사에서 근대성이란 무엇인가 하는 물음과 그 해답을 추구해온 또 하나의 원동력이 아닌가 합니다. 선생님께선 그러한 개척정신으로 수많은 국문학 미답의 영역을 확대·심화하면서 동학의 선배 동료들은 물론 후배·제자들에게 충격과 감동을 던져준 것이 분명합니다. 실상 저희 후배·제자들이 그러한 선생님을 이 시대의 대학자이자 석학으로 존경하는 것도 선생님의 이러한 개척자, 선구자로서의 끊임없는 도전정신과 실천적인 탐구정신에서 생의 좌표를 발견하고 학문도정에서 귀감이자 등불로 삼아왔기 때문이라 확신하고 있습니다.

무엇보다도 선생님께선 저희들의 좁은 안목과 지식을 확대하고 심화하는 데 크게 가르침을 심어주셨습니다. 100여 권의 저서 한 권 한 권들은 엄격한 실증주의와 역사주의 비평방법론을 바탕으로 한 폭넓은 자료와 사실 체계의 섭렵을 통해 학문의 길이 바로 엄격한 실천의 길이며 바람직한 삶의 길을 찾는 일에 다름 아니라는 점을 준열하게 일러주고 계십니다. 우리 문학과 문학사의 어떤 문제를 논의·기술할 때는 선생님의 선행업적을 참고하지 않을 수 없는 게 사실일 겁니다. 그러노라면 선생님께서 한국근대문학사의 어느 한 쟁점이나 사실에 대해 거의 손대지 않은 부분이 없다는 것을 발견하고 새삼 놀라지 않을 수 없게 됩니다. 세상에 어떻게? 그렇게! 다양하고 깊이 있게 사실을 탐구하고 쟁점을 도출하고 논의를 날카롭게 전개하고 있는지…. 그 모든 것이 '발로 쓴 문학사'며 '실천적인 평론작업'이기에 저는 언제나 경이를 느끼고 감동을 받는 것입니다.

1973년 처음 간행된 선생님의 『한국근대문예비평사 연구』『한국문학사』는 그간 이식모방사로서 우리 문학사가 문단사, 논쟁사, 잡지사로서의 성격에서 벗어나 한국문학사를 총체적·주체적·지속적·일원적으로 파악하고 이해하게 만들어준 최초의 작업이라는 점에서 충격을 주었습니다. 이러한 초기 저술들은 이후 연구에 획기적인 이정표를 마련해 준 것이지요. 선생님의 역사적 통찰력과 사회사적 안목, 예술사적 직관 및 예지는 우리 문학사 연구, 특히 근대 지성사, 정신사 연구에 있어 하나의 노둣돌이자 나침반이자 등불이 되었음이 분명합니다. 아울러 선생님께서 우리 문학연구의 세계적인 안목 확대에 이바지한 공적들, 수백 차례 국내 학술대회는 물론 세계 각지의 한국문학 세미나에 수십 차례 참여하여 한국 문학의 세계화에 이바지한 것들은 소중한 성과가 아닐 수 없겠지요. 선생님, 과연 어떻게 한 사람의 힘으로 그 많은 학술·문학 활동들이 가능했는지 저로서는 지금도 불가사의합니다.

선생님을 흔히 '100년 만에 한 번 나올까 말까 하는 비평가이자 학자'라고 하는 말에 저는 후학의 한 사람으로서 전적으로 동감합니다. 선생님의 업적을 비아냥거리고 폄하하는 이들도 더러 있는 듯하지만 저는 그러한 말에는 아무런 의미나 가치를 두지 않습니다. 선생님의 업적 하나하나를 땀과 눈물과 피의 소중한 결정으로 받아들이고 있기 때문입니다. 선생님처럼 반백년 연구생활, 교수생활 중에 『한국현대문학사』『한국근대문학사상사』『이광수와 그의 시대』『이상 연구』『임화 연구』 등 100여 권의 창조적 저술을 써낸 분은 거의 없으리라 생각합니다. 작품을 꼼꼼히 살펴 읽고 분석, 해석, 평가의 과정을 거쳐 문학사적 의미를 부여하는 일이란 참으로 고통스런 작업이 아닐 수 없을 것입니다. 한 권 한 권이 선구적·창조적 저작인데도 그것이 100권을 넘는다니 그 속에 응축된 고독과 인내, 고통과 절망을 누가 과연 깊이 헤아릴 수 있겠는지요. 괜히 편견을 갖고 패거리를 지어 그런 소중한 업적들을 폄하하는 사람들이 그러고 보면 얼마나 초라하고 왜소해 보이는지요. 선생님의 저서를 몇 권이라도 정독해 본 사람들이라면 과연 그러한 태도가 얼마나 반지성적인 태도인가 금방 알게 될 겁니다. 그 깊은 고독과 인내, 절망감, 저작물 등 저로서는 선생님의 발치에도 이르지 못하기에 선생님을 감히 존경하고 사랑한다고 말씀드리기도 어렵습니다.

선생님, 그런데 요즘 어쩌다 뵈옵는 선생님의 모습은 너무 여위시는 느낌을 지울 수 없어 가슴 아프다고 하면 제가 잘못 본 것이겠지요. 조금씩 흔들리듯이 혼자 쓸쓸히 돌아가시는 모습을 훔쳐보노라면 제 가슴 한켠이 무너지는 것 같은 느낌을 받곤 합니다.

선생님, 저도 어느새 육십 고개 넘고 정년에 이르다보니 선생님께서 얼마나 제게 소중한 스승이자 은인이신가를 절감하게 됩니다. 이제 고독의 정복 속에서 흘러가는 시간의 강물에 그간의 외로움들 꽃잎처럼 띄워 보내며 평안하게 지내시기를 기원합니다.

선생님, 설이 다가옵니다. 한평생 선생님 가르치심의 은혜에 엎드려 큰절을 올립니다.

죽음과 시인

– 박정만 시인에게

바람 한 점 없는데 온 세상의 풀꽃들이 일제히 시들어 버렸구나. 박정만! 그대 또한 저와 같아서 적막한 그대의 한 생애가 가을 들풀처럼 저물어 버렸구나. 바로 그 얼마 전만 해도 지인들의 도움으로 그대 생애 처음이자 마지막이 되어 버린 시화전을 열며 '살인적으로 행복하다'던 그대, '한세상 살다보니 병도 그만 홑적삼 같다'고 조그맣게 행복해 하던 그대가 그토록 쉽게 무너져 갈 줄이야. 정만아! 사람의 운명이란 것이, 그것이 서로 엇갈린다는 것이 정녕 백지 한 장 차이라더니, 그게 바로 이런 것이구나.

시인 박정만! 그대 이름은 우리에게 저 무모하기만 하던 60년대 후반의 낮고 우울한 그 겨울을 생각나게 한다네. 4·19와 5·16의 뒤끝에서 어둔 기류가 안개처럼 이 땅을 뒤덮고 있던 우리의 문청文靑 시절, 무너져 가던 명동「은성」이나 무교동 낡은 주점 골목을 허기져 기웃거리던 저 목마름 속에서, 함께 시를 논하고 인생을 다투던 그때 우리의 그 유치함과 맹목의 순수함이 새삼 생각난다네. 그대는 옛 모습 그대로 남루한 입성과 어렴풋한 취기로 순수 하나만을 그냥 데불고 살아가고 있더니만, 어떻게 그대 먼저 인가의 불빛 하나 없을 저 차운 바람 속 저승의 어둔 모퉁길을 홀로 걸어가고 있을 것인가.

저 고통스런 70년대와 참혹하기만 하던 80년대의 뒤안길, 헐벗은 가로 어느 골목길에서 홀로 절망과 허무라는 천형天刑의 병고病苦를 통음하면서, 모든 허욕을 떨쳐버리고 한 올 한 올 절망의 실로 처절하게 시의 피륙을 짜내면서 시인의 자존심과 시의 위의를 지켜 나아가려던 그대 박정만! '이마를 짚어다오/산허리에 걸린 꽃 같은 무지개의/술에 젖으며/잠자는 돌처럼/나도 눕고 싶구나/가시풀 지천으로 흐드러진 이승의/단근질 세월에 두 눈이 멀고/뿌리 없는 어금니로 어둠을 짚어가는/마을마다 떠다니는 슬픈 귀동냥'이라는 그대 시구 하나가 끝내 아픈 화살이 되어 우리 심장에 날카롭게 박혀 오는구나.

과연 그 무엇이 그대를 그토록 아득한 절망에 이르게 하였고, 마침내 저 죽음의 세계로 치닫게 하였던가? 아마도 그것은 무엇보다도 천성이 방황하는 영혼, 자유인이었던 그대 성격 탓이 클 것이려니와 직접적으로 저 참혹했던 80년대 초의 어이없는 횡액과 뒤이은 방황 때문이 아닐지, 그 무자비한 군사정권의 폭력과 온갖 권위주의, 상업주의가 판치는 이 불모의 연대에 그대는 인간적인 자존심과 시인의 양심을 지켜보려다가 처참하게 좌초해 간 것이 아닐까 말일세. 그러기에 자네의 시구에는 온통 시퍼런 허무와 한의 칼날이 섬뜩섬뜩 빛나고 있었던 게 아니었겠나?

우리 뜻있는 사람들이 모두 아끼고 사랑하던 그대, 시인 박정만! 그대 깊고 깊은 잠의 머리맡에 끝없이 떠돌고 있는 초록별 하나 보이고, 그 곁에 살아서 그리도 고단하던 목숨 하나가 비로소 편안히 놓이는구나. 이승에서의 그대 삶이 얼마나 고달프고 힘겨웠길래 그대는 '그리운 저 무덤'을 생각하면서 죽음과 그리도 가까워지려 했었는가? 그대만큼 죽음과 진실을 따뜻하게 감싸 안으면서, 처절하게 허무를 전신으로 끌어안고 싸워간 진짜 시인들이 우리 시사에 과연 몇 사람이나 있었던가? 이제 이미 죽음을 그대 속에 통과시킨 그대, 죽음보다 강한 그대가 어찌 무엇을 더 두려워하랴. '침잠하는 돌 속에 산이 잠기고/산자락에 엎드린 수정무지개/잘 있거라 눈부신 잠의 목관木棺 위에서/생은 다만 옥玉 같은 어둠의 부표浮漂였으니'라고 자넨 노래하지 않았던가. 어쩌면 그대는 소월보다 깊은 한과 말라르메보다도 더 그윽한 허무를 간직하고 있지는 않았는지. 새삼 아프고 안타까울 뿐이네.

부디 편안히 잠들거라, 우주 저편으로 아스라히 사라져 간 그대 박정만! 우리 모두 아끼던 자유인, 천부적인 서정시인 박정만! 지금쯤 그대 죽어 홀로 걸어가고 있을 저승길 모롱이 천지 가득 오늘처럼 함박눈 나리어 이승에서 그토록 고단했던 그대 목숨 하나 포근하게 위무해 주려니.

'사랑이여, 보아라/꽃초롱 하나가 불을 밝힌다/꽃초롱 하나로 천리 밖까지/너와 나의 사랑을 모두 밝히고/해질녘엔 저무는 강가에 와 닿는다/저녁 어스름 내리는 서쪽으로/유수流水와 같이 흘러가는 별이 보인다/우리도 별을 하나 얻어서/꽃초롱 불 밝히듯 눈을 밝힐까/눈 밝히고 가다가다 밤이 와/우리가 마지막 어둠이 되면/바람도 풀도 땅에 눕고/사랑아, 그러면 저 초롱을 누가 끄리'라고 노래하던 「작은 연가戀歌」가 문득 아프게 되살아오네.

그대 부디 이승에서 못다 한 사랑, 그곳에서 꽃피워 보게. 그리고 시의 별로 떠올라 우리 어둔 지상의 삶을 비춰 주게. 이제 마른 눈물로 간구하노니, 그대 고혼의 명복을 빌 따름이로다.

무공해 청정 시지 〈시안〉 오탁번 선배님, 힘내세요

축하합니다! 그리고 그간의 노고에 경의를 표합니다. 시 전문 계간지 〈시안〉이 어느덧 창간 10주년 통권 40호를 맞이하게 됐다니….

사실 이 땅에서 문예지, 더구나 시 전문지를 만드는 일이 얼마나 어려운 일인가를 알 만한 사람들은 다 아는 일입니다.

그야말로 무게 있는 문예지 한 권을 기획하고 원고청탁을 하는 일부터가 하나하나 힘들지 않은 것이 없습니다. 더구나 요즘처럼 유·무명 문예지들이 우후죽순 많아 시지가 시지를 서로 잡아먹으려는 사나운 풍토 속에서 좋은 시인들의 좋은 작품을 얻는다는 일은 참으로 어려운 일이 아닐 수 없기 때문입니다. 그리고 그것들을 수합하여 편집하고 인쇄소에 넘기는 일도 수월한 과정은 아닐거구요. 더구나 교정을 보는 일, 레이아웃하는 일 하나하나가 세심한 배려와 정성을 아끼지 않아야 하는 것은 물론이구요. 게다가 매번 천만 원을 넘나드는 제작비를 마련하고 원고료를 준비하는 일은 또 어떻겠습니까? 그런가 하면 배본,

정기구독자 모집 및 관리, 신인 발굴, 광고 홍보 등 산 넘어 산인 것이지요. 게다가 필자들이나 독자들도 그 보이지 않는 뱃사공의 노고를 이해하고 고마워하기는커녕, 오히려 불평이나 불만, 험담을 쏟아내는 게 사실 아닙니까?

그러고 나면 다시 다음호를 기획하고 편집하고 제작하고… 하는 행위가 시작도 끝도 없이 철따라 밀물처럼 몰려오니 참으로 고통스럽고 때론 절망적일 수밖에 없는 것이지요.

이런 끝없는 되풀이를 먼저 겪어본 한 사람으로서 창간인 오 교수님의 그간 노고와 역경, 그리고 남모를 외로움을 생각해보면 남의 일 같지 않게 가슴이 저려오는 느낌을 갖게 되는군요. 특히 이 땅의 뛰어난 시인이자 소설가이고 명망 있는 대학교수로서, 아니 그보다 이 시대 누구보다 지조 있고 자존심 센 오탁번 교수님으로선 좌절하고 절망할 때가 한두 번이 아니었으리라 추측되어 마음이 아려오는 것입니다. 사실 지금도 그렇겠지만, 그만 팽개쳐버리고 공부나 더 하고 작품이나 쓰겠다고 스스로 다짐한 때가 어찌 또 한두 번이었겠으리요. 새삼 동병상련의 정을 절감합니다.

그럼에도 〈시안〉지는 그간 계간 시지로서 시의 위의 또는 시지의 품격을 유지하고 고양시켜오는 데 적잖이 이바지한 것으로 여겨집니다.

첫째, 그것은 시지의 품격을 지속적으로 확보·유지한 데서 드러납니다. 필자 선정의 고른 수준 유지와 안정감 있는 편집체제의 지속은 독자들에게 시지에 대한 신뢰와 기대감을 충족시켜주어 온 것으로 판단되기 때문입니다.

둘째, 끊임없이 새로운 기획과 특집 및 필진을 개발 보강하여 기존 잡지들의 편협한 시각을 교정하고 시야를 확대해감으로써 바람직한 시지의 한 전범을 보여준 것도 인상적인 일이라 하겠습니다.

셋째로 신인발굴을 격식 있게 하여 시인의 위의, 시지의 품격을 지켜가고자 노력하는 한편 그분들을 지속적으로 육성해가고 있는 것도 유의할 만한 일이라 할 겁니다.

무엇보다도 지역 거주의 역량 있는 시인들에게 또는 숨어 있는 시인들에게 적극 문호를 개방함으로써 균형감각을 최대한 확보하려 노력한 점은 소중한 성과가 아닌가 합니다.

그러나 〈시안〉의 이러한 공적을 치하하면서도 마음 한켠에선 또다시 근심과 걱정이 고개를 쳐들고 있음을 고백할 수밖에 없군요. 40개의 험난한 봉우리를 하나하나 넘어오느라고 힘들었던 것처럼 앞으로도 밀물썰물 다가올 고난과 시련의 과정이 떠오르기 때문입니다. 그야말로 계속 들고 가자니 뼈빠지게 힘들 것이고 내려놓자니 지금까지 쌓아 온 공든 탑이 무너질 것 같은 그런 애절함을 느끼는 것이지요.

그러나 또 어쩔 것인가요. 〈시안〉 같은 무공해 청정 시지가 있다는데 안도하는 이 땅의 순결한 시인, 고마운 애독자들을 위해 우리 사랑하는 오탁번 선배님, 쓰러질 때까지 〈시안〉이라는 운명의 십자가를 지고 갈 수밖에요….

힘내세요! 오탁번 교수님, 우리들이 있잖아요. 당신을 사랑하는 우리 어진 이웃들이 많이 있지 않습니까!

냉정과 열정 사이, 삶의 꽃이 피고 진다

– 김종철 시인

1.

김종철 시인. 그와 만난 지도 어느새 40년 세월이 헤아려진다. 그 이름은 지금도 내게 문청 시절에 대한 아쉬움과 그리움을 떠오르게 하는 대명사이면서 오늘에도 여전히 내 작은 삶의 한가운데서 출렁이고 있는 오래고 소중한 한 기표이기도 하다. 4·19혁명과 5·16군사정변이 뒤엉키는 저 춥고 배고프고 목마르던 60년대 끝자락에 우리는 만났다. 부산에서 올라온 그가 그 시절 한국일보 신춘문예에 막 당선한 신예 시인으로서 문명을 날리기 시작할 무렵이었다. 그와 함께 동아일보로 등단한 이가림 시인, 서울신문으로 등단한 전주의 박정만 시인, 그리고 그보다 몇 년 전 동아일보로 등단했던 김원호 시인, 이른바 신춘시 동인들과 어울리면서 나와 그는 조금씩 우정의 길트기를 시작한 것이다. 특히 김종철과 박정만은 나와 동년배로서 가끔 명동 주변, 가령 '은성'이라든가 하는 대폿집 근처를 배회하면서 젊은 날의 객기와 취기를 꿈과 열정으로 뒤섞곤 했던 것으로 회상된다.

이 무렵 김 시인은 늘 내게 순수하고 아름다운 서정의 공간을 일깨워 주곤 하던 서정시의 한 대명사로 떠오르곤 했다. 사실 그 당시 춥고 배고프고 서럽기만 하던 문청 시절, 방황과 고뇌의 길 끝에 서 있던 우리들에게 김 시인의 시에 등장하는 아내가 어디 있고 또 눈 내리는 아내의 나라가 과연 있었겠는가? 단지 그것은 삭막한 현실에서 갈망하는 한 꿈의 세계이고 유토피아의 표상이 아니었겠는가? 그러고 보면 그는 이미 그때에 매우 조숙해 있었고 아름다운 상상의 나라, 꿈의 나라를 가슴속에 마련해 놓고 있었던 것은 아닐까 싶다. 여하튼 그렇게 누군가를 그리워하고 눈이 오는 아내의 나라를 꿈꾸는 일만으로도 우리들은 어둡고 추운 젊음의 뒤안길에서 나름대로 따뜻하고 아름다운 겨울 속 봄의 이야기를 불씨로 지피고 있을 수 있었던 게 아닌가 생각되어 지금도 마음이 화안해져옴을 느끼곤 한다.

2.

그렇게 삶을 찾아, 현실의 소용돌이를 겪으면서 우리들의 젊은 날은 흘러갔고 우리들은 조금씩 세상의 난바다 속에서 겨우겨우 난파하지 않고 삶과 문단 말석에 자리를 잡아가기 시작했다. 그는 월남전에도 참전하는 등 험한 세상에서 온몸으로 살아남는 방법과 기술을 익히면서 그야말로 시인이라는 이력과 몸뚱아리 하나만 가지고 조금씩 세상 속으로 용감하게 진입해 들어가기 시작하였다.

그는 생활전선에 뛰어들고 문단의 뱃전에 서성거리기도 하면서 생의 바다를 항해해 갔고, 나는 나대로 공부한답시고 대학 주변을 맴돌면서 지방으로 어디로 떠돌게 됨으로써 서로의 바쁘고 고달픈 젊은 날을 그런대로 헤쳐가게 된 것이다.

그후 그는 안양에서 사업을 벌이면서 나름대로 탄탄한 생활기반을 쌓아갔고 그 시절 한 번씩 들렀던 그곳에서 나는 이따금씩 그 유명한 안양해물탕 맛도 보고 멍멍탕도 끓여가면서 세상 사는 일의 늪 속으로 우리는 점차 이끌려 들어가게 됐던 것이다.

그러던 어느 날 나는 오랜 지방대학 시절을 마감하고 서울로 옮겨 정착하게 되었다. 그러면서 오랫동안 소망하던 문예지 발간, 즉 계간 〈시와시학〉을 무모하게 창간하게 되었고 우리는 청년 시절처럼 다시 자주 만나게 되었다. 그는 대치동 어디쯤 살면서 그동안 하던 사업을 접고 새로운 일을 모색하던 시기였기에 우리는 비교적 잘 의기투합하여 만나게 되었다.

어느새 시절은 질풍노도 60년대, 형극의 연대인 70~80년대를 거쳐 90년대 목전에 이르러 있었고 우리 또한 40대에 접어들어서 가솔들에 대한 적잖은 부담감을 느끼던 그 무렵이기도 하였다. 그렇게 〈시와시학〉 사무실에, 또한 그의 야간 일터에 서로 번갈아 우정출연하면서 새 사업을 모색하던 그가 도서출판 〈문학수첩〉사를 창업하게 되었고, 여기서부터 우리의 만남은 40대에 이르러 다시 청년 시절 우정의 꽃을 피워가게 됐던 것이다.

출판 사업을 하면서 그는 특유의 언변과 친화력 그리고 그가 연마한 사업 노하우를 십분 발휘하면서 초창기부터 다크호스, 야생마로서의 기질과 재능을 유감없이 발휘하기 시작하였다. 낡고 오랜 것으로 인식되었던 걸리버여행기를 새로이 번역 출간하여 화제를 불러일으키는가 하면 백파 홍성유 작가의 맛있는『음식 기행 시리즈』, 이동진 대사의『숨겨진 성서 시리즈』등을 잇달아 발간하는 등 아무도 쉽게 생각하기 어려운 일들을 쾌도난마처럼 개성적이고 창의적으로 성사시켜 나아감으로써 나름대로 성공을 거두기 시작한 것이다. 실상 지금 돌이켜 생각해보면 말이 그렇지 사십대 들어 늦게 새로 시작한 노가다 출판 사업이 그에게는 얼마나 고단하고 힘들었을 것이며, 혼자 마른 눈물을 깨무는 외롭고 쓸쓸한 밤이 어디 한두 번뿐이었을까. 나 또한 초창기 계간지 발간 일에 쫓겨 그러했던 처지라 그 모습이 문득 내모습인 듯 떠올라 눈시울이 시큰해지곤 하였다. 그러면서 무엇 하나 제대로 돕지 못했던 것이 지금도 마음에 걸린다.

그러나 지성이면 감천이라 했던가. 그러던 어느 날 그에게 행운의 여신이 활짝 미소를 띠며 다가왔다. 근년 출판 대박이라 일컬어지는 해리포터 신화가 그에게 터진 것이다. 그로 인해 그는 10여년 고생 끝에 일거에 성공한 출판인으로 떠오르게 되었고, 그의 인생에 대역전의

드라마가 펼쳐지게 된 것이다. 그러나 나는 믿는다. 그러한 행운은 이미 그가 오래전부터 준비해 온 나름대로의 고심참담 노력의 결과이고 고군분투 외로움의 대가이며 신이 허여하신 따뜻한 격려이고 공물이었으리라는 것을 말이다.

3.

가끔 나는 그에게 농담을 던진다. 아마도 당신 김 시인 말대로 했다면 나는 지금까지 수십 번 세계여행을 다녀왔고 세계 방방곡곡 안 가본 데가 없을 것이라고…. 그렇지만 그는 오늘날에도 여전히 한잔 기울여 얼큰해지면 또 이태리나 영국 어딘가로 함께 훌쩍 떠나기로 약조하기 시작한다.

그러나 그러면 어떠랴. 그런 꿈이 꼭 이루어지지 않는다 해도 적어도 우리가 함께 살아서 술 한잔 따뜻하게 나누고 정답게 세계여행하는 꿈을 꾸는 것, 그런 소망을 간직하는 것만으로도 이미 우리 우정과 인생은 충분히 따뜻하고 충만한 것이 아니겠는가. 이 나이 들어서도 한잔하며 꿈꿀 수 있는 기회, 맘껏 즐거이 상상해볼 수 있다는 사실과 그런 죽이 잘 맞는 친구를 한 사람쯤 갖고 있다는 사실만으로도 나는 이미 행복한 사람이 되기 때문이다.

그리고 또 한 가지 가끔 주변에서 우리를 잘 모르는 사람들이 하는 소리를 듣는다. 두 사람이 어떻게 그리 수십 년 세월 오랫동안 절친한 친구로 지내고 있냐고…. 하기야 그럴 것이다. 참을 수 없이 가벼워 보이는 김 시인과 견딜 수 없이 무거워 보이는 내가 어찌 그리 오랜 세월 우정을 변치 않고 환상의 콤비(?)로 지내올 수 있었겠는가 말이다. 그러나 그 분들은 잘 모르는 것 같다. 겉으로 보기엔 그렇지만 속으로는 우리가 그 정반대의 모습이기에 아무 갈등이나 큰 마찰 없이 잘 지내고 있다는 사실을 말이다. 흔히 유유상종類類相從이라고 하지 않던가? 설사 그렇다 해도 우리는 아마도 오랫동안 그런 환상의 콤비로서 지내는 걸 애써 고치려 하거나 조금도 후회하지 않고 있을 것이 분명하다. 어떤 결점이나 잘못이 있어도 우린 서로가 서로를 쉽게 떠나거나 결코 미워할 수 없으리라는 사실을 너무나 잘 알고 있기에 이미 그런 모습은 그나 나나 서로에게 하나의 운명의 일부가 돼버린 것으로 여기고 있을 것이기 때문이다.

4.

내가 김 시인을 바라보는 것은 세 가지 면에서 비롯된다. 첫째는 시인, 둘째는 출판인, 셋째는 신앙인으로서의 모습이 그것이다.

무엇보다 먼저 그는 내게 오랜 세월 시인으로 각인돼 왔고 오늘날에도 여전히 시인의 모습으로 다가온다. 그는 1968년 시 「재봉」으로 등단한 이래 어언 40년, 올해까지 『서울의 유서』(한림출판사, 1975) 『오이도』(문학세계사, 1984) 『오늘이 그날이다』(청하, 1990) 『못에 관한 명상』(시와

시학사, 1994)『등신불』(문학수첩, 2001) 등의 시집을 출간하였다.

그의 시세계를 초기, 중기, 후기 그리고 앞으로 있을 말기시로 구분해 볼 때 초기 시들은 대체로 풍부한 상상력을 바탕으로 다양하고 섬세한 감각적 표현을 구사함으로써 시적 형상력이 돋보이는 경향을 지닌 것이 특징이라 하겠다. 말하자면 사상성, 철학성 탐구보다는 서정성, 예술성이 돋보이는 형국이었다는 뜻이다. 그만큼 시적 재질이 하나의 독자적인 풍경을 이루고 있었다 할 것이다.

> 사시사철 눈 오는 겨울의 은은한 베틀 소리가 들리는/아내의 나라에는/집집마다 아직 태어나지 않은 마을의 하늘과 아이들이 쉬고 있다/마른 가지의 난동暖冬의 빨간 열매가 수繡실로 뜨이는/눈 내린 이 겨울날/나무들은 신神의 아내들이 짠 은빛의 털옷을 입고/저마다 깊은 내부의 겨울바다로 한없이 잦아들고/아내가 뜨는 바늘귀의 고요의 재봉
>
> –「재봉裁縫」앞부분

아마도 그러리라, 젊은 날의 내면풍경을 이처럼 아름다운 꿈의 상상력으로 펼쳐간다는 일이 그리 쉬울 것인가? 이런 시들지 않는 꿈의 풍경, 사철 눈 오는 아내의 나라가 있고 태어나지 않은 하늘과 아이들이 남아 있기에 삶은, 인류 역사는 끊임 없이 이어져 내려갈 것이 아니겠는가.

중기 시는 대략『오이도』와『오늘이 그날이다』등의 시세계로서 고단한 현실을 살아가는 소시민의 애환을 노래하는 인생론적인 모습을 드러낸다.

아내는 외출하고/어린 두 딸과 잠시 빈 방을 채우며 뒹굴다가/그들이 눈을 부치는 사이/적막 같은 비가 한 줄기 쏟아진다/두 딸년의 잠든 눈썹 사이로 건너뛰는 빗줄기

—「아내는 외출하고」 부분

맨발로 한 남자가 줄타기를 합니다/사람들은 아슬아슬하여 눈을 가립니다/다음에는 자전거를 타고 건너갑니다/손에 땀을 쥐게 했지만 재미있었습니다/이어서 그는 자전거 위에다 짐까지 싣습니다/이제 우리는 그를 믿습니다/열렬한 박수와 환호로 우리는 좀더/스릴 있는 곡예를 연출해 주길 바랐습니다/그 다음에 그는/자전거의 짐 위에 사람을 태우겠다고 했습니다/자, 누가 오르겠습니까?/그를 믿고 열광했던 사람들은 침묵했고/아무도 나서지 않았습니다/어떤 이는 슬금슬금 뒷걸음질쳤습니다/사는 일이 어찌 이와 다르겠습니까?

—「줄타기」 부분

그렇다. 그의 중기 시에는 어느새 지난날 눈이 오는 대신에 비가 내리고, 태어나지 않았던 아이가 두 딸로 현존하고 있는 것이다. 그만큼 그의 시편들에는 고단하고 서글픈 현실의 그림자와 그늘이 짙게 드리워져 있음을 본다. 말하자면 서정성이 현실성으로, 낭만성이 인생론적 관점으로 변화하면서 삶의 내질을 깊이 있게 탐구하고 있다는 뜻이다.

후기 시에는 종교성이랄까, 신앙적 탐구로서 형이상성이 제기되기 시작한다.

오늘도 못을 뽑습니다/휘어진 못을 뽑는 것은/여간 어렵지 않습니다/

못이 뽑혀져 나온 자리는/여간 흉하지 않습니다/오늘도 성당에서/아내와 함께 고백성사를 하였습니다/못자국이 유난히 많은 남편의 가슴을/아내는 못 본 체하였습니다/나는 더욱 부끄러웠습니다/아직도 뽑아내지 않은 못 하나가/정말 어쩔 수 없이 숨겨둔 못대가리 하나가/쏘옥 고개를 내밀었기 때문입니다

―「고백성사」 전문

후기 시에서는 앞에서의 인생론적 탐구가 신성사적 지향성, 즉 영성靈性과 신성神性 지향성으로 심화돼가는 모습을 보여준다. 그는 못 하나로써 인간 존재의 다양성과 삶의 총체성을 상징화하면서 온갖 종류, 각양각색 삶의 음영굴곡을 형상화한다. 인간 또는 삶의 등가물로서 못을 통해 자신의 생의 내면적 진실을 탐구하고 사회적 아픔을 보며, 역사의 고뇌와 더불어 신의 절대고독을 읽어내기 시작했다는 뜻이다. 이 점에서 시집 『못에 관한 명상』은 시로 쓴 그의 명상록이자 하나의 고해록에 해당한다고 하겠다.

이렇게 볼 때 그의 시는 서정성과 인생론, 그리고 종교성을 함께 어우러내면서 전개돼 가는 특징을 보여준다. 앞으로 어찌 전개돼 갈지 확언할 수는 없지만 그의 시는 대체로 생의 탐구라는 인생론적 내용을 대주제로 지속하면서 신성사로서 좀 더 확대·심화돼 가지 않을까 여겨진다.

그가 지닌 인간적 매력은 적어도 그와 함께 있는 시간만큼은 즐겁고 희망적일 수 있어서 좋다는 점이다. 그는 익살과 재치 있는 언변으로 사람과 좌중을 끌어당기는 힘이 있으며, 헤어진 뒤에도 그때 있었던

약속이나 말들이 비록 그대로 실현되지 않는다 하더라도 그가 아주 밉거나 괘씸하지 않은 것이 특징이다. 말하자면 그만큼 인간적 친화력과 유머, 그리고 인간미가 넘쳐난다는 뜻이 되겠다. 그래서 남녀노소 많은 이들이 그와 쉽게 친숙해질 수 있고, 그래서 즐거운 마음을 지닐 수 있음을 나는 떠올리곤 한다. 돌아가신 정한모 시인이나 조병화 시인께서 그를 유달리 편안해하고 그의 인간미를 좋아하신 것도 그러한 좋은 예가 된다고 하겠다.

그렇다고 해서 그가 어떤 완전한 인간 또는 이상적인 사람이라는 뜻은 아니다. 그는 지금도 끊임없이 변화해 가는 진행형 인물이고, 점차로 완성돼 갈 미래형 인간형에 해당한다. 따라서 다만 우리가 그에게 너무 많이 기대하거나 필요 이상으로 의지하려 한다면 때로 실망하게 되거나 심하게는 등돌려 떠나갈 수도 있다는 점을 유의할 필요가 있다는 사실을 말해두고 싶다. 그래서 나는 언제나 그와의 술자리 약속들은 '잘 되면 좋고 아니면 말고'라는 그의 말투대로 언제나 편안한 거리재기의 철학으로 무심한 듯 범연한 듯 지내는 것을 원칙으로 하고 있다. 그만큼 그와의 우정이 오래되고 풍상세월을 겪어왔다는 뜻이 될 수 있으리라.

6.

그를 생각하노라면 떠오르는 에피소드가 한두 가지가 아니다. 그러나 그만큼 사연들이 묶여지는 것은 한마디로 인연이라는 말로써이고 그 다음이 불연기연不然其然이라는 말로써이다.

선연선과善緣善果라는 옛말이 있었던가? 그와 나는 그러한 좋은 인연이 아닌가 한다. 우선 시인과 평론가라는 악어와 악어새로서의 공생관계가 그러하며, 얼키설키 맺어진 인연의 쇠사슬이 그러할 터이다. 연작 시집 『못에 관한 명상』이 바람직한 시인·평론가의 관계의 한 모습이 아닌가 한다. 끊임없이 서로를 자극하고 비판하면서도 격려하고 보다 나은 길을 모색해 가려는 노력이 고백성사에서 시작되어 앞으로도 못의 사회학, 못의 역사, 못의 사제로 그의 시의 철물점을 계속 확대하고 심화시켜감으로써 그가 그 방면에 있어 세계 최고의 마에스트로가 될 것을 나는 믿고 희망하기 때문이다.

생각해보면 지금도 가슴 떨리는 기억 하나, 그가 지난날 사랑하는 첫 따님 은경 양의 혼례 주례를 내게 부탁한 것도 그러한 선연선과의 우정 때문이 아니었겠는가. 그때 그가 따님의 손을 잡고 들어오면서 긴장한 나머지 순간적으로 떠는 모습을 보면서 나는 또 왜 그리 그런 자리가 처음이 아니면서도 새삼 그렇게 떨리기만 하던지, 아마도 그와 그의 가솔들이 내 운명 속으로 걸어 들어오는 느낌 때문이 아니었는지, 순간 당황스럽던 기억이 지금도 미안하고 부끄럽지만 신선하게 다가온다.

불연기연이란 무엇이던가. '이면서 아니고, 아니면서 기'라는 동학의 한 인과율을 말하는 게 아니던가. 가끔 주변에서 '그가 너무 짜다, 냉정하다'는 얘기들을 듣곤 하지만 사실은 그가 너무 따뜻하기에, 그에 대한 기대가 너무 크기에 그런 말들이 나는 것이 아닌가 생각한다. 그는 적어도 나와 내 주변에게는 언제나 고마운 친구, 소중한 친구이다. 연전에 돌아가신 나의 선친 병석에 누웠을 때 격려해주었다거나, 내 딸아이 공부하러 외국 갈 때 고마운 우정을 보여주고, 어떤 스님 힘겨워 외로워할 때 촌지로써 따뜻이 위로해드렸다 하는 뜻에서만 그런 건 아니다. 무척 인색하다거나 냉정해 보이는 그이지만 그러한 마음 밑바탕에는 뜨거운 열정과 우정이 언제나 굽이치고 있음을 나는 느끼곤 하기 때문이다.

그렇다. 그는 필요 이상 뜨겁거나 헤픈 사람이 아니다. 그렇다고 생각보다 인색하거나 냉정한 그런 사람도 아니다. 언제나 그렇게 냉정과 열정, 그러함과 그러하지 않음을 넘나들면서 스스로 해야 할 것과 하지 말아야 할 것을 잘 살펴서 현명하게 대처해 가는 불연기연의 삶을 충실히 살아가려 노력하는 그런 사람인 것이다.

7.

문득 되돌아보니 어느새 우리 서로 화갑을 넘기고 고희를 바라보는 인생의 한 절정에 이르러 있다. 우리들에게는 살아갈 날들이 살아온 날보다 결코 길지 않음을, 아니 그보다 훨씬 짧을 수밖에 없음을 잘 알고 있다.

그러나 어쩌랴? 그도 나도 남은 시간들을 보다 금쪽같이 써야 이 세상 다하는 날 후회가 덜하지 않겠는가. 더구나 오래 간직한 우정에 있어서야 더욱 그렇지 않겠는가. 인생길에서 처음 더불어 시작한 우정도 소중한 것이지만, 마지막 지상의 그날까지 함께하는 아름다운 도반으로 동행할 친구야말로 더욱 고맙고 귀중한 사람이 아니겠는가 말이다.

그러면서 나는 확신한다. 그의 가슴속 깊이 자리 잡고 있는 가장 큰 미덕으로서 종교적인 경건함을 말이다. 내가 그를 내 아름다운 도반의 한 사람으로서 운명적 우정을 느낀 것은 바로 그러한 그의 신앙적인 경건성과 간절함이 그의 삶과 시에 우러나오는 모습을 확인한 그때부터라고… 나는 감히 고백한다. 시집『못에 관한 명상』에서도 그렇지만, 그가 성당에서 기도하는 간절한 모습을 보면 문득 숨겨진 그의 진실의 참모습을 발견할 수 있으며, 경건성과 설렘을 떠올릴 수 있기 때문이라고 말이다. 그의 그런 모습을 생각하면 새삼 그와의 오랜 우정이 숙연해져 옴을 느끼곤 한다.

그렇다! 그것은 바로 지상에서의 우정이 하늘의 그것으로 더욱 이끌어 올려질 것을 소망하고 기대하는 마음 때문이라는 것을 나는 믿는다.

회갑을 맞이하여 새롭게 제2의 인생길을 시작하는 김 시인의 앞날에 건강과 행복이 함께하길 진심으로 축원한다.

삶의 고달픔과 슬픈 긍정

– 김사인 시인에게

보고 싶은 벗, 김사인, 그대는 과연 지금 어디에 있는가? 마음 약한 그대가 '묵묵히 밤을 견디는 나무/찬비 견디는 풀잎'(「밤에 쓰는 편지·1」) 되어 어느 어둔 거리를 헤매고 있는가? 아니면 마음 착한 그대가 '그대보다 더 살기가 어려운/건너편 집 가장의 끊일 듯 말듯 들려오는 신음소리'에 잠 못 이루면서 불면의 밤을 앓고 있는 것인가. 그도 아니면 강하디강한 또 하나의 그대 모습처럼 또다시 차가운 벽에 기대어 어둔 밤하늘 흐릿하게 반짝이는 별을 바라보면서 혼의 울음을 울고 있는 것은 아닌가?

우리 지난 새해 겨울, 참으로 오랜만에 만나 점심때부터 시작한 낮술에 취해 자정이 넘도록 방황하던 그때, 그 시간이 내내 그립고 아프게 다가오는 건 무슨 연유인가? 우리가 단지 같은 연구실을 거쳐온 그 인연 하나 때문일 것인가. 과연 그날 밤 그리 늦도록 우리가 애타게 찾아 헤매던 그 목마름이 오랜만에 서로 깊은 울림으로 전해왔던 그 애달픔 때문인 건가.

여름이 오면서 그 작열하는 태양 아래 그대는 기약도 없이 어디론가 끌려 떠나가고, 오로지 그대 이름의 '외로운 눈부심'만이 내게 '삶의 아픔'으로 다가오고 말았다네. 조석으로 차운 바람 불건만 그대 아직도 돌아온다는 기별 들려오지 않으니 답답하고 아픈 마음 하늘만하네.

새삼 나도 이 깊은 밤 까닭 없이 뒤척이며 다시 그대 시집『밤에 쓰는 편지』를 읽어 보고 있다네. 그러면서 행간마다 그대 착하고도 여린 마음, 섬세하면서도 강인한 심지心志가 문득문득 가슴속 깊이 울려와서 몇 번이나 책을 덮고, 덮고 말았다네. 확실히 그대의 시편들에는 비관적인 현실인식과 함께 그대 특유의 강인한 부정의 정신, 그리고 인간애가 관류하고 있는 듯하네. 그리고 깊이 모를 불안의식과 강박관념이 깔려 있어서 시의 분위기를 무겁고 어둡게 만들어 준다고 하겠네. 그러면서도 '오늘따라 비까지 내려/우산이 없는 여학생들은/무거운 가방을 들고 울상입니다/팔다리가 있는 짐승들은 모두/어디로 총총히 돌아갑니다'(「밤에 쓰는 편지·1」)에서 볼 수 있듯이 인간에 대한 슬픈 연민과 따스한 긍정을 함께 담고 있어서 우리 마음을 아픔 속에서 희망을 간직하도록 하고 있는 듯하네.

아버님께 보내는 편지 형식으로 된 시「밤에 쓰는 편지·4」에서는 바로 이러한 그대의 여린듯하면서도 강인하고 따뜻한 시정신이 잘 드러나 있는 것이 아닐까 하네. 마치 일제강점하 어둠 속, 심훈이 어린 나이로 3·1운동에 연루되어 감옥 속에 갇혔을 때 걱정하시는 어머님께 올렸던 그 편지글처럼 진술하면서도 진정 어린 존경심과 사랑의 마음이 넘치고 있기 때문일 걸세. 아마도 이 시의 핵심은 '제 어린 새끼들의 무구한 잠을 저는 지켜야 하겠습니다/저희보다 더 살기 어려운/건너편 집 가장의 끊일듯 말듯 들려오는 신음소리를/또 저는 지키고 있어야 하겠습니다'라는 구절 속에 놓여 있는 것이 아닐는지. 그것은 바로 스스로의 삶과 운명에 대한 응시이고, 동시에 헐벗고 굶주리고 병든 이웃들에 대한 뜨거운 애정과 함께 운명공동체의식이 아프게 표출되고 있는 것으로 생각되기 때문이네. 그러면서 '어둠의 끝을 고대하며/소리 없이 깨어 있는 많은 이들'에 대한 깊은 신뢰와 사랑이 담겨 있는 것도 이 시가 깊은 공감을 불러일으키는 까닭이 아닌가 생각되는 것이라네.

특히 박영한의 소설 제목을 빌린 「지상의 방 한 칸」은 가난하디 가난하게 자취방을 전전하며 소년시절을 지내온 나에게는 참을 수 없는 아픔 가운데 조용히 그리움을 일깨워 준다네. 무엇보다도 그대의 고달픈 자전적인 생활사가 이 작품 속에 애절하게 투영되어 있는 것으로 보여 그대를 아는 사람들이나 그러한 가난 속에 살아온 많은 이웃들에게 유별난 감동을 전해 주는 것이 아닐까 생각하네. 확실히 이 시에는 지상에 방 한 칸 제대로 마련하지 못하고 정처 없이 떠도는 뿌리 없는 삶, 몸 하나 집을 삼아 부초처럼 떠다니며 사는 이 땅의 고단한 사람들의 모습이 애절하게 담겨 있다고 할 것일세. 그러면서 가장된 자로서 삶의 힘겨움이라든지, 애비된 자로서의 깊은 자책감과 무력한 남편으로서의 비애가 안타까운 슬픔의 무늬결을 이루고 있는 듯하네. 그것은 물론 '둘째놈 애린 손끝'에서 찡하게 전해오는 순수와 생명 자체에 대한 근원적인 연민일 수도 있을 것이고, '웅크리고 잠든 아내의 등'에서 쓰리게 느낄 수밖에 없는 운명적인 삶의 비극성 또는 슬픈 사랑에 대한 깨달음이기도 하지 않을까 생각되네. 특히 '초라한 몸 가릴 방 한 칸이/망망천지에 없다는 말이냐'라는 애절한 하소연 속에는 스스로의 무력함에 대한 자책과 함께 삶의 근원적 비극성에 대한 깊은 탄식이 담겨져 있는 것이라 생각되네만….

'며칠 후면 남이 누울 방바닥/잠이 오지 않는다'라는 결구처럼 그대는 지금 어디에 누워 잠 못 이루며 뒤척이고 있는가. 이 가을이 더 깊어지고 겨울이 오기 전에 우리 다시 만나서 함께 쓴 소주 한 잔이라도 나눌 수 있기를 고대하면서, 언제 어느 하늘 아래서라도 내내 건강하기를 기도하겠네.

등대지기 또는 도시 사막의 낙타

– 송명진 주간

1.

창간 10주년, 통권 60호를 맞이한 격월간지 〈정신과 표현〉에 진심으로 축하를 드린다. 그리고 그간 물심양면 노력과 희생으로 오늘까지 성심성의 이끌어 온 창간인 겸 주간 송명진 시인의 노고에 경의를 표한다.

실상 겪어본 사람, 겪고 있는 사람들은 잘 안다. 그 누구의 지원이나 기관의 도움 없이 문예지를 손수 창간하여 이끌어가는 일, 더구나 10년 이상 꾸준히 지속해나가는 일이 얼마나 지난하고 고통스런 일인가를 말이다. 매번 때를 잊지 않고 다가오는 발행일자, 그냥 기획만 하거나 편집·교정하는 일도 만만치 않은 일이거늘 손수 제작·영업까지 맡아 그 번거로운 일 하나하나를 꼼꼼히 챙겨 한 권의 아름다운 책을 세상에 펴내는 일이란 그야말로 고통과 희생의 연속이 아닐 수 없다. 더구나 매번 해일처럼 닥쳐오는 제작비며 원고료, 인세는 또 어떻게 감당할 것인가.

또 까다로운 필자들을 서운케 하지 않으려는 노심초사와 눈 높은 독자들을 실망시키지 않으려는 끝없는 번민은 과연 누가 제대로 이해해 줄 것인가. 무엇보다도 완강한 기존 문단 권력이나 권위주의에 사로잡힌 일부 지식인들의 오만과 편견, 그리고 보이지 않는 질시와 비아냥거림은 또 어떻게 이겨 나아갈 것인가. 또한 아무리 열심히 노력해도 누구 하나 제대로 알아주거나 격려해주기는커녕 자기 욕심만 채우면 등 돌리고 떠나가 버리는 사람들만 늘어가고, 어디서 작은 도움이라도 주려는 사람은 날로 줄어만 가니 과연 무슨 즐거움과 보람이 있어 아무런 보장이나 희망도 바이 없는 이 어려운 일을 계속해 나아간단 말인가.

망망대해, 칠흑 같은 밤바다에 떠 있는 외로운 쪽배, 〈정신과 표현〉의 송명진 주간의 모습이 안타깝고 안쓰럽기만 한 심정이다. 그러나 알아주는 사람이 많지 않다 해도, 또 그 누가 알아준다고 해서 무슨 대수랴. 기왕 뜻을 가지고 외롭게 시작한 밤바다의 등대지기 일, 그냥 그렇게 갈 때까지 가 볼 수밖에 없으리라. 그것이 이미 송 주간에게 떨쳐버릴 수 없는 운명의 형식이 되었고, 삶의 의미와 보람 그리고 일이고 놀이이며 생존방식이 되고 말았으니….

어차피 인생은 자기와의 싸움이고, 자기 자신이 자기에게 가장 큰 천적이 아니겠는가.

2.

한 마디로 인연이다. '정표' 또는 송주간과 만나게 된 것은 1990년 내가 반포 한신오피스텔에서 계간 〈시와시학〉 창간 작업을 마치고 창간호를 펴낸 직후 작고하신 조병화 시인의 소개와 안내로 그분의 사무실이 있는 혜화동 부근 연우무대 2층으로 옮기게 된 까닭이다. 담쟁이 넝쿨에 햇살이 바르고 환하게 피어 있었고, 그 사장 겸 주간이 바로 우리 사무실 옆방의 혜화당 송명진 시인이었던 것이다. 그곳에 입주하여 만 3년을 지내면서 우리 〈시와시학〉은 어려운 고비를 겪기도 했지만 어떻든 조금씩 자리가 잡혀 '인사동' 121번지 이조빌딩 3층 좀더 넓은 공간으로 나아가게 되었다. 그곳에서 우리는 계간 〈시와시학〉 운영을 돕고 양질의 시창작 교실을 통해 시인 배출 및 사회교육을 하기 위해 지금도 20년째 열고 있는 '시학교실'도 개설하였고, '수국해변시인학교'도 개설하고 지용회와 더불어 정지용문학상도 주관하게 되는 등 나름대로의 발전의 기틀을 마련하게 되었기 때문이다.

그때 내가 송명진 주간에게 받은 인상은 얼굴이 거무튀튀하고 말이 많지 않은 모습에서 처음엔 좀 투박하고 거친 느낌이었다. 나는 학교 일도 잘 보아야 하고 또 글도 한창 왕성하게 쓰던 시절이라 그분과는 깊은 대화를 나누거나 식사 한 번 술 한 잔 나눠보지 못하고 그냥 인사 정도 하는 사이로 지냈다. 그러나 보다 솔직히 말하면 내 성격이 워낙 숫되고 사교적이지 못한 데다가 부침이 심한 출판사 일이 그나 나나 얼마나 잘 지속될 것인가 의구심과 회의가 들곤 했기에 그러지 않았나 회상되기도 한다.

여하튼 그렇게 세월은 흘러갔고 그 뒤로 어쩌다 가끔 조병화 시인을 만나러 혜화동로터리를 돌아가노라면 어느새 그곳이 나의 제2의 고향길 같은 느낌으로 다가오곤 하는 것을 느끼게 되었다. 그러던 것이 참으로 뜻밖에, 또 우연하게, 아니 필연인 탓인지 사와시학사가 여러 위기와 어려움을 겪은 끝에 한두 군데 변두리를 전전하게 되었고, 마침내는 7년 만에 인사동을 완전히 떠나게 되고 말았다.

그러니 어쩔 것인가? 그래서 떠올린 곳이 조병화 시인께서 언제나 반가이 어린 벗 나를 맞이해주시고 〈시와시학〉 초창기에 자리를 잡았던 제2의 고향마을 혜화동이었다. 더구나 그곳은 내가 젊은 시절 여러 해 정한모 시인의 연구실에서 밤새워 공부하고 오가며 노닐던 정신의 한 고향 대학로의 끝자락이 아니던가?

3.

2001년 가을 다시 혜화동에 돌아와 보니 그때까지도 혜화당은 살아남아 있었고 송주간은 지난날 모습 그대로 혜화동 로터리 플라타너스 낙엽 지는 길을 터벅터벅 도시낙타처럼 걸어 돌아가고 있었다. 여전히 건강한 듯 거무튀튀한 얼굴로, 아니 이젠 많이 지쳤노라는 힘든 표정 역력히 그의 인생도 50대 후반을 걷고 있었다. 그러면서 그는 그사이

격월간 〈정신과 표현〉을 창간하여 아름다운 잡지, 향기 나는 정신의 그릇을 만들기 위해 고군분투하고 있었다. 그 무렵 '아, 이분이 참 고지식하고 순박한 분이구나, 못 말릴 순정이로구나'하는 믿음의 느낌이 들었다. 표지 하나부터 내용, 장정에 이르기까지 섬세한 감각과 따스한 감수성이 아름다운 무늬결을 이루고 있는 그 '정신과 표현'의 모습에서, 그리고 수십 권을 발행해 온 그 저력에서 나는 비로소 그에 대한 인간적 안도감과 신뢰감을 확인할 수 있었다.

사실 그렇지 않겠는가? 나는 그래도 철밥통이라는 대학교원직에 있으면서 또 평론가니 무어니 하면서도 〈시와시학〉 하나 하느라고 온갖 엄살과 허풍에서 벗어나지 못하고 있는 처지인데, 그는 그렇지 않으면서도 그렇게 외로우면서도 묵묵하고 당당하게 자신의 길을 걸어가고 있는 모습이 참으로 대단해 보인 것이다.

그러나 그가 얼마나 보이지 않게 고통스럽고, 표 나지 않게 외롭고 힘든 길을 걷고 있었을 것인가. 나도 실제 겪어보니 계간 〈시와시학〉이 통권 65호에 이르기까지 얼마나 많이 고통스럽고 힘들고 절망스럽고 또 외로웠던가, 새삼 생각해보니 참으로 그분이 외경스럽고 그만큼 한없는 동병상련을 느끼게 됐다면 그 누가 과장이라고 하겠는가? 그렇다! 그분은 그 험한 인생 60고개를 넘어서면서 개성 있는 문예지 〈정신과 표현〉 60고개를 힘겹게 그러나 힘차게 넘어서고 있는 것이다. 그러니 이제 우리 모두 격려와 성원의 박수를 보내지 않을 수 있을 것인가.

오늘도 터덜터덜 문예지 발행, 편집의 온갖 실의와 좌절, 고뇌와 번민을 안고 서울이라는 도시 사막을 걸어가면서 다시 스스로를 격려하고 위무하며 인간의 밤바다에 외로이 등댓불을 밝히려 애쓰고 있는 그의 모습이 새삼 안쓰럽기만 하다. 세상엔 친구가 하나도 많다고 누가 말했던가? 아니 나 하나도 많다고 누가 말했는가 말이다.

모쪼록 화갑을 맞이한 송 주간과 〈정신과 표현〉이 새 마음 새 각오로 가는 데까지 힘내어 가기를 소망하고 축수할 따름이다.

그 축수의 뜻으로 지난번 〈시와시학〉 60호 기념모임 때 원로 시인 한 분 〈시와시학〉 사무실에 오셔서 북에 써주고 가신 격려 시 한 편이 떠올라 송 주간에게 띄워 보낸다.

가는 데까지 가거라
가다 막히면
앉아서 쉬거라

쉬다 보면
보이리
길이

— 김규동, 「당부」 전문

(2007년 〈정신과 표현〉 10주년 기념호)

캔버스에 역사의 푸른 하늘을 열다, 이반

1. 젊은 날의 열정과 광기를 위하여

언제 우리가 만났던가, 언제 헤어지고 다시 또 만났던가 헤아려보니 어느새 30년 세월을 거슬러 오른다. 70년대 초반쯤이던가. 내가 무명의 평론가 시절, 허기와 불안으로 방황하던 시절 미술평론가 K교수의 손에 이끌려 찾아갔던 봉원동 언덕바지 어느 골목길 어귀쯤이었던가? 그때의 어렴풋한 열정과 취기 속에서 한 가족의 체취와 생활과 회화작품들이 어울려 빚어내던 정다운 예술적 울림이 지금까지도 오래도록 내 뇌리와 가슴에 추억으로 남아 있다.

그리고 몇 년이 또 흘렀던가. 70년대 후반, 우리는 충북 청주, 플라타너스 가로수길 우거지고 무심천이 그야말로 무심하게 흐르는 도시 어귀, 도토리, 상수리나무 쑥대머리로 우거진 충북대 교정에서 다시 만났다. 그는 그 무렵 이른바 국전 대통령상 수상작가로서 막 이름을 날리기 시작했었고, 국립대 교수까지 되어 당당한 모습이었다. 비교적 훤칠한 키에 아무렇게나 늘어뜨린 봉두난발, 자유롭게 차려입은 입성들, 보트 같던 구둣짝, 그리고 활짝 웃는 표정과 목소리가 내게는 그 어떤 열정이랄까 또는 광기로서 예술적인 충동감으로 다가왔다. 그러면서 우리 만남은 조금쯤 아는 사이에서 운명적인 만남의 관계로 진전돼 가기 시작했다. 내가 30대 초 그가 30대 후반으로 접어드는 그야말로 우리 기쁜 젊은 날로서 청춘을 구가하던 시기였던 것으로 지금도 새삼 그리워진다.

2. 空·詩·質의 미학

그러던 어느 날 나는 그와 예술적 풍문이나 단순한 문학적 징후가 아닌 본격적인 대화의 장을 열어 가기 시작했다. 어느 날엔가는 고속버스에 앉아서 열띤 담론을 나누기도 했고, 이어진 찻집에서 또 비 내리는 주점에 앉아서 그의 작품세계에 관해 그리고 시와 음악, 미술, 인생에 관해서까지 폭넓고 진지한 격론을 벌이기도 했다. 그럴 때마다 나는 그가 겉으로 드러낸 자유분방한 예술가적 풍모와는 달리 가슴속 깊이 꿈틀대고 있는 강렬한 신념과 의지의 불기둥이랄까 하는 것과 함께 어떤 울분과 한의 응어리 같은 것을 느끼곤 했다. 나중에 알게 된 일이지만 그는 부친의 월북과 그에 뒤이은 가난과 시련으로 속 깊은 울분과 한을 가슴속에 간직하고 스스로 삭여내고 있었던 것이다.

그 무렵 나눴던 대화 중에서 그의 예술세계에 대한 나의 견해를 그가 적극 긍정하고 존중했던 일들은 아직까지도 내게 인상적으로 남아 있고 또 작용하고 있다.

원래 나는 그의 작품세계에 깊은 공감을 느끼고 있었다. 그때 그의 작품을 보고 느끼고 생각했던 것들을 나는 '空espace, 詩poésie, 質qualité'이라는 개념으로 압축 정리해 보았던 것 같다.

공이란 그의 작품들이 기존의 회화들처럼 단순한 평면성, 즉 캔버스에만 의지하는 것들이 아니라 입체성·공간성을 확보·지향하고 있음을 본 것이다. 평면회화가 아니라 캔버스천의 날줄과 씨줄을 해체하여 요철을 만듦으로써 평면성을 입체화하고 그 요철과 구멍 속으로 시간과 공간성을 넘나들게 함으로써 시간과 공간을 통합해낸 예술적 안목을 '空'이라는 말로 요약해본 내용이라 하겠다. 실상 그의 대통령상 수상작인 「팽창력」의 경우 그 뚫림과 튀어나옴의 요철 속에는 모든 생명 아니 존재의 본질로서 시간성과 공간성의 교호 작용 또는 조응照應, correspondence이 이루어지고 있는 것으로 이해됐기 때문이다. 그것은 공간적으로 확대하면 전 세계, 즉 지구와 우주를 감싸안는 일이며, 시간적으로는 태초와 지금 그리고 과거와 현재 및 미래, 즉 역사를 넘나드는 시·공의 형상인 것이다.

'詩poésie'란 예술성을 표상한 말이다. 시란 무엇이던가? 한마디로 그것은 삶의 본질과 세계상의 단면을 전광석화처럼 꿰뚫어서 인상적으로 압축·요약, 형상화하는 언어 예술일 것이기에 그러한 속성을 그의 회화세계로 전이시켜 '시'라는 상징적인 말로 개념화해 본 것이다. 그의 작품에서 그러한 뚫음과 솟아오름으로서 팽창력의 원리가 바로 생명력의 팽창과 수축을 표상하는 것이라는 뜻이다. 그것은 생명의 확장 현상이며 그에 의해 생명이 발아, 성장, 결실하는 전 과정을 의미하는 것이기 때문이다. 또한 그것은 그대로 남과 여, 암과 수로써 세계가 이루어지고 음양이라는 상생원리로 우주 만물이 형성 전개돼 간다는 점을 반영한 것으로 이해되기도 한다.

이 점에서 보더라도 이반 회화를 관류하는 팽창력 시리즈는 그대로 생명원리와 우주만물의 전개 원리를 반영하기에 그것을 요약적으로 '詩'라는 말로 표상해 본 것이다.

'質qualité'이란 말 그대로 모든 삶의 원리, 예술의 근본원리를 의미한다. 문화란, 예술이란 생명의 정수로서 삶의 질을 높이고 완성을 지향해 나아가는 일이 아니겠는가? 그리고 그것은 그 자체가 예술의 원리이고 삶의 원리를 반영하는 것이기 때문이다.

3. 시드는 힘과 새로 피어오르는 모든 힘의 긴 싸움을 알리는 쇠나팔 소리

이렇게 볼 때 그의 회화세계는 어느 면에서 볼 때 만해, 고은, 김지하 시의 반역의 정신 및 김수영의 뿌리, 신동엽의 흙가슴의 정신과 상통·교감하는 것으로 이해된다.

그것은 고은의 화두인 '시는 만고 역적이다'라는 부정적, 혁명적 세계관과 조응하는 것이며, 김지하의 반역의 정신 및 인간해방 사상과 교감을 지니는 것으로 해석되기 때문이다.

> 제3인도교의 물 속에 박은 철근 기둥도 내가 내 땅에/박는 거대한 뿌리에 비하면 좀벌레의 솜털/내가 내 땅에 박는 거대한 뿌리에 비하면//괴기영화의 맘모스를 연상시키는/까치도 까마귀도 응접을 못하면 시꺼먼 가지를 가진/나도 감히 상상을 못하는 거대한 거대한 뿌리에 비하면……
>
> – 김수영, 「거대한 뿌리」 부분

무엇보다 그것은 직접적인 면에서 김수영의 시 「거대한 뿌리」의 정신과 원천·영향관계를 지닌다. 그만큼 이반의 예술세계는 광범위한 시인세계와 '공·시·질'로써 상호맥락과 조응관계를 형성하는 모습이다.

80년대 어수선하기만 하던 군사·폭력정권의 그늘 속에서 부암동이던가, 자하문 바로 넘어서 비탈쯤에 서 있던 그의 참으로 근사했던 작업실 겸 자택에서 나는 보았다. 화폭 속의 거대한 뿌리의 실체들이 꿈틀거리는 모습 속에서 그의 가슴 속에 내재해 있던 그의 생명력과 울분 또는 의분의 불기둥을…. 그것은 바로 분단된 이 땅 역사와 국토에 대한 울분이며 정의와 양심이 짓밟히고 있는 당대 군사정권에 대한 거부이자 저항정신이 그 실체이자 본질이었음을 내 두 눈으로 똑똑히 확인한 것이다.

4. Front DMZ, 역사의 캔버스를 열다

그렇다! 그의 심혼 속에는 이 땅의 고단한 역사와 분단된 조국 현실의 아픔 및 군사독재의 폭력성에 대한 분노가 용암처럼 끓고 있었기에 그는 마침내 캔버스를 뚫고 나와 온몸으로 역사와 현실이라는 거대한 역사 캔버스 작업으로서 Front DMZ 운동을 전개하기 시작한 것이다. 말하자면 회화로서 캔버스의 밀실로부터 뛰쳐나와 역사·현실의 광야, 그 한가운데에 서서 DMZ 문화예술운동으로서 'Front DMZ' 광야에 10년여를 온통 몸과 마음을 바치게 됐다는 뜻이다.

> 껍데기는 가라/사월도 알맹이만 남고/껍데기는 가라//… 중략 …껍데기는 가라/한라에서 백두까지/향그러운 흙가슴만 남고/그, 모오든 쇠붙이는 가라
>
> – 신동엽, 「껍데기는 가라」 부분

> 자유를 위해서/비상하여 본 일이 있는/사람이면 알지/노고지리가/무엇을 보고/노래하는가를/어째서 자유에는/피의 냄새가 섞여 있는가를/혁명은 왜 고독한 것인가를//혁명은/왜 고독해야 하는 것인가를
>
> – 김수영, 「푸른 하늘을」

화가 이반이 문화예술 운동 내지 역사 실천가로서 헌신해 온 80~90년대 'Front DMZ' 운동은 이 김수영, 신동엽, 그리고 고은, 김지하의 시정신에 촉발된 바 큰 것으로 받아들여진다.

그것은 '어째서 자유에는/피의 냄새가 섞여 있는가를//혁명은/왜 고독한 것인가를' 깊이 깨치는 일이었으며, '껍데기는 가라/한라에서 백두까지/향그러운 흙가슴만 남고/그, 모오든 쇠붙이는 가라'를 온몸으로 외치는 일이었다. 그가 백두산 천지의 물과 흙을 한라산 백록담의 그것들과 뒤섞어 온몸으로 펼쳐 보여준 '漢拏 白頭 水土 統合通魂祭한라 백두 수토 통합통혼제, 1990. 11. 1. 공간사 창립 30주년 기념 초대 퍼포먼스'는 그 생생한 몸부림이자 절규라고 할 것이다.

이후 10여 년 간 그는 그의 존재의미이자 목숨의 근거라 할 캔버스를 접고 비무장지대를 거대한 캔버스 삼아 넘나들면서 온몸과 마음을 바쳐 철조망을 걷고 생태계를 보존하자는 비무장지대 생명·평화운동을 전개해가게 된 것이다. 집을 팔고 사비를 털어 비무장지대 예술운동을 펼치면서 『비무장지대의 과거·현재·미래A Documentation in Korea Front DMZ: Past, Present, and Future』를 편찬하기 시작한다. 과거는 「그리운 회상, 치욕의 회상 1, 2」로 고통과 절망으로 얼룩져온 이 땅 역사를 증언하는 일이었으며, 현재는 「철조망 조국, 우울함을 뽐내는 인간사의 승리, 자연사의 승리」를 고발하면서 비판하는 일이었고, 미래는 「통일의 횃불 그날이 오면, DMZ은 살아 있다. 조국은 하나, 하나된 조국을 향하여」라는 테마로 미래를 전망하는 일이었다.

이를 위해 작가들의 몸부림을 형상화한 작품들을 초치하여 전국의 화랑 수백 곳을 빌어 DMZ 작업전을 개최하고, DMZ 작업전 국제심포지엄을 여는가 하면, 인사동에서 「우리 파랑새는 우리가」를 열어 구상 시인 등 수십 명의 원로 중진 시인들이 DMZ 평화시낭송회(계간 〈시와 시학〉 주관)를 개최하기도 하였다. 무엇보다도 이러한 일련의 작업들을 통해서 그는 Front DMZ 자료집으로서 『비무장지대의 과거·현재·미래』라는 500페이지 대형 사이즈의 방대한 통합 앤솔로지 화문집을 발간함으로써 우리 지성계와 예술계에 일대 충격을 던져준 데서 그 하이라이트를 이룬다.

5. 이반에게서 언뜻언뜻 만해를 보다

나는 이러한 Front DMZ 운동에 조금씩 참여하고 그와 어울려 가끔 격려 술이나 한 잔씩 하는 정도였지만 그의 이러한 작업을 지켜보면서 그가 단순한 조형예술가로서의 화가가 아니라 화가면서 역사적 탐험가이고 사회적 실천가라는 점에 새삼 주목하였다. 그것은 마치 백담사에만 머물지 않고 서울로 올라와 기미독립운동을 선구하고 감옥에서 「조선독립의 서」를 써서 일제에게 민족혼의 살아 있음을 온몸으로 증거하고 저항하면서 그러한 투쟁과 절망을 희망과 평화의 철학으로 이끌어 올린 만해 한용운의 모습을 떠올리게 했다.

사실 그는 당시 그림으로서도 꽤 팔리는 인기 작가의 한 사람이었는데도 불구하고 그런 돈벌이 작업을 마다하고 스스로의 해한解恨과 민족·역사의 해원解冤을 통해 생명운동·평화운동을 Front DMZ로써 10여 년 간 신명을 다 바쳐온 것이다. 이것은 아무에게나, 결코, 쉬운 일이 아니다. 바로 민족과 역사에 대한 뜨거운 열정과 참된 역사의식이 있어야만 하고 조국과 겨레에 대한 참사랑이 없고서는 불가능한 일이었다. 마침내 그는 소우주적인 캔버스에서 DMZ 역사의 캔버스를 통해 대우주적인 사회, 영원의 캔버스로 나아갈 수 있게 된 것이다.

바로 이러한 각고와 눈물겨운 헌신을 눈여겨 본 백담사의 조오현 스님 등 뜻있는 이들이 있어 이반 화백은 때마침 제정된 (재)만해사상실천선양회의 제1회 만해대상 예술부문 수상자로 선정되어 그 노고를 다소나마 위로받고 평가받게 된 것이다.

맺음말 - 21세기 다시 생명·통일·평화의 철학으로

이반은 1986년 15번째 개인전 이후 20년 만에 열리는 2007년 아르코 개인전을 통해 다시 부활하고 있다. 이반에게 있어 개인적 삶의 온갖 질곡과 좌절, 고통과 시련의 과정은 그대로 이 땅 사회·역사적 수난과 역경의 과정을 반영한 것으로 이해된다.

초기 작들에서 캔버스의 날줄·씨줄과 팽창·뚫음의 교차는 시간과 공간을 넘나드는 생의 본질과 현상을 그대로 반영한 것이며, 나아가서 그 팽창과 수축, 뚫음과 뚫림은 그대로 남녀, 음양의 이치를 형상화한 생명의 결정작용crystallization에 해당하는 것이다. 그러나 그의 예술세계는 화폭이라는 소우주에만 머물지는 않는다. 그의 회화세계는 이 땅의 고통스런 역사·현실과 맞닥뜨리며 사회·역사적 지평으로 확대돼 감으로써 DMZ라는 거대한 시·공간을 하나의 역사 캔버스 하늘로 열어젖히게 된다. 화폭이라는 소우주가 예술이라는 기존의식과 범주를 과감히 뛰어넘어 국토·역사의 대우주로 확대돼 가게 된 것이다. 마치 만해나 고은이 절집에서 문학으로, 다시 사회·역사로 나아간 것처럼, 또 김수영이나 신동엽 그리고 김지하가 문학에서 사회·역사적 지평을 열어 나감으로써 생명과 평화의 화엄세계로 나아간 것처럼….

그렇다! 화가 이반은 이제 21세기 벽두 다시 하나의 전환점에 서서 새 출발을 시작하고 있다. 화가 이반은 '타고 남은 재를 기름으로 바꾸어서' 회화에서 사회·역사로 나아가고 다시 21세기 들어서서 오랜 은둔과 각고의 노력 끝에 그것들을 한 차원 높은 회화세계, 예술세계로 상승시켜 가기 시작하고 있는 것이다.

박영대 화백, 사실보리에서 보리정신으로

지금은 남의 땅/빼앗긴 들에도 봄은 오는가//나는 온몸에 햇살을 받고/푸른 하늘 푸른 들이 맞붙은 곳으로/가름마같은 논길을 따라 꿈속을 가듯 걸어만 간다./입술을 다문 하늘아 들아/내 맘에는 내혼자 온 것 같지는 않구나/네가 끌었느냐 누가 부르드냐 답답워라 말을 해다오//바람은 내 귀에 속삭이며/한자욱도 섯지마라 옷자락을 흔들고/종조리는 울타리 넘어 아씨가티 구름 뒤에서 반갑다 웃네//고맙게 잘 자란 보릿밭아/간밤 자정이 넘어 나리던 곱은 비로/너는 삼단가튼 머리를 깜았구나 내 머리조차 갓분하다

일제강점하 일제의 폭압 속에서 굳센 민족혼과 민중적 생명력의 강인함을 아름다운 서정으로 형상화한 이상화李相和 시인의 「빼앗긴 들에도 봄은 오는가」의 앞부분이다. 이 시에서 보면 보리란 오랜 이 땅 수난의 역사 속에서 어기차게 살아온 민족적 삶의 표상이면서 애哀·노努·한恨에 시달려온 민중적 생명력의 한 대명사에 해당한다. 아울러 보리는 민족혼의 한 정수로서 험난한 역사의 물굽이를 상징하기도 한다. 그러

기에 가장 넘기 힘든 고개를 보릿고개라고 하지 않던가!

보리 전업 화가 박영대朴永大의 경우가 바로 그렇다. 그의 보리 그림 속에는 민족적 삶의 원형성이 둥지를 틀고 있으며, 민중적인 생명력이 바람 속에 해일처럼 꿈틀거리기도 하며, 삶의 푸릇푸릇한 꿈이 젊은이들의 청순한 넋처럼 물 이랑져 피어 오르기도 한다. 말하자면 보리와 보리밭이란 우리 민족에게 있어 꿈의 원천이자 마음의 고향이고, 동시에 삶의 현장으로서 생명력의 상징으로 물결쳐 온 것이다.

이번의 보리 연작전에서 우리는 또 한 걸음 진전한 박 화백의 보리정신을 보게 된다. 보리정신이란 무엇인가? 이미 박 화백에게 있어 보리란 하나의 소재 또는 제재가 아니다. 그것은 박 화백의 회화세계에 있어서 핵심적인 요소이며 대주제이자 평생의 테마에 해당하기에 이미 그것은 삶이며 예술이고 신앙이기도 한 것이다. 그러기에 그의 세계에 있어서 보리정신이란 회화정신의 핵이자 삶의 주요 내용이라고 할 수도 있다.

이번의 보리 연작들에는 이러한 보리정신이 더욱 힘차게 꿈틀거리고 있어서 관심을 환기한다. 자욱한 보리밭 사이로 불어오는 거센 바람의 형상 속에는 어쩌면 이 땅의 수난의 민족사가 담겨 있는지도 모른다. 그것은 단순한 정경으로서의 풍경화가 아니다. 혼의 울음이 담긴 보리정신의 흐느낌이 아닐 수 없다. 민족적 삶의 숨결이 나부끼는 보리밭과 바람의 맥파로 형상화 된 것으로 이해되기 때문이다. 말하자면 민족적 생명력의 굽이침이 바람 부는 보리밭과 그 꿈틀대는 들판의 정경으로 묘사됨으로써 시의 리얼리티를 강화해 준다는 뜻이다. 아울러 바람 부는 보리밭과 들판의 정경 속에는 거칠고 투박한 민중적 생명력이 굽이치는 것으로 이해된다. 땀 냄새 물씬한 황톳길과 초록생명이 어울려 빚어내는 생명의 율감 속에는 노동의 신성함에 대한 찬탄과 외경이 숨겨 있는 것으로 해석되기 때문이다. 투박한 질감의 선과 황토색 색채감이 어울리면서 척박한 이 땅 민중들의 고달픈 삶이 상징적으로 제시되는 것이다. 어쩌면 이러한 황톳빛과 초록 생명의 어울림 속에는 모든 생명의 원천으로서 대지사상大地思想이 꿈틀거리고 있는 것으로 해석할 수도 있을 것이다. 말하자면 '파랗게, 땅 전체를 들어올리는 봄 풀잎 하늘 무너지지 않게 떠받치고 있는 기둥 봄 풀잎'(정현종 「파랗게, 땅 전체를」 부분)이라는 대지사상과 생명사상이 서로 힘차게 어우러지고 있다는 뜻이 될 수도 있으리라. 그만큼 박영대의 회화세계는 대지적인 생명력이 근원적인 힘으로 작용하고 있다는 뜻이 될 수도 있겠다.

또한 이번에 새로 드러나는 특징은 환상적인 보리밭의 정경이다.사실적인 보리밭과 달리 색채의 과감한 분산과 몽상적인 처리로 신비주의의 색채를 제시한다는 점이 그것이다. 어느 면에서 을씨년스런 모습이라고 할 터인데 이것은 작가의 을씨년스런 내면풍경을 묘파해낸 것으로 이해할 수도 있겠다. 보리와 보리밭의 사실적 묘사가 던져주는 일종의 평면적 단순성을 극복해냄으로써 보리정신의 확대와 심화를 꾀하는 방법적 시도라고 볼 수 있으리라.

끝으로 반추상 보리가 제시된 점도 특색을 이룬다. 이러한 반추상 보리는 연전에 새롭게 시도되던 추상 보리가 다시 내면화와 외면화의 갈등과 화해를 이루기 시작한 것으로 풀이된다. 리얼리즘에서 내면화 추상화를 거쳐 다시 외면화 구상화로 변이해 가고 있기 때문이다. 상징과 서술, 표현과 설명의 양측면이 서로 긴장력을 형성하면서 보리정신을 확대하고 심화하고자 노력하는 뜻을 담고 있다는 뜻이다.

이렇게 보면 박영대 화백의 회화세계는 끊임없이 지속과 변화, 안정과 실험을 되풀이하고 있는 것으로 이해된다. 보리를 평생의 테마로 하면서 또 그것을 부정하고 해체 변형함으로써 우리가 미처 보지 못했던 것, 생각하지 못했던것, 느끼지 못했던 것을 지속적으로 형상화함으로써 새로운 세계를 부단히 창조해가고 있는 것이다. 그만큼 공부하는 화가, 전심전력하는 전업 화가의 끈질긴 장인정신을 보여주는 것이 될 수 있으리라.

이제 박영대 화백은 보리의 정신에서 보리의 사상으로 자신의 세계를 새롭게 확대하고 심화해 가야 할 운명의 시점에 접어들었다고 할 수 있겠다. 새삼 박 화백의 정진에 격려와 성원의 박수를 보낸다.

폭발적 에너지와 인간적 카리스마

– 김종회 교수를 말한다

폭발적 에너지와 인간적 카리스마, 20여 년간 함께해 온 학자의 길

누가 '부세청연 선연선과浮世淸緣 善緣善果', 즉 뜬 세상살이에 좋은 인연이 있어 만났으니 서로 열심히 노력하면 좋은 꽃과 열매를 거둘 수 있으리라고 말했던가. 한 직장의 선후배로서, 또한 문단의 가까운 한 도반으로서 김종회 교수는 끊임없이 내게 삶에 관한 의욕과 문학에 관한 관심을 불러일으켜 주는 부세청연의 한 사람으로, 이 거친 세상을 함께 건너가고 있는 소중한 한 사람이다.

지난 20년 가까이, 내가 만난 김 교수는 항상 무언가를 계획하고 준비하면서 삶을 달음박질쳐 가는, 비유컨대 달리기 선수의 모습으로 받아들여진다. 그만큼 그는 때로는 전속력으로 질주하는 100m 달리기 선수처럼, 때로는 마라톤 선수처럼 꾸준히 달리기를 멈추지 않고 있다는 뜻이다. 이따금 불쑥불쑥 한 권씩 새로 펴낸 책을 들고 소리 나게 연구실 문을 열고 들어서는 그를 보면 어떻게 저렇게 열심히 살 수 있을까 하는 경이감과 함께 부러움, 그리고 때로는 위압감과 카리스마가 느껴지기도 한다는 게 솔직한 느낌이다. 그래서 그의 대학 동기이자 절친한 친구 평론가인 신덕룡 교수(광주대)도 김 교수와 청년시절 스터디 그룹을 하면서 "한때는 그가 무서워 전전긍긍할 때가 있었다"고 술회하지 않았는가.

내가 김 교수에 대해 언급할 기회가 있을 때, 적어도 일과 관련하여 말할 경우 나는 두세 마디 단어를 떠올리게 된다. 다름 아닌 기획력과 추진력, 그리고 폭발적 에너지라는 낱말이 그것이다. 단적으로 말해 김 교수의 조직적이면서도 치밀한 기획력과 그것을 밀어붙여 하나의 '작품'으로 만들어내는 추진력 및 폭발적 에너지는 그야말로 상당한 파워를 지닌 것이라 하겠다. 자칫 어느 면에서는 무모하다거나 저돌적이라 할 만큼 도저히 가능할 것 같지 않은 사안들도 그에게 맡겨지기만 하면 엄청난 돌파력과 에너지로 이를 성사해 내고 마는 데서 나는 가끔 외경감과 함께 그 어떤 두려움마저 느끼곤 한다.

비유컨대 평소 착하면서도 독실한 신앙인인 그를 염두에 두고 생각해 보면 비록 시작은 무모해 보일지 모르지만 끝은 성대하게 마무리되는 모습을 생각하게 되는 격이다. 사실 이 같은 창의적인 기획력과 적극적인 추진력, 그리고 이를 매개해 내는 폭발력과 리더십은 그야말로 진주 시골 소년인 김 교수를 그가 가는 곳마다 중심인물로 떠오르게 하는, 그의 장점이면서 카리스마의 힘이 아닌가 한다. 다만 그 엄청난 에너지의 분출 과정에서 혹여 마음을 베이거나 다칠 수 있는 사람도 있을 수 있다는 점을 그가 충분히 유의한다면 그는 앞으로도 더욱 성공적인 삶을 살아갈 것이 분명하리라고 믿는다.

왕성한 비평 활동과 후진 양성을 위한 노력

김 교수의 인상적인 모습은 내게 먼저 그의 의욕적인 학문·비평 활동으로 다가온다. 그는 1988년 〈문학사상〉에 평론가로 데뷔하고 1994년 「한국소설의 낙원의식 탐구」로 학위를 받은 이래 참으로 열심히, 또 부단히 그의 세계를 개척해 왔다. 김 교수가 등단하던 해에 내가 경희대 국문과 교수로 전입해 오고, 또 그의 박사학위 논문을 심사하는 과정에서 나는 그의 공부하는 사람으로서의 성실한 자세와 '진주 양반'으로서 예의 바른 삶의 태도를 느끼곤 했던 것이 사실이다. 특히 그의 비평가로서의 미덕은 그가 열심히 노력하는 자세에서도 드러나지만, 전체를 통찰해 내는 포괄성과 함께 부분까지도 섬세하게 꿰뚫어내는 시각의 진지함과 예리함에서 더욱 드러난다. 그와 함께 균형감각도 눈여겨볼 대목이고 또한 비평작업의 밑바탕을 관류하는 작가·작품, 나아가서 모국문학에 대한 애정도 유의할 만한 내용이 아닐 수 없다.

지난해 〈시와시학〉 평론상 수상작인 「문학의 숲과 나무」도 그러하고, 이번 수상작인 「문화 통합의 시대와 문학」도 그러한 결실이라고 생각한다. 그러면서도 김 교수는 근년에 들어 자신의 학문적·비평적 시야를 확대하는 데 정성과 힘을 기울임으로써 그 폭과 깊이를 심화하고자 노력하여 관심을 환기한다. 북한문학에 대한 지속적인 관심을 펼쳐 보이는 것도 그러하거니와 해외동포 문학에 대한 애정, 그리고 급변하는 정보화 시대에 발맞춰 사이버 문화와 디지털 문학에도 적극적인 관심을 갖는 일이 그러한 시야 확대와 심화의 노력이 아닌가 한다.

그런가 하면 김 교수가 홍기삼·임헌영 교수, 그리고 조남현·최동호 교수 등 선배 비평가들을 잘 모시면서 젊은 비평가들과 협력하여 침체에 빠졌던 한국문학평론가협회를 활성화하고 새롭게 도약하게 하는 데 최선을 다해 온 것은 주지의 사실이다. 아울러 월간 〈문학사상〉의 편집·기획위원과 계간 〈문학수첩〉의 편집위원으로 활동하면서 특유의 기획력과 추진력을 보여준 것은 특기할 만한 일이라고 하겠다. 무엇보다 이 과정에서 후배 신진 비평가들을 적극 계발하여 그들로 하여금 자신감을 갖고 비평 활동을 시작할 수 있게 고무·격려한 것은 비평계의 발전은 물론 유능한 신진 발굴의 측면에서 잘한 일이기도 하려니와 그의 내밀한 보람이자 기쁨이기도 할 것이다.

특히 김 교수가 대학원에 재학하던 시절 경희대 대학원의 현대문학 전공학생들을 결집하여 '현대문학연구회'를 조직하고 함께 공부하면서 경희대 국문과의 비평 풍토 조성에 진력한 것은 경희대뿐만 아니라 우리 비평계를 위해서도 소중한 이바지가 아닐 수 없다. 이러한 과정을 통해 하응백·강웅식·박주택·이봉일·한원균·홍용희·김수이·이성천·

고인환·백지연·오태호 등 신예 비평가들이 데뷔하여 활동 중인 것은 예사로이 보아넘길 일이 아니리라. 실상 김 교수가 평론가협회상(1997), 경희문학상(2001), 〈시와시학〉 평론상(2003), 그리고 이번에 〈문학사상〉의 김환태평론상을 수상하는 것도 그러한 그 자신의 부단한 문학적 정진과 적공, 그리고 대학과 문단에 대한 이바지를 주의 깊게 지켜본 이들의 따뜻한 격려이자 상찬에 해당함은 물론이다.

그런데 여기에서 김 교수가 깊이 유의할 점이 있다고 생각한다. 많은 비평업적을 쌓고, 의욕적으로 학계·비평계에 이바지하면서 후진들을 잘 길러내는 과정에 있어서 과도한 무리수와 의욕을 절제하는 일이 중요하다는 점을 지적하고 싶다. 지난해 그는 〈문학적 자전〉에서 100권의 저서 출간을 목표로 노력하고 있다고 했다. 좋은 일이고 할 수 있는 일이기도 할 것이다. 그러나 할 수 있다고 다 하는 것은 바람직한 일이 아니다. 학자로서 그러한 원대한 목표를 세우고 이를 이루기 위해 더욱 몸을 낮추고 학문적 엄격성을 견지하며 정진하는 일이 더 절실한 일이기 때문이다.

중요한 것은 자칫 그러한 목표지향성에 경사되다 보면 과정이 소홀히 되는 수가 있다는 점이다. 학문적 업적이나 비평적 성과는 양도 중요한 것이지만 무엇보다 질과 품격이 우선돼야 하는 것이기 때문이다. 그러나 이 학문·비평 방면에 있어서도 김 교수가 보여준 나름대로의 업적과 성과는 김 교수 특유의 기획·조직력과 추진·통합력, 그리고 균형감각과 성실성이 작동한 데서 비롯된 것임은 두말할 나위가 없겠다.

남북 교류에 이바지한 활발한 사회 활동

이러한 김 교수의 능력이 유감없이 발휘된 또 다른 한 분야는 남북 관계를 중심으로 한 사회 활동 부문이다. 특히 그가 학생시절부터 사제 관계를 맺어온 경희대 설립자 조영식 박사와의 인연은 그로 하여금 일천만이산가족재회추진위원회의 일로 구체화되어 나타난다. 처음 과장직에서 시작하여 사무총장직에 이르기까지 그가 열과 성을 다해 진력해 온 이산가족 상봉 행사는 남북 간의 교류와 협력의 물꼬를 트는 데 나름대로 이바지해 온 것으로 평가된다. 특히 이 과정에서 그가 조영식 박사와의 인연을 지상의 그 어떤 만남보다도 소중히 하여, 20대 젊은 날부터 지천명의 오늘에 이르기까지 수십 년 세월을 한결같이 지극정성으로 모셔온 것은 신의와 일관성을 중요시하는 인간적 품성을 반영해 주는 것이 아닐 수 없다.

이러한 김 교수의 인간적 신의와 정신의 일관성은 작고하신 은사 황순원 선생을 모시는 일에서도 약여하게 드러난다. 김 교수는 생전에 그분의 훈도와 영향으로 문학을 공부하고 학문세계로 들어선 인연을 소중하게 여겨 그 문학적 품격과 인간적 향훈을 간직하고 기려 나아가는데 그 누구보다 앞장서 있다. 최근에 그가 양평군과 긴밀히 접촉하면서 '황순원 소나기 마을'을 추진하여 그에 관한 세미나를 개최하고 부지를 선정하는 등 그 성사 과정에 제반 노고를 아끼지 않은 것도 이러한 스승에 대한 존경의 염念과 신의를 끝까지 간직하기 위한 안간힘의 한 반영이 아닐 수 없으리라.

아울러 김 교수는 근년에는 통일부 정책자문위원과 통일문화 연구원장 일을 맡으면서 남북관계 전반에 관한 지식을 체계화하고 남북 교류를 활성화하기 위한 노력을 멈추지 않고 있는 것으로 알려져 있다. 그의 이러한 노력은 남북관계를 정치적인 측면뿐 아니라 동시대의 문화의식을 탐구함으로써 통일문화 인프라를 구축하는 데 일조할 것으로 보여 고무적인 일이 아닌가 여겨진다.

이러한 평화통일정신을 핵으로 한 남북관계의 정립과 발전을 위한 김 교수의 일련의 작업은 학자의 사명 중 하나가 학문 연구와 제자 양성뿐만 아니라 사회봉사에도 이바지해야 한다는 점에서 의미 있는 일이 아닐 수 없다.

교육자로서의 카리스마

그렇다고 해서 김 교수가 교수의 본분으로서 학내 활동, 특히 학생 교육과 지도에 조금이라도 등한시한다고 생각한다면 그것은 잘못된 시각이다. 김 교수는 학내에서도 맡은 직분이 많다. 국문과 학과장과 문과대학 교학과장, 그리고 교수협의회 부회장(서울교정 대표)직을 두루 맡고 있는 것이 그 단적인 예가 된다. 이러한 보직은 그가 일 욕심

(?)이 많기 때문이라고도 하겠지만, 무엇보다 김 교수 특유의 활동력과 책임감 때문이 아닌가 한다.

그러면서도 김 교수는 강의와 학생 지도에도 최선을 다하는 모습을 보여준다. 그 많은 대내외의 업무와 학문 비평작업 와중에서도 시간을 쪼개어 학생들과 대화하고 학생들로 하여금 분발하게 하는 데 성심성의를 다하는 모습인 것이다. 김 교수는 학교에서도 수많은 보직과 임무를 성실히 수행하면서도 교육자로서 자신이 지닌 능력과 바람직한 의미의 카리스마를 최대한 발휘하면서 그가 속한 환경을 적극 활용하여 나아가는 성실한 학자이자 유능한 교육자로서의 면모를 유감없이 보여주고 있다.

'더 큰 나'를 실현하기 위한 학자의 길·인간의 길

그렇다! 내가 이 글을 쓰고 있는 이 시간에도 그는 태평양 건너 해외에 머물면서 끊임없이 꿈틀거리면서 무언가를 기획하고, 추진하며, 결실을 맺기 위해 고심하고 노력하고 있을 것이 분명하다. 사실 그가 이 많은 일과 업적을 이루기 위해 바친 시간과 노력을 생각해 보면 그를 아끼는 한 선배로서 진심으로 외경감이 들지 않을 수 없다는 게 솔직한 고백이다. 사실 얼마나 오랜 시간을 노심초사하며 깊이 모를 고독의 시간을 가졌을 것인가? 누가 그 끝 모를 그의 고독과 적막의 깊이를 제대로 헤아릴 수 있겠는가 말이다.

그러나 아직도 길은 멀다. 이제부터 신들메를 고쳐 매고 새로운 각오로 출발해야만 한다. 다방면의 지나친 의욕과 관심을 과감하게 절제해 내고, 보다 깊이 학문적인 세계를 천착해 들어가야만 하리라고 생각한다. 아울러 대학정신이란 여유의 정신, 깊이의 정신이 아니겠는가? 이제 무작정 앞으로 달려가기만 할 것이 아니라 뒤도 돌아보고 옆도 살펴보면서 사색하고 명상하면서 '느리게 가는 것의 소중함'을 실천해 갈 때 더욱 학문의 깊이와 인간적 향기가 무르익어 갈 것이다. 그런 의미에서 김 교수에게 지금은 주변을 돌아보면서 겸허하게 몸과 마음을 내려놓고 쉬엄쉬엄하면서 보다 큰 문학과 학문의 길, 보다 깊은 인간의 길을 걸어가기 위해 새롭게 출발해야 할 운명의 시점, 결정의 시간이 아닌가 생각한다. 몇 년간 더욱 고독하고 치열하게 본래의 '나', 근원적인 '나', '더 큰 나'의 실현을 위해 해외연구를 계획해 보는 것도 한 방법이 될 수 있겠다.

새삼 김 교수의 이번 수상을 진심으로 축하하면서 정진을 기대한다.

축하와 감사, 〈문학사상〉 창간 30주년에 부쳐

〈문학사상〉이 창간 30주년을 맞이한 데 대해 진심으로 축하와 감사를 드립니다.

말이 그렇지 월간 종합 문예지를 30년 동안 꾸준히 간행해 온 일은 보통일이 아니라고 생각합니다. 이에 무엇보다도 먼저 〈문학사상〉을 창간하여 우리 문학과 문단에 새로운 문학정신과 신선한 감수성을 개척하고 선도해 오신 이어령 선생님의 문학사랑의 정신과 노고에 존경을 올립니다. 아울러 오늘날 어려운 여건 속에서 〈문학사상〉을 이끌어 가고 있는 임홍빈 회장님의 노고에도 감사를 드리는 바입니다. 사실 제대로 된 문예지를 하나 창간하고 이끌어 간다고 하는 일은 민족문화예술에 대한 결곡한 사명감과 자부심 그리고 희생정신이 없이는 불가능한 일이 아닐 수 없습니다. 편벽되지 않게 수많은 본격 문인들에게 지면을 제공하면서, 역량 있는 소설가에게는 이상문학상을, 시인에게는 소월문학상을, 평론가에게는 김환태평론상을 제정하여 격려해 온 일 또한 문인의 한 사람으로서 크게 감사해야 마땅한 일이라고 생각합니다. 아울러 유능한 신인들을 적극 발굴하여 우리 문학의 새로운 가능성을 확대하고 심화해 온 일도 의미 있는 일이 아닐 수 없습니다.

그렇습니다! 〈문학사상〉 30년은 그대로 70~80년대 이래 오늘날까지 전환기의 가시밭길을 헤쳐 온 우리 현대문학사의 고통과 절망, 영광과 성과를 함께 해 온 과정이라고 하겠습니다. 이 점에서 이어령 선생님의 뒤를 이어 〈문학사상〉을 더욱 튼튼하게 가꿔온 권영민 주간의 노고와 함께 정현기·오세영·조남현 전 주간, 서원동 전 편집장의 노고도 잊을 수 없을 것입니다.

30년 뿌리 내린 〈문학사상〉이 이번 창간 30주년을 맞이하면서 더욱 아름다운 꽃과 튼튼한 열매를 계속 맺어 갈 수 있기를 충심으로 기원합니다.

Ⅲ. '홀로'의 삶, '더불어'의 삶을 위하여

정서지수[EQ]의 행복론

사람들에게 행복이란 과연 무엇인가?

어떤 이는 '저 산너머 멀리 헤매어 가면/행복이 산다고들 말하기에/아, 남들처럼 나도 얼려 찾아갔건만/울면서 되돌아왔다네/저 산너머 멀리멀리에는/행복이 산다고들 말하건만'이라고 안타까워하기도 한다. 그래서 많은 사람들은 그 행복이라는 파랑새를 찾아서 어딘가로 헤매고 있는 것이 사실일 것이다.

사실 우리들은 오랫동안 이 땅의 고달픈 역사 속에서 무엇이든 많이 소유하는 것을 행복의 한 척도로 생각해 온 감이 없지 않다. 돈도 권력도 명예도 많이 소유하고 누리면 그것이 행복한 모습이라고 생각했다는 뜻이다. 밥도 많이많이 양으로 먹어야 행복하고, 지능지수IQ도 무조건 높아야 좋고, 모든 점수도 어떻게 하든 높여야만 하는 것이다. 그러다보니 수단·방법을 가리지 않고 보다 많은 양과 높은 수치를 얻기 위해 사람들은 경주마처럼 달려가고 있는 것이다. 그러니 어떻게 사람이 인격으로, 목적으로 보이겠는가? 모든 것이 양으로 수치로만 평가되다보니 참 인간은 어디론가 증발하고 참 행복도 어디론가 실종돼 버리고 만 것이다.

이제 우리의 삶도, 행복론도 달라져야만 한다고 생각한다. 양量이 아니라 질質이고, IQ가 아니라 EQ정서지수, emotional quality에 의해 삶의 질이, 행복의 내용이 판단돼야 한다는 뜻이다. 그러기에 행복은 어디 저 산 멀리, 어떤 오랜 훗날에 있는 것이 아니다. 바로 나의 지금, 여기 주변에서 내가 찾고 느낄 수 있으면 바로 그게 행복이라는 뜻이다. 많은 은행예금이나 대단한 권력 또는 명예의 행복이 아니라 봄바람의 초록 물결에서 살아 있음을 느끼고 새로 피어나는 들꽃의 향기에서 생명의 향기를 느끼는 모습 속에 정서지수가 높아지는 것이고 바로 그것이 참 생명의 행복인 것이다. 다정한 친구와 따뜻하게 마음의 등불을 켜서 서로의 어둡고 추운 가슴을 밝혀주며 착한 마음으로 한 잔의 소주잔을 기울이는 일에서, 길을 찾느라고 방황하는 어린 이웃들의 손목을 따뜻이 잡고 건네주는 밝은 미소 속에서 바로 뭉클한 행복이, 정서지수가 높아진다는 뜻이다. 그래서 만해 한용운도 해저문 벌판에서 길을 잃고 헤매는 어린 양이 가련해서 시집 『님의 침묵』을 썼다고 한 게 아닌가.

또 어떤 시인은 '눈이랑 손이랑/깨끗이 씻고/자알 찾아보면 있을 거야//깜짝 놀랄만큼/신바람나는 일이/어딘가 어딘가에 꼭 있을 거야//

아이들이/보물찾기 놀일 할 때/보물을 감춰두는//바위 틈새 같은 데에/나뭇구멍 같은 데에//행복은 아기자기/숨겨져 있을 거야'(허영자, 「행복」 전문)라고 하여 행복은 바로 우리 평범한 삶의 한가운데에 숨겨져 있는 것임을 말하고 있다.

그렇다! 이제 이 시대에 있어 행복이란 크고 많은 양이나 높은 수치에 있는 것이 아니라 작고 소박한 삶 속에서 느끼는 정서적인 행복지수에서 찾아져야 할 것이다. 실상 우리 주변에서 분수에 맞지 않게 권력이나 금력, 명예만을 추구하면서 그것이 행복인 줄 알다가 패가망신하는 경우가 얼마나 많은가. 행복은 우리가 늘상 보고 지나치면서 무심코 살아가는 일상생활 속에 아기자기 숨어 있는 것이다. 그래서 조금만 애정을 갖고 찾아보면 행복은 어디서나 불쑥 해맑은 얼굴로 떠오르는 것이다.

우리가 미처 그것을 발견하지 못하고 깨닫지 못한다는 뜻이요, 건강하게 일상을 살아가면서 스스로의 삶을 뜨겁게 감싸 안고 자기와 이웃을 사랑하는 어진 마음을 갖는 것 그것이 바로 EQ의 행복론이라는 뜻이다.

사랑학개론

1. 사랑이란 무엇인가

새삼 '사랑이란 무엇인가?' 이렇게 써놓고 보니 말문이 막힌다. 아주 쉽게 답할 수 있을 것 같으면서도 너무나 말하기 어려운 게 바로 이 사랑이란 말이기 때문이리라. 그렇지만 새삼 우수, 경칩이 지나고 초록빛이 바람자락 끝에 조금씩 묻어오기 시작하니 사랑이란 말이 사랑사랑 떠오른다.

우리 옛말에서 '사랑하다'란 뜻은 아마도 '생각하다[思]'란 의미였던 것으로 보인다. 오히려 오늘날 쓰이는 '사랑[愛]'은 '닫다' 또는 '괴다'의 의미에 가까웠다. 그런데 서양 어원인 amor는 보다 실감 있게 다가온다. amor는 a+mor, 즉 anti+morte(죽음에 대한 항거)라는 뜻이라고 한다. 죽음에 대한 항거란 무엇인가? 뒤집어 말하면 그것은 '사랑이 없는 삶이란 죽음의 상태와 같은 것이다'라는 의미가 아닐까 한다. 달리 말해 사람답게 살려는 노력, 그 자체가 바로 사랑이며 사랑이 있기에 비로소 사람의 삶은 삶으로서 참의미를 지니고 완성되게 된다. 사랑은 바로 생명을 탄생하게 하는 실마리이면서 동시에 완성하게 만드는 근본 동력이자 추진력이라는 뜻이다.

그렇다면 사랑은 어떤 종류가 있겠는가? 사랑은 내용면에서 대체로 모성애, 형제애, 이성애, 자기애, 종교애, 그리고 운명애로 나누어 볼 수 있지 않을까 한다. 모성애란 말 그대로 부모와 자식 간의 사랑을 의미한다. 세상에서 가장 기본이 되고 영원한 것은 부모님의 자식에 대한 사랑이라고 할 수 있기 때문이다. 또한 자식의 부모에 대한 사랑도 이에 속한다고 할 수 있다.

특히 모성은 여성성의 본질로서 모든 사랑의 원형이 된다. 그러기에 괴테는 '영원히 여성적인 것이 인간을 구원한다Ewige weibliche zieht uns hinan'라고 「파우스트」에서 말하지 않았던가.

형제애란 형제·자매 사이의 사랑으로서 모든 사회적 인간관계의 기본 틀을 이룬다. 형제애란 경쟁과 협력의 원리를 양축으로 형성되고 전개되기에 이웃사랑, 나라사랑, 인류사랑의 근본 바탕이 되는 것이다.

이성애는 흔히 말하는 이성간의 사랑으로서 성애性愛, sexual love를 기본으로 한다. 그러기에 이 사랑은 인간 본성과 연결되며 인류사회를 풍요롭게 아름답게 만드는 현실적 힘이자 매개고리가 된다. 그러나 이성애는 자기애self love의 또 다른 표현이다. 모든 사랑은 근원적인 면에서 자기애로부터 출발하기 때문이다.

바로 이러한 인간적 사랑의 한계에서 종교애, 즉 아가페적 사랑이 싹튼다. 인간 시원에서 신의 사랑이 있지만, 또한 그 한계 또는 끝에서 구원과 초월로써 종교적 사랑이 완성되는 것이기 때문이다.

바로 이 점에서 인간사랑의 극점에 운명애가 놓이지 않는가 한다. 인간 조건에 대한 운명적 사랑의 길, 그것은 체념이나 초월이 아니라 적극적이며 실천적인 사랑의 길로 이해된다. '산모퉁이를 돌아 논가 외딴 우물을 홀로 찾아가선 가만히 들여다봅니다// 우물 속에는 달이 밝고 구름이 흐르고 하늘이 펼치고 파아란 바람이 불고 가을이 있습니다//그리고 한 사나이가 있습니다/어쩐지 그 사나이가 미워져 돌아갑니다//돌아가다 생각하니 그 사나이가 가엾어집니다/도로 가 들여다보니 사나이는 그대로 있습니다/다시 그 사나이가 미워져 돌아갑니다/돌아가다 생각하니 그 사나이가 그리워집니다//우물 속에는 달이 밝고 구름이 흐르고 하늘이 펼치고 파아란 바람이 불고 가을이 있고 추억追憶처럼 사나이가 있습니다.'(윤동주, 「자화상」) 바로 이것이다. 모든 사람들은 자신에 대한 '좋아함→미워짐→가엾어짐→미워짐→그리워짐'이라는 정正, 반反, 합合, 즉 자기 발견의 변증법적 과정 또는 운명사랑의 변증법적 과정을 겪으며 살아간다. 그러기에 삶에 있어 최초의 적도 바로 자기 자신이며 최후의 적도 바로 자기 자신이라고 하지 않는가! 자기를 발견하고 사랑하면서 자기를 이기고 자기를 구원하는 모든 것이 바로 자기의 운명을 사랑하는 운명애의 길이라는 뜻이다.

2. 부모와 자식 간의 사랑 시 한 편-어버이 사랑

그렇다! 세상에서 가장 기본이 되는 것은 우주 에너지로서의 사랑, 그것이다. 사랑은 우주의 근본이고 세상을 움직이는 원리이며 이치에 해당한다. 사랑의 가장 근본이고 최고인 것은 부모와 자식 간의 사랑, 즉 어버이 사랑이다. 어미가 자식에게 젖을 먹이는 모습은 세상에서 가장 아름다운 모습이고 우주만물을 움직이는 근본 동력의 표현이며 동시에 사회와 역사를 이끌어가는 위대한 추진력인 것이다.

> 어머니, 꽃구경 가요./제 등에 업히어 꽃구경 가요.//세상이 온통 꽃 핀 봄 날/어머니 좋아라고/아들 등에 업혔네./마을을 지나고/들을 지나고/산자락에 휘감겨/숲길이 짙어지자/아이구머니나/어머니는 그만 말을 잃었네.//봄구경 꽃구경 눈 감아버리더니/한 움큼 한 움큼 솔잎을 따서/가는 길바닥에 뿌리며 가네.//어머니, 지금 뭐하시나요./꽃구경은 안 하시고 뭐하시나요./솔잎은 뿌려서 뭐하시나요.//아들아, 아들아, 내 아들아/너 혼자 돌아갈 길 걱정이구나./산길 잃고 헤맬까 걱정이구나.
>
> – 김형영, 「따뜻한 봄날」

세상에서, 아니 우주의 구성요소는 물, 불, 공기, 흙 등 이른바 4대 원소이다. 그러나 그 우주의 물리와 인류의 삶, 삼라만상의 생명 그리고 사회·역사의 운행원리는 바로 부모와 자식 간의 사랑, 즉 어버이 사랑, 모성애이고 효성심인 것이다. 효를 알고 실천해가는 것 그것은 인간의 근본 도리이고 인간완성의 길이며 인간사랑, 인류사랑의 길로 열려간다는 뜻이다.

세상을 바라보는 시인의 눈

새해, 동해 낙산에서 해돋이를 본다. '해야 솟아라 해야 솟아라 말갛게 씻은 얼굴 고운 해야 솟아라 산 넘어 산 넘어서 어둠을 살라먹고 산 넘어서 밤새도록 어둠을 살라먹고 이글이글 앳된 얼굴 고운 해야 솟아라 …중략… 해야 고운 해야 해야 솟아라 꿈이 아니래도 너를 만나면 꽃도 새도 짐승도 한자리 앉아 워어이 워이 모두 불러 한자리 앉아 앳되고 고운 날을 누려보리라'

우리 겨레 한 사람 한 사람이, 그리고 북누리 남누리의 우리 한민족 모두가 모쪼록 병자년 새해엔 마음속에 밝은 해, 고운 해가 떠오르기를 기원해본다. 무엇보다도 휴전선 철책선에서 눈보라 찬바람을 맞으면서 분투하고 있을 병사들의 가슴에 밝고 따뜻한 햇볕이 골고루 빛나기를 빌어본다.

우리가 이 세상을 살아가는 태도랄까, 어떠한 방법이 있을까? 한번쯤 시詩를 통해 생각해 볼 만한 일이 아닐 수 없다.

첫째로 그것은 순응적인 인생관 또는 낙관적인 삶의 자세를 생각해볼 수 있으리라. '강나루 건너서/밀밭길을/구름에 달가듯이/가는 나그네'라는 박목월의 유명한 시 '나그네'가 여기에 해당한다. 또한 '사는거다/그냥 사는거다/슬픈 거, 기쁜 거/다 너대로 그냥 사는거다/그게 세상/잠깐이다'라고 하는 조병화의 '눈에 보이옵는 이 세상에서'가 그 한 예가 된다. 이런 태도는 험난한 세월 어려운 환경에서 그런대로 삶을 긍정하며 자기 나름의 위안을 간직하면서 살아가는 데 유효한 자세라고 할 것이다.

두 번째는 비판적인 인생관 또는 저항적인 인생관이라고 하겠다. '껍데기는 가라/사월도 알맹이만 남고/껍데기는 가라'라고 노호하는 신동엽의 시 「껍데기는 가라」의 세계나, 「아니다, 그렇지 않다」라고 부정하는 김광규의 시적 태도가 그 예라고 할 것이다. 부정과 불의를 비판하고 사회와 역사적인 삶을 지향하는 열린 삶의 태도가 여기에 해당하리라.

세 번째는 비극적인 인생관을 꼽아볼 수도 있겠다.

이 태도는 '이마를 짚어다오/산허리에 걸린 꽃 같은 무지개의/술에 젖으며/잠자는 돌처럼 나도 눕고 싶구나/가시풀 지천으로 흐드러진 이승의/단근질 세월에 눈이 멀고'라는 박정만의 시구처럼 세상에 만족하지도 저항하지도 못하는 비극적 태도가 여기에 해당한다. 실상 역사 속에는 뜻을 이룬 사람보다는 그렇지 못한 분들이 많으며 이런 분들이 흔히 갖게 되는 생의 태도가 이러하리라.

네 번째는 초월적인 인생 태도라 하겠다. '남으로 창을 내겠소/밭이 한참갈이/괭이로 파고 호미론 김을 매지요/구름이 꼬인다 갈 리 있소/새 노래는 공으로 들으랴오/강냉이가 익걸랑 함께 와 자셔도 좋소/왜 사냐건/웃지요'라는 김상용의 시처럼 끊임없는 정신적 극복의 노력을 통해 형이상학적 달관과 초월의 세계에 도달하려는 노력이 그것이다. 은자隱者의 사상이라고 부를 수 있는 이런 태도는 흔히 난세에 뜻있는 분들이 정신적인 지절을 지키기 위해 취하는 태도이기도 하다.

다섯 번째는 운명애運命愛의 자세라고 하겠다. '죽는 날까지 하늘을 우러러/한 점 부끄럼이 없기를/잎새에 이는 바람에도 나는 괴로워했다/별을 노래하는 마음으로/모든 죽어가는 것들을 사랑해야지/그리고 나한테 주어진 길을/걸어가야겠다/오늘밤에도 별이 바람에 스치운다'라는 윤동주의 「서시」의 자세가 그것이다. 스스로의 운명을 따뜻하게 긍정하고 뜨겁게 사랑함으로써 현실의 어려움을 이겨 나아가려는 이러한 자세는 오늘날과 같은 불확정의 시대, 혼돈의 시대에 바람직한 자세가 아닐까 한다.

이제 새해가 밝았으니 우리 모두 새로운 몸과 마음의 자세로 새 출발해야 하지 않을까. 하잘 것 없는 허욕을 버리고 자신의 자리를 굳게 지키면서 새봄에 돋아날 새 풀꽃의 겸허한 마음으로 한 해를 살아가야 한다는 뜻이다.

작지만 아름다운 진실, 또는 인간승리를 위하여

1.

도하 신문지상에는 연일 국정감사에 대한 기사들이 첫머리를 장식하고 있다. 16년 만에 처음 실시되는 국정감사라서 그런지, 5공화국 때 잘못한 일이 너무나 많아서 그런지 여러 가지 모순점과 비리들이 한꺼번에 봇물 터지듯이 쏟아져 나온다. 참으로 놀랄 일이다. 국민을 위한 행정을 집행하는 정부의 여러 부서에서 그처럼 잘못한 일들이 많고도 많았다니 아연실색할 뿐이다. 그러고 보면 거의 모든 사건이나 공사에 그런 부정과 비리가 개입되지나 않았을까 하는 의구심마저 들 정도로 가난하지만 열심히 살아온 많은 국민들은 좌절감 또는 배반감이 들지 않을 수 없을 것이다.

잘못은 밝혀지는 것만으로 끝나서는 안 될 것이다. 그것이 개인 차원의 일이 아니라 국가 차원의 일이기 때문에 책임질 사람들은 마땅히 책임져야 할 것이다. 그것이 그동안 그들을 믿고 살아오던 수많은 국민들에게 그들 비리를 저지른 사람들이 속죄할 수 있는 최소한도 양심의 표현일 수 있기 때문이다. 그러면서 생각해 본다. 과연 올바로 산다는 것이 무엇인가? 사람답게 산다는 것이 무엇인가 곰곰이 생각해 보게 되는 것이다.

2.

문득 한 시인의 시 한 편이 떠오른다. '한 줄의 시는커녕/단 한 권의 소설도 읽은 바 없이/그는 한 평생을 행복하게 살며/많은 돈을 벌었고/높은 자리에 올라/이처럼 훌륭한 비석을 남겼다/그리고 어느 유명한 문인이/그를 기리는 묘비명을 여기에 썼다/비록 이 세상이 잿더미가 된다 해도/불의 뜨거움 굳굳이 견디며/이 묘비는 살아 남아/귀중한 사료가 될 것이니/역사는 도대체 무엇을 기록하며/시인은 어디에 무엇을 남길 것이냐'(김광규, 「묘비명」)라는 시가 그것이다. 이 시가 말하고자 하는 것은 역사의 허구성, 가진 자들, 소문 난 사람들의 삶이 지닌 허위성에 대한 통렬한 비판이며 야유이다. 그렇다! 권력에 취한 사람은 권력에 갇혀서, 금력에 취한 사람은 금력에 눈멀어서, 명예에 사로잡힌 사람은 명예의 덫에 치여서 삶의 진실들을 잘 못 보는 수가 많다.

삶의 진실이란 맑고 깨끗한 눈으로 보고자 할 때 비로소 보석처럼 떠오르는 것이지 어떤 것에 취해 있을 때는 잘 보이지 않는 법이다. 남들이 모두 부러워할 높은 자리에 앉아보는 것만 해도 좋을 텐데, 과연 무엇이 더 부족해서 부정과 비리를 저지르고 끝내는 많은 사람들에게 지탄받고 부끄러운 이름으로 오르내려야 한다는 말인가.

그런가 하면 또 다른 시 한 편이 떠오른다. '가난하다고 해서 외로움을 모르겠는가/너와 헤어져 돌아오는/눈 쌓인 골목길에 새파랗게 달빛이 쏟아지는데/가난하다고 해서 두려움이 없겠는가/가난하다고 해서 그리움을 버렸겠는가/어머님 보고 싶소 수없이 뇌어보지만/집 뒤 감나무에 까치밥으로 하나 남아 있을/새빨간 감 바람소리도 그려 보지만/가난하다고 해서 사랑을 모르겠는가'(신경림, 「가난한 사랑노래」)라는 시가 그것이다.

가난하게 사는 사람들에겐 오히려 진실이 더 또렷하게 따스하게 바라보이는 법이다. 가난하기 때문에 사람을 더 진실하게 사랑하고, 열심히 일하면서 올바로 살아보고자 하는 것이다. 가진 것이 많지 못하기 때문에 진실이라도, 사랑이라도 더 많이많이 가져보고 싶고 또 그러려고 노력하게 되는 것이다. 이 시가 돋보이는 것도 바로 이 점이다. 여기에는 어렵게 살지만 진실을 사랑하면서 열심히 살아 보려고 하는 따뜻한 운명애의 마음이 담겨 있는 것이다.

그렇다면 과연 어떤 삶의 자세가 옳은 것이며 바람직할 것인가? 사실 이러한 선택 명제는 너무나도 답하기 쉬운 문제이리라. 그러나 실제로 그렇게 행동하고 실천하기는 쉽지 않은 일이다. 넉넉하게 살면서 또 높은 지위에 있으면서 삶의 진실을, 역사의 방향성을 올바로 똑바로 보고 실천해 나아간다는 것만큼 바람직한 일이 어디 있겠는가. 실상 옳게 살려고 하는데 많이 가진 것 적게 가진 것, 많이 배운 것 적게 배운 것, 네 편 내 편이 무슨 문제가 되는 것인가. 여기에서 삶의 질과 가치가 드러날 것이다.

잘살고 못사는 것의 척도는 올바르게 살려고 하는가 그렇지 못한가 하는 데에서 평가되어야만 한다. 삶의 질과 가치 또한 그처럼 올바르게 살려고 하는 과정 자체에서 우러나오고, 또 평가될 수 있어야만 한다. 그럴 때 비로소 진정한 정의사회가 구현되고 보통사람들이 행복하게 살 수 있는 참시대가 열릴 것이 자명하기 때문이다. 우리의 역사 속에서 보더라도 갖지 못한 사람들, 이루지 못한 사람들의 생애에서 더 비장한 인간의 진실을 찾아볼 수 있는 경우가 많지 않았는가. 실제로 훌륭한 문학작품이나 저작들도 궁핍한 시대나 유배지 같은 불우한 환경에서 쓰여진 경우가 더 많다. 허균의「홍길동전」이 그러하며 다산의「목민심서」가 그러하고, 만해의「님의 침묵」이 또한 그러한 소중한 예가 될 것이 분명하다고 하겠다.

그런 점에서 유자효의 시「세한도」를 읽어 볼 필요가 있으리라.

뼈가 시리다/넋도 벗어나지 못하는/고도의 위리안치/찾는 사람 없으니/고여 있고/흐르지 않는/절대 고독의 시간/원수 같은 사람 그립다/누굴 미워라도 해야 살겠다//무얼 찾아냈는지/까마귀 한 쌍이 진종일 울어/금부도사 행차가 당도할지 모르겠다//삶은 어차피/한바탕 꿈이라고 치부해도/귓가에 스치는 금관조복의 쓸림 소리/아내의 보드라운 살결 내음새/아이들의 자지러진 울음 소리가/끝내 잊히지 않는 지독한 형벌//무슨 겨울이 눈도 없는가/내일 없는 적소에/무릎 꿇고 앉으니/아직도 버리지 못했구나/질긴 목숨의 끈//소나무는 추위에 더욱 푸르니/붓을 들어 허망한 꿈을 그린다

3.

이제 신문지상에 떠도는 많은 위선적인 이름들을 우리들의 가난하지만 깨끗한 정신 속에서 지워버려도 좋을 때가 되지 않았나 하고 생각해 본다. 그러한 불쾌한 허명들을 깨끗이 지워버리고 우리 주변에서 묵묵히 살면서 올바르게 살고자 노력하는 이름 없는 사람들의 이름을 기억하도록 해야 하지 않을까. 실제로 우리 주변에는 어려운 환경 가운데서도 열심히 땀 흘리면서 자기가 할 수 있는 작은 일이라도 사회를 위해 봉사하는 분들이 너무나도 많다. 새벽 찬 서릿길을 묵묵히 쓸고 닦는 청소원 아저씨나 새소식을 전해주는 신문배달 소년, 일터에서 들판에서 전방에서 신새벽부터 허리 굽혀 일하는 수많은 이름 없는 분들의 이름이라도 하나 더 소중히 알고 함께 지내며 따뜻하게 정을 나누는 것이 바람직하지 않겠는가.

그러면서 또한 생각해 본다. 잠실벌에서 열렸던 장애인올림픽을 떠올려 본다. 지난번 잠실벌을 뒤흔들던 서울올림픽 함성은 과연 어디로

갔는가? 거기에서 딴 메달만이 그렇게 값진 것인가? 아니다! 분명 아닐 것이다. 그것도 땀과 눈물의 결정이기에 값진 것임에는 틀림없을 것이다. 그렇지만 온 날들을 불편한 신체조건에 가슴 아파하면서, 그러한 장애와 시련을 딛고 서서 함께 모여 기량을 펼쳐보는 장애인 선수 여러분들의 고군분투는 얼마나 눈물겨운 것인가. 얼마나 소중하고 아름다운 일이겠는가. 우리 모두 허영과 허욕을 떨쳐버리고 작지만 아름답고 소중한 진실들을 아끼고 사랑하며 살아간다면 얼마나 좋을 것인가. 이 가을 청명한 하늘 아래에서.

세종대왕은 오늘도 살아 있다

1. 빼앗긴 들에도 봄은 오는가?

'지금은 남의 땅– 빼앗긴 들에도 봄은 오는가// 그러나 지금은 –들을 빼앗겨 봄조차 빼앗기겠네'라는 일제강점기 이상화의 명시가 있지 않던가?

한마디로 요약해 이 시는 국토와 주권을 빼앗긴 식민지 현실 하에서 마침내 역사와 민족혼마저 멸실당할 위기 상황을 탁발하게 묘파한 작품이라 하겠다. 땅은 민족의 주권은 물론 생존권, 그리고 나아가서 민족혼까지 함께 포괄하고 있다고 보는 데서 이 시는 사상성과 예술성을 또한 포괄해낸 것으로 보여 이 시를 우리는 명작으로 꼽는 것이다.

그러나 어찌 들과 땅만이 그러하겠는가? 말과 글로서 국어도 그 이상의 의미를 지니는 것이 아니겠는가 말이다. 들과 땅이 개인에겐 먹을거리를 생산하는 농토, 즉 생존권의 표상이라면 말과 글 또한 그러할 것이 분명하다. 말과 글이 없는 민족은 항상 남에게 기대어 사는 품

삿 일군처럼 독립된 인격을 가질 수 없는 것이다. 민족적 차원에서 볼 때 말과 글은 한 민족의 주권의 상징이고 민족혼과 정서의 표상에 해당한다. 바로 이 점에서 말과 글은 개인뿐만 아니라 나라, 민족, 국가적인 측면에서 생존권, 주권, 민족혼을 표상하는 문화사 정신사적 중요성을 표상한다고 보겠다.

2. 한글은 민족의 생활과 얼을 담는 그릇

그럼에도 불구하고 우리는 우리의 생존권이자 주권인 말과 글을 제대로 지키고 살려내지 못해온 것이 사실이다. 우리의 국어는 오랫동안 민족의 생활과 얼을 담는 그릇으로서의 말과, 그 말을 담는 글이 없어 서로 분리, 괴리된 채로 불편한 어문생활을 영위해오지 않을 수 없었다. 삼국시대는 물론 통일신라시대, 고려 및 조선 초기까지도 우리말은 그 문자 형식을 획득하지 못한 채 이두, 구결, 한자 등 어문의 불일치를 겪어올 수밖에 없었다는 뜻이다.

이러한 사정은 세종대왕에 이르러 획기적인 전기를 맞이하게 되었다. '세종어제훈민정음世宗御制訓民正音, 즉 세종대왕이 '백성을 어여삐 여겨 새로 스물여덟 자를 만드는 일, 즉 정음 창제로 인해 우리의 어문생활은 역사적 전환점을 마련하게 된 것이다. 훈민정음은 자주정신, 애민정신, 실용정신을 바탕으로 하여 민족의 생존권, 주권, 민족혼의 확립과 진흥을 꾀했다는 점에서 그것은 민족문화사에 있어서 최대의 쾌거이자 불멸의 업적이 아닐 수 없다.

> 뿌리 깊은 나무는 바람에 아니 뮐쌔 곶 됴코 여름 하나니
> 샘이 기픈 물은 가말에 아니 그츨 쌔 내히 이러 바랄에 가나니
>
> —「용비어천가」 2장

이렇게 깊은 역사의식, 전통의식을 그에 걸맞은 쉬우면서도 아름다운 표현미학으로 형상화해 낸다는 것이 과연, 어찌 그리 쉬운 일이겠는가? 내용과 표현, 사상성과 예술성이 잘 조화돼 있는 위의 한 예문만 보더라도 정음, 즉 한글은 문학적으로 커다란 장점과 가능성을 지닌 것이 분명하다.

그럼에도 불구하고 한글의 운명은 부단히 흔들리는 역사 속에서 그리 순탄치만은 않았다. 전통적인 중화주의로 인해 한문이 공식문자, 이른바 진서로, 한글은 비공식문자, 즉 언문으로 인식되고 사용됨으로써 국자로서 한글의 운명은 여전히 어두운 상태로 유지돼 올 수밖에 없었던 것이다.

한글로서의 국어는 개화기를 거쳐 언문일치 운동이 전개되면서 민족 어문생활의 중심부로 이동해 들어오게 되었다. 흔히 말하는 국한문 혼용체가 사용되기 시작하면서 한글의 문학적 훈련이 본격적으로 실험되게 된 것이다. 그러나 일제의 강점과 민족문화말살정책으로 인해 국어로서 한글은 다시 풍전등화의 처지에 놓이게 되었다. 그러나 이 시기에 선각자들에 의해 국어국자운동, 즉 한글운동 내지 조선어운동

이 독립운동의 일환으로 전개되면서 민족어로서의 한글은 그 생명과 명맥을 유지하게 됐음이 물론이다.

3. 한글의 문학적 훈련과 민족문학

선구적인 국어국문학자들의 조선어문연구와 더불어 시인, 소설가들의 대거 등장과 이들의 활약은 마침내 한글의 문학적 훈련을 거치게 되고 이를 통해서 한글은 단순한 생존어 또는 평범한 생활어의 차원을 넘어서서 예술어로 한 단계 상승해가게 된다. 소월, 만해, 상화, 파인을 비롯해 30년대 지용, 영랑, 목월, 이육사, 백석, 서정주, 윤동주 등으로 이어지는 뜻있는 시인들 및 작가들에 의해 한글은 새로운 전기를 마련하는 것과 함께 그 혼과 정서의 형식으로서 민족문학의 예술적 지평을 열어가게 된 것이 분명하다.

> 눈물 아롱아롱/피리 불고 가신 님의 밟으신 길은/진달래 꽃비 오는 서역 삼만리/흰 옷깃 여며여며 가옵신 님의/다시 오진 못하는 파촉 삼만리/…중략…/초롱에 불빛 지친 밤하늘/굽이굽이 은하ㅅ물 목이 젖은 새/참아 아니 솟는 가락 눈이 감겨서/제 피에 취한 새가 귀촉도 운다/그대 하늘 끝 호올로 가신 님아
>
> – 서정주, 「귀촉도」 부분

한과 허무로서의 사랑과 인생의 비극적인 모습을 이처럼 아름다운 한국어로 표현해 낸다는 일이 어찌 그리 쉽게 가능한 일이겠는가?

이별과 만남을 과거와 현세, 내세의 인연설과 윤회사상으로 꿰뚫어 비극적인 세계관으로 형상화하여 비극적 황홀을 성취한 것은 한글의 문학어로서의 가능성을 크게 열어 보여준 것이 아닐 수 없다.

4. 세종대왕은 오늘도, 내일도 살아 있다

그러기에 세종대왕은 오늘에도 엄연히 살아 있고 앞으로도 우리 역사가 지속되는 한 영원히 불멸의 위치에 놓일 것이고 기려지고 섬겨질 것이다. 세종대왕과 그의 한글창제가 상징하는 민족정신과 민족혼은 오늘날 만 원짜리 한국은행권에도 모셔져 있고, 광화문 광장에도 국권과 민족혼의 수호신의 표상으로서 우리 민족의 삶과 정신의 중심부, 핵심에 자리 잡고 있음을 본다.

그렇다! 세종대왕과 그의 정신은 우리역사와 민족문화의 현재진행형이자 미래진행형에 해당한다. 우리 겨레가 보다 아름답고 향기로운 어문생활을 영위해 나가고 문학인들은 마땅히 그 선봉에 서서 민족어로서 한글을 갈고 닦아 나아가야할 것이다. 그것이 곧 세종대왕을 오늘에 살아 있게 하는 것이고, 미래에 우리 후손들에게 살아 있는 세종대왕을 물려주는 일이 될 것이다. 또한 그것은 한글을 누리며 오늘을 사는 우리들의 기쁨이자 역사적 사명이고 당위인 것이다.

단절을 넘어 상생으로, 철조망을 걷고 생명의 낙원으로

1.

2006년 6월 남북정상의 역사적인 만남은 우리 7천만 민족 모두에게 기쁨 이상의 감동을 실어준 것이 사실이다. 지난 20세기 100년간 우리 역사는 어떠했던가? 전반 50년은 일제의 침탈과 억압으로 인한 죽음의 시대였고, 광복 50년은 남북전쟁과 분단으로 인한 생목숨 찢김의 시대였다. 그러기에 남북 정상의 만남은 만남 그 자체로 역사적인 사건이 아닐 수 없었다. 그러한 감격의 장면을 보면서 우리는 금세라도 통일이 될 듯 흥분하고 감동하여 눈물을 흘리는 이까지 있었다.

그렇다! 지구상에 유일하게 남아 있는 분단국가로서 한반도는 이제 남과 북 사이에 가로 놓여 있는 155마일의 DMZ의 철조망과 지뢰를 치워버리고 아직도 민족 구성원의 가슴속에 짙게 드리워져 있는 분단의 가시철망을 거둬내지 않으면 안 된다. DMZ를 철폐하고 그곳을 영구적인 '국제 생태 보존 구역'으로 지정하여 가슴속 그늘과 그림자를 지워버리고 새 생명의 낙원을 만들어가야 한다는 뜻이다.

2.

생각해보면 6·25는 참으로 비극적인, 너무나 비극적인 참화가 아닐 수 없었다. 해방전 30년대 문단에서 함께 마주하던 문우들이 남과 북으로 나뉘어 서로 총부리를 겨누고 죽고 죽이라는 선전선동에 나서고 있는 사실 자체가 그러한 전쟁과 분단의 비극성을 단적으로 웅변해 준다. 남의 모윤숙이 '물러남은 비겁하다 항복보다 노예보다 비겁하다/둘러싼 군사가 다 물러가도 대한민국 국군아! 너만은/이 땅에서 싸워야 이긴다 이 땅에서 죽어야 한다'라고 외칠 때 북의 안용만은 '나의 따발총이여/더웁게 단 총구멍/식혀줄 사이도 없구나//나의 따바리! 가자/대구 진주를 거쳐/려수, 목포, 부산으로/아니 제주도 끝까지/가자, 나의 따바리!'라고 상대적인 적개심을 고무선동하고 있는 것이다.

그 결과 155마일의 휴전선, 즉 DMZ의 철조망이 드리워지고 우리의 가슴에도 분단의 가시철망이 뒤덮이게 된다. '저어 서로 응시하는 쌀쌀한 풍경, 아름다운 풍토는 이미 고구려 같은 정신도 신라 같은 이야기도 없는가, 별들이 차지한 하늘은 끝끝내 하나인데… 우리 무엇에 불안한 얼굴의 의미는 여기에 있었던가'라는 박용우의 「휴전선」(1956)이 쓰여지게 되는 것이다. 말하자면 '모든 유혈은 꿈같이 가고 지금도 나무 하나 안심하고 서있지 못할 광장, 아직도 정맥은 끊어진 채 야위어 가는 이야기뿐인가'와 같이 단절과 분열, 불안과 적개심의 분단의식을 형성하게 됐다는 뜻이다. 이러한 박봉우의 분단의식은 4·19를 거치면서 '진달래도 피면 무엇하리/갈라진 가슴팍엔 살고 싶은 무기도 빼앗겨 버렸구나/아아 저녁이 되면/자살을 못하기 때문에/술집이 가득 넘치는 도심'(「진달래도 피면 무엇하리」 부분)과 같이 분단된 조국과 허무한 현실에 대한 페시미즘으로 떨어지게 된다. 분단의 슬픔과 민주화의 좌절을 집중적으로 노래한 시선집 『나비와 철조망』은 그 핵심이라고 하겠다.

이러한 분단의식과 적개심의 논리는 다시 60년대 4·19혁명 이후 '껍데기는 가라/한라에서 백두까지/향그러운 흙 가슴만 남고/그 모오든 쇠붙이는 가라'라는 신동엽의 민족주의에 바탕을 둔 분단극복의식을 형성하게 된다. DMZ 철조망을 걷어내는 일로서 분단의 극복, 나아가서는 조국통일 지향의 물꼬를 트게 된 것이다. 이러한 분단의식과 그 극복의 노력은 '때론 북의 꽃사슴 야음 타고/자유로 귀순한다지/어미곰 한 마리 피붙이 새끼곰 찾다가/무서워 인간들의 덫, 지뢰에 죽었다지만'(김진환, 「DMZ」 부분)이나 '떡갈나무 숲 속 외로운 초병의 총구 끝도/싸늘히 춥다//어젯밤 남방한계선을 넘다가/몇 점 불빛으로 산화한 것들의 아득한 날갯짓을 초병은 안다'(이시영, 「백로」 부분), 그리고 '오월이 가고 유월이 오면/임진강변의 민들레/하이얀 낙하산 달고/남으로 남으로 떠가네//한양으로 부산으로 달리고 싶어도 달리지 못하는 철마//오월이 가고 유월이 오면/임진강변의 민들레/하이얀 낙하산 달고/북으로 북으로 떠나가네//피양으로 신의주로/달리고 싶어도 달리지 못하는 철마'(홍희표, 「금빛은빛」)와 같이 심화된 분단비극으로 나타난다.

그렇지만 80년대에 들어서 분단의식의 표상으로서 DMZ 철조망은 걷어내야 할 철폐의 대상으로 대두되기 시작한다. 80년대 민족문학의 가장 큰 과제로 떠오르기 시작한 것이다. '이 철조망이 무슨 철망/도깨비의 조각철망/이쪽 귀퉁이 내가 잡고/저쪽 귀퉁이 네가 잡고/둘둘 말아 걷어내세/잠시도 한눈팔지 말고/땀방울 흘리며 걷어내세/움이 돋네/싹이 트네/철조망 걷은 곳에 새싹이 나네'(이동순, 「철조망가」 부분)가 그 한 예가 된다. 그러면서 '불 끄고/옷 벗고/우리 부부 알몸으로 일어나/살이란 살 다 내리도록/껴안은 뼈 두 자루!//분단 휴전선의 밤 밝힌 뼈 두 자루!'(고은, 「사랑」)와 같이 분단을 넘어선 민족 화해와 통일 지향성을 강력히 표출하게 된다. 말하자면 일방적인 적개심의 표출에서 대항논리와 냉전 이데올로기를 넘어서서 마침내 DMZ 문학은 분단 극복과 민족 화해, 그리고 나아가서 통일 지향성이라는 방향성을 확립하게 된다는 뜻이다.

3.

분단 50년 이제 DMZ의 철조망도, 그로 인해 드리워졌던 우리 마음속의 가시철망도 걷어내야만 한다. 이제 단절과 불신의 벽을 넘어, 죽임과 찢김을 넘어 '기룸'으로서 '님' 사랑, 즉 생명사랑과 상생의 정신으로 나아가야만 한다. 그래선지 '님만 님이 아니라 기룬 것은 다 님이다. 중생이 석가의 님이라면 철학은 칸트의 님이다//나는 해 저문 벌판에서 돌아가는 길을 잃고 헤매는 어린 양이 기루어서 이 시를 쓴다'(만해, 「님의 침묵」 군말)와 같이 생명을 기르고, 사랑하고, 공경하는 '기룸'과 '살림', 그리고 '모심'으로서의 생명사상을 살려 나아가야만 한다.

그렇다! 바야흐로 21세기 새로운 남북화해 시대, 새천년에 접어들었다. 이제는 적개심의 시대, 죽임의 시대가 아니다. 그야말로 '벚꽃 지는 걸 보니/푸른 솔이 좋아/푸른 솔 좋아하다 보니/벚꽃마저 좋아'(김지하, 「새봄·9」)라는 시처럼 상극의 시대가 아니라 상생의 시대가 되어야 한다.

이 점에서 민족적 비극의 산물인 DMZ를 살려야 한다. 철조망과 지뢰를 걷어내고 나와 너뿐만 아니라 동식물 등 모든 생명공동체들이 함께 어울려 생명을 누리고 기리며, 살려 주고 사랑하는 생태계의 낙원으로, 그냥 그대로 보존하고 살려 나아가야만 한다. 섣부른 인간중심주의나 개발논리는 철조망과 함께 철폐돼야 마땅하다. 지구는, DMZ는 인간만의 것, 한국인만의 것은 아니다. 인간 공동체가 생명공동체로, 다시 지구공동체로 나아가서 마침내 우주공동체를 이루어 가야만 한다. 이에 DMZ 문제는 그 소중한 인류사적 한 시금석이 될 것이 분명하다.

옳은 것의 편, 역사의 편에 서자

1.

멀고 먼 나라 그리스 헤라신전에서 채화된 성화가 봉송되면서 온나라가 올림픽 축제열기로 가득 찬 느낌이다. 생각해 보면 온 인류가 함께 하는 축제인 올림픽이 이 땅에서 열린다 하니 참으로 뜻깊은 일이 아닐 수 없으리라.

일제강점하의 어둠 속에서 반세기 가까이 온갖 수난과 질곡을 겪어온 우리 민족이 아니었던가. 그 억울한 압제에서 해방이 되자마자 좌우로 나뉘고, 다시 6·25라고 하는 전대미문의 처참한 동족상잔을 겪은 우리로서 전쟁이 끝난 지 불과 30여 년만에 이 땅에서 세계인의 잔치를 치른다고 하니 우리 자신 놀랄 수밖에 없을 것이다. 하긴 그것뿐이랴. 6·25 이후 전후복구가 채 마무리되기도 전에 4·19혁명이 일어나고 다시 5·16군사정변이 일어나고, 오래지 않아 삼선개헌이다 유신이다 10·26이다 그 무엇이다 해서 얼마나 숨가쁘게 정치적인 소용돌이가 휘

몰아쳤던가. 지난 80년대만 하더라도 끊임없는 정치적 질곡과 비리, 그리고 그에 맞서는 민주화 항쟁의 거센 회오리바람 속에서 잠시도 마음놓을 수 없었던 고단한 나날이 아니었던가. 과연 누구일 것인가? 그 끊임없는 역사의 소용돌이 속에서 가장 큰 피해를 당해 온 이는…. 올림픽 열기 속에서 잠시 푸른 하늘을 본다.

2.

이 땅의 많은 사람들이 올림픽 무지개 꿈을 꾸는 것과 함께 올림픽 이후에 관해서 우려하고 걱정하는 것을 흔히 보고 듣는다. 실상 이 무덥던 여름날 우리 주변에는 각종 테러 사건이다, 무슨 발언사건이다 하여 어떤 불길한 먹구름 또는 난기류 같은 것들이 떠도는 것을 눈여겨 볼 수 있었다. 그렇지 않아도 남북분단의 현실 속에서, 또한 청산되지 않은 여러 정치문제 속에서 올림픽이라는 세계 50억의 잔치를 치르는 일 자체가 우리 형편에는 너무 힘겨운 일이 아닐 수 없기 때문에 이 큰 잔치가 끝나고 나서 느낄 온 국민들의 공허감이 큰 문제일 수밖에 없을 것이다. 어떻게 미구에 닥쳐올 이 난관을 슬기롭게 극복해서 우리 민족이 세계 속으로 도약할 수 있을 것인가를 우리 모두 곰곰이 생각해 보아야 하리라.

이 점에 비추어 우리 모두가 깊이 음미해 보아야 할 일이 있지 않나 생각한다. 일제강점기라고 하는 참담한 수난시대를 살아가던 민족지사 몇 분을 생각하면서 그 교훈을 얻어야 할 것이다.

이때 우리는 육당 최남선과 춘원 이광수, 그리고 단재 신채호와 만해 한용운을 함께 떠올리게 된다. 이들 네 사람은 모두가 일제 강점기에 나름대로 조국과 민족을 생각하고 고민하던 문인이자 학자이고, 민족운동가들로서 손꼽히는 분들이었다. 육당만 하더라도 저 유명한 기미독립선언서의 작성자로서 일찍이 옥고를 치른 바 있고 수많은 문학작품과 역사연구를 통해서 민족정신 앙양에 힘을 기울인 바 있었다. 춘원 또한 2·8 동경 독립선언을 기초하고 민족운동과 관련하여 옥고를 치른 바 있으며 문학작품과 역사논설 등을 통해 민족운동에 기여한 바 있었다. 단재는 일찍이 항일애국계몽운동에 진력하다가 3·1운동 무렵 중국으로 건너가서 독립운동을 전개하는 한편 문학작품과 역사연구를 통해서 민족혼을 일깨우는 데 크게 이바지하였다.

만해도 온몸으로 3·1운동에 참여하고 항일비밀결사인 만당을 이끌면서 문학작품을 통해서 민족정신과 혼을 고양하는 데 온 신명을 바쳤다. 특히 단재는 여순감옥에서 순국하였으며 만해 또한 심우장 냉돌 위에서 굶어죽다시피 연명하다가 광복도 보지 못하고 순국한 것은 참으로 안타까운 일이 아닐 수 없다고 하겠다.

그런데 오늘날 이들 네 분에 대한 평가는 어떻게 달라졌는가? 이 네 분이 모두 나라를 위해 민족을 위해서 많은 고초를 겪었고 역사가·문학가로서 많은 공적을 남겼던 것은 부인할 수 없는 사실이다. 그럼에도 불구하고 육당과 춘원은 민족의 배신자 또는 변절자로서 역사의 낙인이 찍혔으며, 단재와 만해는 민족의 등불로서 추앙되고 숭모되고 있지 않은가?

여기에서 우리는 분명히 깨닫게 된다. 그것은 역사의 준엄함이며 그 심판의 냉엄함이다. 어려운 시대를 올바로 살아간다는 일이 얼마나 어려운 일인가를 말이다. 그것은 오로지 역사적 인간으로서의 우리 한 사람 한 사람이 올바른 방향성을 감지하면서 한 길을 가는 일이라고 생각한다. 그러기 위해서 우리는 역사의 편에 서서 언제나 옳은 것의 편을 들어야 하리라고 생각한다. 우리 사회는 각종 지연이다, 혈연이다, 학연이다, 파당이다 무엇이다 해서 편짜기를 하고는 그에 따라서 움직이는 경우가 없지 않았다고 하겠다. 옳은 것 편을 들기보다는 사람이나 파당의 편을 들음으로 해서 그러한 연줄이나 파당에 속하지 못한 사람들은 도무지 설 땅이 없게 되는 경우도 있다는 말이다. 그래서야 어떻게 참된 정의사회가 이 땅에 구현될 수 있을 것인가. 옳은 것 편을 드는 사람이 많은 사회, 양식 있는 사람들이 근본이 되어 사회를 이끌어가는 나라야말로 잘못될 이유가 하나도 없을 것이 분명하다. 이 점에서 이 땅의 모든 사람이 참된 역사의식을 확보해야 하리라 생각한다.

참된 역사의식이란 무엇인가? 그것은 지나간 날의 잘잘못을 올바로 따지고 반성해서 오늘을 비판적·창조적으로 살아갈 수 있게 하는 정신의 힘이며 미래를 슬기롭게 이끌어갈 수 있는 예언자적 지성의 발현이라 할 수 있다. 앞에서 육당과 춘원은 당대의 수재로서 역사를 지식으로는 많이 알고 있었지만 그것이 올바른 삶을 위한 정신적 뿌리이며 비판적인 힘이라는 역사의식을 확실히 자각하고 실천하지 못한 데서 역사의 죄인으로 전락한 것이 아닌가 한다. 만해나 단재는 일제강점하 어둠 속에서 '지리한 장마끝에 서풍에 몰려가는 검은 구름의 터진 틈으로 언뜻언뜻 보이는 푸른 하늘'을 꿰뚫어 볼 수 있는 탁월하면서도 투철한 역사의식을 바탕으로 했기 때문에 어떤 난관에도 굴하지 않고 정신의 일관성을 지속적으로 실천할 수 있었던 것이다.

3.

손바닥으로 어찌 하늘을 가릴 수 있으랴? 또 먹구름이 언제까지나 푸른 하늘을 뒤덮을 수 있는 것도 아니다. 우리 모두 이 땅에 참된 자유와 평등이 뿌리 내릴 수 있도록 옳은 것 편에 서서 참된 역사의식을 갖도록 노력해야 마땅하리라 생각한다. 정작 함께 해야 할 우리의 북녘 동포들이 참여하지 못한 불행 속에 열리는 올림픽이지만, 우리나라의 이름으로 손님들을 초청한 바에야 무사히 잘 치르도록 모두가 애쓰는 것이 옳을 것이다. 그러면서 옳은 것의 편, 역사의 편에 서서 생각해 보아야 하리라. 이 올림픽이 분단의 비극을 참되게 극복하고 우리 민족이 세계 속으로 도약할 수 있는 결정적 계기가 될 것인지, 그렇지 않을 것인가를 말이다.

인간다운 삶을 위해서

건국 이래 하도 여러 번 기워서 누더기가 된 헌법을 처음 제정한 날, 제헌절은 해마다 잊지 않고 우리를 찾아온다. 40주년 제헌절을 보내면서 필자는 과연 인간에게 기본적으로 보장돼야 할 권리에 어떤 것들이 있을까 곰곰이 생각해 보았다. 그러면서 문득 떠오른 것이 만해 한용운 선생이다. 가장 혁혁한 항일독립투사이며 종교개혁가이고, 『님의 침묵』의 시인인 만해 선생이 이러한 문제를 재미 있게 노래한 시 「당신을 보았습니다」가 생각났기 때문이다.

'당신이 가신 뒤로 나는 당신을 잊을 수가 없습니다/까닭은 당신을 위하느니보다 나를 위함이 많습니다/나는 갈고 심을 땅이 없으므로 추수가 없습니다/저녁거리가 없어서 조나 감자를 꾸러 이웃집에 갔더니 주인은 '거지는 인격이 없다 인격이 없는 사람은 생명이 없다 너를 도와주는 것은 죄악이다.'라고 말하였습니다/그 말을 듣고 돌아 나올 때에/쏟아지는 눈물 속에서 당신을 보았습니다//나는 집도 없고/다른 까닭을 겸하여 민적이 없습니다/'민적이 없는 자는 인권이 없다 인권이 없는 너에게 무슨 정조냐'하고 능욕하려는 장군이 있었습니다/그를 항거한 뒤에 남에게 대한 격분이 스스로의 슬픔으로 화하는 찰나에 당신을 보았습니다'

이 시는 인간의 기본권에 대한 분명한 인식을 보여주어서 주목된다. 이 시에서 '당신'은 한 개인에겐 애인이 되겠지만, 일제강점하의 당대로서는 빼앗긴 조국이나 민족이고 주권이라 할 수 있다. 따라서 이 시는 조국 상실의 아픔을 통탄한 것이며, 인간적 권리가 박탈된 당대 상황에 대한 울분을 드러낸 것이라 하겠다. 이 시의 핵심은 '갈고 심을 땅이 없으므로 추수가 없고 저녁거리가 없다/집이 없고 민적이 없으며 인권이 없고 정조마저 보장되지 않는다'라는 구절에서 드러난다.

땅이란 국가적인 차원에서는 국가의 주권이 미치는 영토, 국토이며, 개인에게는 식생활을 해결해 주는 농토로서 가장 큰 재산에 해당한다. 따라서 땅이 없는 시대, 집이 없는 시대란 바로 주권이 없는 시대이자 생존권이 박탈된 시대를 말한다. 일제 식민지 현실은 바로 이러한 주권상실의 시대이며, 최소한의 기본권으로서 생존권과 재산권이 위협당하는 암흑시대라고 하는 인식이 제시된 것이다. 당대 민족의 삶은 바로 '거지' 그것과 다름 아닌 비인격적 상태라는 부정적인 현실인식을 드러낸 것이다.

이와 함께 '민적이 없다'로 이어지는 구절은 이러한 생명권과 재산권이 국가적 주권으로 뒷받침 되는 공민권에 의해 제도적으로 보장돼야 한다는 점을 확실히 해준 것으로 이해된다. 일제강점하에서 우리민족은 누구나 올바른 의미에서 민족적 주권과 공민권을 박탈당한 '민적 없는 자'들에 해당한다. 그러기에 인권은 물론이고 최후의 소중한 재산으로서 정조마저도 유린당할 수밖에 없는 위기상황 내지 절망의 상황에 떨어지고 만 것이다.

이렇게 본다면 사람들이 지상 위에 한 인간으로서 살아가기 위해서는 최소한 생명권과 재산권, 그리고 그러한 것들을 뒷받침하는 원천적인 힘으로서 민족적 주권과 시민권으로서 공민권이 확보돼야 한다는 점을 알 수 있다. 실상 우리에게 있어서 저 일제 식민지시대나 6·25 전란시대는 바로 이러한 기본권이 무참히 짓밟힘으로써 그러한 것들이 얼마나 인간에게 소중한 것인가를 새삼 뼈저리게 느끼게 해준 시대라 할 것이다.

그렇다면 이러한 기초적인 권리가 확보되었다고 해서 그것이 바로 인간적인 삶을 확실하게 보장하는 것이 될 것인가. 아니다. 그렇지 않다. 그러한 기초적인 권리들은 지상의 생존을 위해 필요한 인간조건일 따름이다. 무엇보다도 인간다운 삶을 확보하기 위해서 긴절한 것은 인격권이라고 할 것이다.

인격권이란 무엇인가? 그것은 인간으로서 한 사람이 사람다운 삶을 영위해 가기 위해 사회적인 면에서 근본적으로 필요한 자유권과 평등권을 의미한다.

자유란 한 인간이 스스로의 도덕률과 자발성에 의해 삶의 여러 국면들을 선택할 수 있고 주체적이면서도 능동적으로 행동할 수 있으며 스스로 결과에 책임져야 하는 자율성을 지니는 고유 권리를 말한다. 아울러 평등이란 모든 인간이 서로 대등하게 권리를 누리며 정당하게 대접받을 수 있는 기본권리를 말한다. 따라서 자유와 평등은 모든 인간들이 천부적으로 가지고 태어난 근본적 권리이며 가장 인간다운 정신의 표징이고 최상의 가치덕목에 해당한다. 그러기에 자유와 평등은 그것을 최대한 누릴 수 있는 권리와 함께 그가 행사한 권리에 대해 책임을 질 수 있는 의무가 뒤따라야만 하는 것이다.

만해의 시에서 '민적이 박탈됐다'라고 하는 것은 일제강점으로 인해서 주권이 상실됐음과 더불어서 자유와 평등으로서의 인격권이 박탈돼 있다는 점을 선명히 드러낸 것이라 하겠다. 식민지 치하에서 인간적인 자유는 물론 민족적인 평등이 원천적으로 부정되고 현실적으로 전혀 실현되지 않음으로 해서 그 시대는 절망의 시대이며 신이 숨은 시대로서 암흑시대라고 하는 날카로운 현실비판이 제시된 것이다.

실상 광복 40여년의 과정도 이 땅에서 인격권을 올바로 확립하고 그것을 책임 있게 누리고자 하는 투쟁과 시련의 연속으로 점철되었다고 해도 과언이 아니다. 4·19혁명은 그러한 인격권이 이땅의 모든 사람에게 기본이 되는 시민적 권리를 찾기 위한 투쟁이며 나아가서 전 민족적 권리로서 정착시키기 위한 국민적 노력의 시발점이라 할 수 있음은 물론이다.

또한 70년대의 고통스런 민주화 운동과 오늘에 있어서의 전 국민적 합의라 할 수 있는 분단극복의 열망과 노력도 사실은 이 땅에서 참다운 인격권을 확보함으로써 모든 민족 구성원이 사람다운 삶을 누리고자 하는 열망을 반영한 것임은 물론이다.

그렇다면 이러한 중추적 권리로서 인격권이 확립된다면 그것으로 사람다운 삶이 완성된 모습이 될 것인가? 아니다. 역시 그렇지 않다.

거기에는 한 걸음 더 나아가서 우리에겐 문화권이 보다 폭넓게 확보돼야만 한다. 두말할 필요 없이 문화란 역사를 통해서 한 민족이 이루어낸 정신의 정수이며 온 인류가 창조해낸 정신적 가치체계이다. 인격권이 사람다운 삶을 이루기 위한 필요조건이라면 문화권은 그 충분조건이 된다.

바야흐로 반만년 문화민족인 우리에게 광복 40년이 지나서야 문화부가 신설된다는 소식이다. 여기에서 확실히 해야 할 것이 있다. 문화란 온국민의 참된 문화의식 속에서 창조되고 육성되며 향유될 수 있는 인간 고유의 정신적 권리라는 점이다. 그러기에 자생력과 생명력이 핵심이며 그 바탕은 자유이고 따라서 민간 주도로서 이루어져야 한다는 점이다. 문화부는 다만 그러한 국민적 열망과 기운을 정책적으로 뒷받침하고 북돋우는 데 힘써야 할 것이 분명하다.

겨울 백담사, 그리고 뗏목의 비유

1.

'뎅그렁 뎅그렁!'

깊은 밤, 내설악 깊은 산속의 적막을 깨고 맑은 범종소리가 울려 퍼진다.

백담사의 한 구석, 고즈넉한 승방에는 조용히 흔들리는 호롱불 아래에 가부좌를 틀고 중년의 승려 한 사람이 꼿꼿이 정좌해 있다. 오 척 단구에 파르라니 깎은 머리, 예리한 안광이 빛나며 새벽의 어둠을 꿰뚫는다. 무언가 설레는 침묵이 주위를 휩싸고 돌 뿐이다.

> 임이시여, 하늘도 없는 바다를 거쳐서 느릅나무 그늘을 지워버리는 것은 달빛이 아니라 새는 빛입니다.
> 홰를 탄 닭은 날개를 움직입니다
> 마구에 매인 말은 굽을 칩니다
> 네, 네, 가요 이제 곧 가요

1925년 음력 8월 29일 새벽, 바로 33인의 한 사람으로 3·1운동을 이끈 독립운동가이며 이 땅의 불교를 혁신하기 위해 일생을 바친 만해 한용운 선생이 시집 『님의 침묵』을 탈고함으로써 문학사에 새로운 빛을 던지는 한 순간이었다. 한여름 내내 무더위에 시달리며 뜬눈으로 지새우면서 마침내 역사의 새벽을 예감하는 마지막 구절을 완성한 것이다. 그러나 이 순간에도 피곤한 기색은커녕 눈빛에는 민족의 어둠을 밝히려는 듯 의지의 불꽃이 눈부시게 타오르고 있었다.(졸고, 「만해 한용운」 중학국어 3-2에서)

2.

그렇다! 내설악 백담사는 만해 한용운이 출가한 명찰로서 『불교유신론』과 『님의 침묵』이 쓰여진 민족정신의 한 성소이며 근대불교의 소중한 요람이다.

이곳은 일찍이 매월당 김시습이 은거하던 유서 깊은 가람이기도 하다. 만해는 바로 이곳 백담의 겨울 계곡물에 속세의 홍진을 씻으면서 역사의 새벽이 다가오는 모습을 예감하였다. 그는 일제강점하의 어둠 속에서 '지리한 장마끝에 서풍에 몰려가는 무서운 검은 구름의 터진 틈으로 언뜻언뜻 보이는 푸른 하늘'을 꿰뚫어 봄으로써 머지않아 조국 광복의 그날이 오리라는 확신을 갖고 있었던 것이다.

바로 만해가 조국광복을 갈망하고 기다리면서 애타게 님을 부르던 그곳 백담사에 60여 년이 지난 지금에는 전 대통령 일해 전두환 씨가 국민에게 사죄를 빌면서 찾아들어 은둔하고 있다고 한다. 이 무슨 역사의 아이러니이며 운명의 장난이란 말인가.

그러면서 깨닫게 된다. 한 사람은 한 생애를 가시밭길 속에서 참담한 고통으로 살아갔지만 지금은 민족의 위인으로 추앙받고 있는데 비해, 한 사람은 7년 동안이나 이 나라의 대통령을 지내면서 지상의 온갖 권력과 부귀영화를 누렸지만 지금은 온 국민의 지탄 속에 쫓겨 와 은둔하며 용서를 빌고 있는 것이다.

과연 무엇인가? 이 두 사람의 삶의 역정 속에서 우리가 생각할 수 있는 것은 정녕 무엇이던가. 그것은 분명하다. 그것은 역사의 준엄함이며 그 심판의 냉엄함이다. 아울러 한 인간으로 태어나서 어려운 시대를 사람답게 올바로 살아가는 일이 얼마나 지난한 일인가를 깨닫게 된다. 이 점에서 우리는 인간의 한 생애에 있어서 올바른 역사의식을 갖는다는 일이 얼마나 중요한 일인가를 깨달아야 할 것이다.

올바른 역사의식이란 무엇인가? 그것은 한마디로 말해서 지나간 날의 잘잘못을 올바로 따지고 반성해서 오늘을 창조적·능동적으로 살아갈 수 있는 지혜와 힘을 찾아내는 일이며 동시에 바람직한 미래를 예감하고 그를 향해 나아가려는 정신의 힘이라 할 것이다. 권력이 있고 부귀와 명예가 있으면 무엇하랴. 그것이 올바른 것의 편, 역사의 편에서 정당하게 쓰여지지 않는다면 그것은 한낱 티끌과 같은 것일 뿐이다.

3.

두 손바닥으로 어찌 하늘을 가릴 것인가? 또 먹구름이 언제까지나 푸른 하늘을 뒤덮을 수 있겠는가? 이제 우리 모두 이 땅에 참된 자유와 평등을 뿌리내릴 수 있도록 옳은 것 편에 서서 참된 역사의식을 갖고 노력해 가야 마땅하리라고 생각한다.

그러기 위해서는 전 전 대통령은 은둔하여 국민에게 사죄하는 것으로 모든 일을 끝내려 해서는 안 되리라 생각한다. 그보다 중요한 것은 역사의 편에 서서 용기 있게 지난날 잘못됐던 일들의 진상을 명백히 밝히고, 책임질 일은 책임져야 한다는 점이다. 그렇게 함으로써 다시는 이 땅에 광주의 비극이나 5공비리와 같은 불행하고 부끄러운 일이 있어서는 안 되리라는 점을 스스로 확실히 천명해야만 한다. 그 길만이 역사 앞에 보다 떳떳하게 서는 일이고 백담사에 떠돌고 있는 만해 선생의 혼령과 마주할 수 있는 길이다.

마찬가지로 전 전 대통령의 정치적 사면을 국민들에게 요청한 노 대통령도 이제는 5공비리와 지난날들의 망령에서 하루빨리 벗어나야만 할 것이다.

불경의 말씀처럼 '이 뗏목이 아니었다면 바다를 건너올 수 없었을 것이다. 그러니 이 뗏목은 내게 은혜가 있으니 메고 가야겠다'라고 하는 전두환 씨에 대한 짐을 과감하게 떨쳐버려야만 한다. 이 나라의 대통령 자리는 사사로운 자리도 아니고 한가한 자리도 아니다. 수천만 민족의 명운을 이끌어 나아가는 자리이며 역사를 책임져야 하는 막중한 자리이다. 몸에 난 깊은 상처를 근본적으로 치유하지 않고 그냥 덮어 버리려고 한다면 언젠가는 온몸을 다치게 되는 일은 없을 것인가?

오늘의 이 엄청난 역사의 전환점에 서서 문득 떠올려 본다. 내설악의 무거운 산그림자 속에서 겨울 밤하늘의 어둔 별빛을 바라보면서 진정으로 나라와 민족을 걱정하던 만해의 모습을…. 그리고는 새삼 역사의 준엄함에 머리 숙인다.

문예지 홍수·신인작가 양산, 이대로는 안 된다

주변에서 인쇄물 공해에 시달린다고 푸념하는 소리가 심심치 않게 들려온다. 내게도 그렇다. 각종 월간·주간지는 물론 시집·인쇄물들이 적지 않게 우송되어 처치곤란일 경우가 많다. 그런데 한 조사에 따르면 전국적으로 발간되는 각종 문예지가 무려 1백종 가까이 된다고 한다. 그러니 발행부수는 일년에 과연 얼마나 될 것인가. 어느 면에서 문예지의 범람, 문인의 홍수는 이 시대가 신르네상스 시대에 접어들지 않았나 하는 느낌이 들어 고무적이라는 생각이기도 하다.

그러나 문제는 그 다음에 있다. 일부 저질 문예지 경우엔 남의 글을 필자 몰래 슬쩍 전재하는 경우가 없지 않은 것이다. 남이 힘들여 써서 발표한 작품을 필자에게 양해도 구하지 않고, 더구나 전재료는커녕 사후 한 마디 말도 없이 써버리니 통탄할 일이 아니겠는가. 남의 물건을 주인 몰래 가져다 쓰는 것이 무슨 죄가 되는지 그 해당자들은 알기나 하는지…. 참으로 후안무치한 일이 아닐 수 없다.

신인등단 문제만 해도 그렇다. 심한 경우엔 한 잡지에 한꺼번에 10명씩이나 등단시키기도 한다. 이럴 때 들려오는 잡음은 차치하고라도, 이 작품 대부분이 시의 기본이 안 되어 있는 경우가 많아 같은 문학을 공부하는 사람으로서 부끄러울 때가 많다. 하기사 남의 일이고, 시인이야 많을수록 좋은 일일 터이니 내가 상관할 일이 무엇이랴. 그러나 그렇게 마구잡이로 등단하여 수준미달·함량미달의 작품들을 아무렇게나 발표하고 있으니 그 또한 신종 공해가 아니겠는가.

문학이란 무엇이고, 문인이란 무엇인가? 한마디로 한 민족에게 있어 문인이란 정신적인 지도자이고, 훌륭한 문학이란 정신적인 문화재가 아니겠는가? 문학은 양이 아니라 질이고 가치개념인 것이다. 굳이 절망의 시대에 혈서처럼 시를 써서 살아 있는 정신의 모범을 보여준 한용운이나 이육사 그리고 윤동주를 거론하지 않아도 된다.

문학이란 사치품이나 장식품이 아니다. 그것은 개인의 절망이나 시대의 어둠을 이겨내려는 치열한 격투이며, 그러기에 가장 높은 인간정신의 움직임을 추구하는 예술혼의 발현이다. 따라서 시인정신은 부끄러움을 아는 정신으로부터 시작된다. '죽는 날까지 하늘을 우러러 한 점 부끄럼이 없기를' 기도하던 윤동주의 모습이 바로 시인의 양심이며 시인의 위의를 단적으로 상징하는 것이리라. 사실 지상에서 가장 죄 없는 일로서 시 쓰는 일, 문학을 사랑하는 마음만큼 소중한 일이 더 있겠는가.

바로 그것이다. 설혹 그렇게 바겐세일 데뷔라 하더라도 이제부터는 진실한 시정신과 치열한 시론으로 노력하여 진짜 시의 길, 참시인의 길을 간다면 그것으로 좋은 것이다. '피를 잉크로!Blood in ink!'라고 하지 않는가. 항상 문제는 지금까지가 아니라 이제부터인 것이다. 예술가는 자기 예술 앞에서 언제나 신인일 수밖에 없다. 이 점에서 우리 모두의 대오각성이 필요하리라.

올해는 특히 '문학의 해'라고 떠들썩하다. 유독 올해만이 문학의 해이어야 하는가 하는 의문이 든다. 그렇지만 '문학의 해'라고 강조한다면 이와 관련 있는 모든 사람들이 한 번쯤 자신의 문학행위를 날카로이 점검해 봐야 하지 않겠는가. 우선 필자 자신부터 지금까지 부끄러운 일들을 깊이 반성하면서 새롭게 나를, 나의 문학을 가꾸어 나가야 하지 않을까 새삼 조심스레 생각해 본다.

꽃 진 자리에 향기 더 붉다

Ⅳ. 시를 읽는 즐거움

꽃씨 도둑을 아시나요?

몇년 전 작고하신 명수필가이자 시인이신 피천득 선생님이 올해로 탄생 100주년을 맞이하게 되었더군요. 선생님은 한평생 별다른 욕심 없이 시와 수필을 쓰시면서 동심과 시심으로 학생들을 가르치며 인간의 향기, 생명의 숨결을 다정하게 일러주시던 분입니다.

꽃 피고 새 우는 식목철이 되니 새삼 선생님이 그리워지고 그 시들이 남긴 향기가 아직도 짙게 일렁이는 듯합니다.

> 마당에 꽃이/많이 피었구나//방에는/책들만 있구나//가을에 와서/꽃씨나 가져가야지
>
> – 피천득, 「꽃씨와 도둑」

세상에 참 귀여운 도둑도 있군요. 아니 아름다운 마음씨를 가진 도둑님도 계시군요.

사실 세상 그 어떤 나쁜 도둑놈이라도 다 근본 마음에는 생명에 대

한 연민과 사랑, 아름다움에 대한 매혹을 느끼지 않는 경우가 있을 수 있겠습니까?

사람은 모두 그 근본 마음의 바탕에 진실에 대한 동경과 착함에 대한 지향, 그리고 아름다움에 대한 소망이 어느 정도는 있기 마련입니다. 말하자면 제가 비교적 사람을 잘 믿는 성격이라는 말이 될까요? 아니 피천득 선생께서 사람이란 본디 착한 본성을 띠고 태어난다는 성선설을 신봉하는 분이라서 그러신가요?

꽃씨와 책을 사랑하고 노래하는 그 마음이야말로 바로 모든 사람이 근본적으로 착하고 아름다운 마음씨를 지니고 평등하게 태어난다는 믿음과 함께 사람다운 사람에 대한 소망을 담고 있는 것으로 이해되기 때문입니다.

요즘엔 하도나 세상이 각박하고 살벌하기까지 하다 보니 이런 마음씨 착한 도둑이 그리워진다고 하면 망발이 되겠지요? 그만큼 인정이 그립고 너그럽고 착한 사람들이 소중하게 생각되는 그런 시대라는 말씀이 되겠습니다.

함석헌, 진정성의 시학

제가 사는 동네 자랑 한번 해도 될까요?

종로구 명륜동, 흔히 혜화동이라 부르는 곳이지요. 집 뒤에는 아침마다 오르는 산 북악산줄기 성터길이 있어 옛 역사의 향기와 선인들의 숨결을 느낄 수 있습니다.

집 옆에는 고즈넉한 성균관 대성전과 명륜당이 있어 수백 년 은행나무가 늘 명상에 잠겨 있고, 이어져서 창경궁과 종묘가 있어 사시사철 산책길로 제격입니다. 또 앞쪽으로는 이른바 대학로 문화의 거리가 있어 밤이면 늘 젊은이의 물결이 넘실거려 생동감을 불러일으키지요.

그런데 늘 발이 잠시 머무는 곳이 있는데요, 마로니에공원과 그리로 가는 길에 자리 잡은 함석헌 선생의 시비 앞이 그곳입니다.

> 만리길 나서는 길/처자를 내맡기며/맘 놓고 갈만한 사람/그 사람을 그대는 가졌는가//온 세상 다 나를 버려/마음이 외로울 때에도/「저 맘이야」하고 믿어지는/그 사람을 그대는 가졌는가//탔던 배 꺼지는 시간/구명대

서로 사양하며/「너만은 제발 살아다오」할/그 사람을 그대는 가졌는가//불의의 사형장에서/「다 죽어도 너의 세상 빛을 위해/저만은 살려 두거라」일러줄/그 사람을 그대는 가졌는가//온 세상의 찬성보다는/「아니」하고 가만히 머리 흔들 그/한 얼굴 생각에/알뜰한 유혹을 물리치게 되는/그 사람을 그대는 가졌는가//잊지못할 이 세상을 놓고 떠나려할 때/「저 하나 있으니」하며/방긋이 웃고 눈을 감을/그 사람을 그대는 가졌는가

– 함석헌, 「그 사람을 가졌는가」

이 시를 읽노라면 늘 저는 어떤 전문 시인의 시보다 감명을 받곤 합니다. 그러면서 저의 삶과 일상사를 돌아보며 반성하고 마음자리를 다시 새로이 다잡으며 가늠해 보게 됩니다. 이 시가 누구에 의해 언제 이 자리에 서게 됐는지 모르지만요, 이런 시비가 있어 이 동네에 사는 보람과 기쁨을 느끼곤 하는 겁니다.

자연환경도 좋고 문명환경도 좋지만 우리에게 심혼을 심어주는 정신문화, 한 편의 시가 그 가운데 자리 잡고 있기에 문화적인 자부심과 긍지를 갖게 된다는 말씀입니다.

이 시가 일깨워 주는 의미는 한마디로 말해 우리의 삶에서 진정성이 얼마나 중요한 가치덕목인가를 일깨워주는데 놓여집니다.

진정성이란 무엇인가요? 그것은 참된 것으로서의 진실성, 꾸준한 것으로서의 성실성, 성심성의 열정을 다하는 것으로서 치열성, 그리고 끝까지 정신의 지조를 지키는 것으로서 일관성을 핵심으로 합니다.

그렇습니다, 이러한 진실성, 성실성, 치열성, 일관성으로서 진정성을 갖고 살아간다면 그야말로 '하늘 우러러 부끄럼 한점 없는' 그런 삶이 되지 않겠습니까?

새삼 씨알의 소리로서 함석헌 옹의 올곧은 마음자세와 함께 윤동주 시인의 외롭고 순결한 영혼이 생각나는 아침입니다.

나무에게서, 대자연에게서 배운다

사람은 한평생 무언가를 배우면서 살아가기 마련이다. 사람에게서 배우고 자연에게서 배우며, '나' 즉 자기 자신에게서도 배운다. 그런데 나이들면서 더욱 절실하게 느끼는 것이 있다. 그것은 자연만큼 사람에게 위대한 스승은 없다는 깨달음인 것이다. 특히 풀꽃과 나무, 푸나무가 그러하다. 푸나무는 한평생 한자리에서 자라다가 그 자리에서 종생을 맞이하는 경우가 대부분이다. 대지에, 땅속에 목숨의 뿌리를 내리고 있으면서도 하늘 우러러 경배하며 부끄럼이 없는 그런 자유롭고 지혜롭고 사랑이 넘치는 삶을 살아가기를 갈망한다.

> 꿈을 아느냐 네게 물으면/푸라타나스/너의 머리는 어느덧 파아란 하늘에 젖어 있다//너는 사모할 줄을 모르나/푸라타나스/너는 네게 있는 것으로 그늘을 늘인다//먼 길에 올 제/홀로 되어 외로울 제/푸라타나스/너는 그 길을 나와 같이 걸었다.
>
> — 김현승, 「푸라타나스」 전반부

그렇다! 나무는 말 한 마디 안 하면서 묵묵히 살아가면서도 사람들보다 더 지혜롭게, 참을성 있게 살아가는 모습을 보여준다. 말하자면 말없는 수도자이고 고행자이며, 그러기에 선지자이며 실천자의 모습을 고루 갖추고 있는 것이다. 그런가 하면 '죽는 날까지 하늘을 우러러 한 점 부끄럼이 없기를/잎새에 이는 바람에도 나는 괴로워했다'라는 윤동주의 시구에서 보듯이 인간의 내면과 은밀하게 친화하고 교감한다. 대지적 삶에 뿌리내리고 있기에 운명의 구속을 받을 수밖에 없으면서도 머리 들어 잎과 꽃을 피워 흔들면서 자유의 하늘, 영원의 세계를 향해 동경과 갈망을 펼쳐 보여주고 있는 모습인 것이다. 그러기에 나무의 형상은 바로 육체와 정신, 운명과 자유, 현실과 이상에 갈등하며 조화롭게 살아가고 있는 인간의 모습과 다를 바 없는 것이다.

봄이 오면 새잎을 틔우고 꽃을 피우는가 하면, 여름이 되면 잎새 무성하다가, 가을이면 한 해 땀 흘려 스스로 맺은 열매들을 몽땅 사람들에게, 자기를 키워준 하늘과 땅에 아낌없이 바치는 경건한 모습을 통해 사람들에게 어떻게 사는 것이 인간답게 사는 길인가, 진실의 길인가 하는 것을 일깨워준다. 그리고 겨울엔 가으내 떨어져 내린 제 분신들 가랑잎으로 얼어붙은 대지를 덮어주고 나서 스스로는 알몸으로 눈보라를 견디며 새봄의 부활을 꿈꾸는 것이다. 그러기에 나무는 견인주의堅忍主義 철학자요, 이상주의 예술가라고 할 수도 있으리라.

또한 그런 시도 있지 않던가.

흔들리지 않고 피는 꽃이 어디 있으랴/이 세상 그 어떤 아름다운 꽃들도 다 흔들리면서 피었나니/흔들리면서 줄기를 곧게 세웠나니/흔들리지 않고 가는 사랑이 어디 있으랴//젖지 않고 피는 꽃이 어디 있으랴/이 세상 빛나는 꽃들도 모두 젖으면서 피었나니/바람과 비에 젖으면서 꽃잎 따뜻하게 피웠나니/젖지 않고 가는 삶이 어디 있으랴

– 도종환, 「흔들리며 피는 꽃」

사랑이란, 대저 삶이란 무엇이던가? 그것은 시인의 표현대로 흔들리면서, 젖으면서 피는 생명의 꽃, 대자연의 꽃이 아니겠는가? 그렇다! 우리의 삶이란 한평생 나무와 같이 대자연의 자식으로 태어나 비바람에 흔들리고 눈보라를 견디면서 나름대로 생명의 꽃을 피우고 열매를 맺다가 사라져 가는 운명의 존재인 것이다.

그러니 우리는 나무에게서, 아니 대자연에게서 한평생 배우고 깨치면서 살아갈 수밖에 없으리라. 그러기에 올바로 깊이 있게 살려고 하는 자, 사람답게 날마다 스스로 새로워지면서 창조적으로 살고자 하는 사람이라면 모름지기 나무를 보면서, 대자연의 섭리를 깨치고 은총에 감사하면서 하루하루 살아가야 마땅하리라. 특히 시인이나 예술가, 철학자, 종교가나 그러한 삶의 길을 가려고 하는 사람에게 있어서는 대자연이야말로 가장 위대한 스승이자 소중한 거울이고 따뜻한 등불이자 영원한 도반이 될 것이 분명하다.

이 무성해 가는 여름, 산과 들로 나아가 대자연의 숨결을 호흡하고 맥박과 함께 하면서 좀더 생명력 넘치는 삶을 살아가도록 해야겠다.

떫은 사랑, 익은 사랑

한평생 사랑이라는 대주제를 일관성 있게 탐구하고 있는 원로 대가 시인이 한 분 계시지요. 김남조 시인 그분 말씀입니다.

시단의 원로이시고, 53년 등단한 이래 사랑의 철학을 바탕으로 하여 60년 세월 생명·자유·평화의 철학을 일관되게 추구해 오셨으니 일가를 이룬 대가 시인이라 부르기에 손색이 없겠지요.

일반적으로 시인 호칭에 있어 막 등단한 사람을 신인, 10년 정도 모색기의 사람을 신진, 20년 내외로서 자기세계를 이루어가는 사람을 중견, 그리고 30-40년 정도로 비중 있는 분을 중진, 그 이상으로 하나의 대주제를 다양하고 깊이 있게 천착하여 일가를 이룬 분을 원로 대가라고 부르곤 하니까 말입니다.

여하튼 소월, 만해 그리고 모윤숙, 노천명의 뒤를 이어 김 시인은 분단 후 이 땅에서 사랑의 시학으로 일가를 이룬 대표적인 시인이라 할 수 있을 겁니다.

떫은 사랑일 땐
준 걸 자랑했으나
익은 사랑에선
눈멀어도 못 다 갚을
송구함뿐이구나

– 김남조, 「사랑초서·53」

사랑은 정직한 농사
이 세상 가장 깊은 데 심어
가장 늦은 날에
싹을 보느니

– 김남조, 「사랑초서·83」

어떻습니까? 과연 대가 일획이 아니겠습니까. 사랑이란 주는 것이니 뭐니 구구히 늘어놓는 것보다 단 한 마디 '떫은 사랑 : 익은 사랑'을 대조시켜 사랑의 본성과 원리를 갈파하는 그 솜씨야말로 대가일획인 것이지요.

그렇습니다. 진정한 사랑은 손익을 계산하면서 주는 것, 남아돌아서 주는 적선이 아닙니다. 그것은 진정한 마음에서 우러나와서, 없다면 구해서라도 자신의 지극정성을 바치는 자비행의 실천인 것입니다. 또한 사랑은 지상 인간의 영위 중에서 가장 정직한 농사이기에 콩 심은 데 콩 나고 팥 심은 데 팥 나는 정직한 것이고 끝없는 노고와 헌신, 인내와 기다림, 눈물과 사랑을 기울여야 하는 자식농사와 같은 것입니다.

그러기에 그것은 지상에서 가장 죄없는 일이고 고귀한 일이 아닐 수 없을 것이 분명합니다. 시 쓰는 일 그것처럼 말입니다. 그래서 시인과 농부는 가장 잘 어울리는 아름다운 도반인 것입니다.

농부는 육신의 에너지를 주는 밥을 생산하는 분이고, 시인은 시를 통해 정신의 에너지인 사랑을 발전시키고 충전시켜주는 소중한 분이라는 뜻입니다.

순금의 가슴, 황금의 손

언젠가 어느 대학에서 '시의 이해와 감상' 강의 시간에 재미있는 조사를 해본 적이 있습니다. 열 편의 유·무명 시인들의 읽을 만한 시를 뽑아 이름을 가린 채로 학생들에게 나눠주고 읽혀본 것입니다. 그리고 어느 작품이 가장 감동을 주느냐 하고 물었던 것이지요.

그런데 그때 가장 많은 학생들이 뽑은 것이 바로 이 시입니다. 당대의 유명 시인 다수가 포함됐었는데도 이름을 가리고(선입견을 배제시키고) 작품의 진실성과 감동 여부를 물었더니 그런 결과가 나온 것입니다. 그때 제가 느꼈던 것이 바로 시와 시인의 관계였습니다. 독자들이 매스컴의 영향으로 지나치게 선입견과 편견에 지배되어 진짜로 좋은 시와 시인을 제대로 접하기 어려운 것이 그런 엉뚱한 결과를 나오게 만든 것이라는 말씀이지요.

어느 신도님 부음을 받고 문상을 가니 때마침 늙은 염장이가 염습殮襲을 하고 있었는데 그 염습하는 모양이 얼마나 지극한지 마치 어진 의원이 환자를 진맥하듯 시신屍身 어느 한 부분도 소홀함이 없었고, 염을 다 마치고는 마지막 포옹이라도 하고 싶다는 눈길을 주고도 모자라 시취屍臭까지 맡아보고서야 관뚜껑을 닫는 것이었습니다.

사실 오늘 아침 한솥밥을 먹은 가족이라도 죽으면 시체라 하고 시체라는 말만 들어도 섬찍지근 소름이 끼쳐 곁에 가기를 싫어하는데 생전에 일면식도 없는 생면부지의 타인, 그것도 다 늙고 병들어 죽어 시충屍蟲까지 나오는 시신을 그렇게 정성을 다하는 염장이는 처음 보았기에 이제 상제와 복인들에게 인사를 하고 돌아가는 염장이에게 한마디 말을 건네 보았습니다.

"처사님은 염을 하신 지 몇 해나 되셨는지요?"

"서른둘에 시작했으니 한 40년 되어 갑니더."

"그러시면 많은 사람의 염을 하신 것 같으신데 다른 사람의 염도 오늘처럼 정성을 다 하십니까?"

"별 말씀을 다 하시니…. 산사람은 구별이 있지만서도 시신은 남녀노소 쇠붙이 다를 것이 없니더. 내 소시에는 돈 땜에 이 짓을 했지만서도 이 짓도 한 해에 몇 백 명 하다 보니 남모를 정이 들었다 할까요. 정이…. 사람들은 시신을 무섭다고 하지만 나는 외려 산 사람이 무섭지 시신을 대하면 내 가족 같기도 하고 어떤 때는 내 자신의 시신을 보는 듯해서…."

이쯤에서 실없는 소리 그만하고 갈 길을 그만 가야겠다는 표정이더니, 대뜸

"내 기왕 말씀이 나온 김이니 시님에게 한 말씀 물어봅시더. 이 짓도 하다 보니 시님들도 많이 만나게 되는데, 어떤 시님은 사람 육신을 피고름을 담은 가죽 푸대니, 가죽 주머니니, 욕망 덩어리라 이것을 버렸으니 물에 잠긴 달그림자처럼 영가靈駕는 걸림이 없어 좋겠다고 하시기도 하고,

또 어떤 시님은 허깨비 같은 빈 몸이 곧 법신法身이라 했던가유? 그렇게 하고, 또 어떤 시님은 왕생극락을 기원하며 염불만 하시는 시님도 있고…. 아무튼 시님들 법문도 각각인데 그것은 그만두시고요, 참말로 사람이 죽으면 극락지옥이 있습니꺼?"

흔히 듣는 질문이요 신도들 앞에서도 곧잘 해왔던 질문을 받았지만 이 무구한 염장이 물음 앞에는 그만 은산철벽을 만난 듯 동서불명東西不明이 되고 말았는데, 염장이는 오히려 공연한 말을 했다는 듯 "염을 하다 보면 말씀인데유. 이 시신의 혼백은 극락을 갔겠다 저 혼백은 지옥에 갔겠다 이런 느낌이 들 때도 더러 있어 그냥 해본 소리니더. 이것도 넋빠진 소리입니더만 분명한 것은 처음 보는 시신이지만 그 시신을 대하면 이 사람은 청검하게 살다가 마 살았겠다 이 노인은 후덕하게 또는 남 못할 짓만 골라서 하다가 이 시신은 고생만하다가 또는 누명 같은 것을 못 벗고…. 그머라하지유? 느낌이랄까유? 그, 그 사람이 살아온 흔적 같은 것이 시신에 남아 있거든요?"

하고는 더 말을 하지 않을 듯 딸막딸막하더니, 당신의 그 노기老氣로 상대가 더 듣고 싶어 하는 마음을 읽었음인지.

"극락을 갔겠다는 느낌이 드는 시신은 대강대강해도 맘에 걸리지 않지만 그렇지 않은 죄가 많아 보이는 시신을 대하면 자신이 죄를 지은 것처럼 눈시울이 뜨뜻해지니더. 정이니더, 옛사람 말씀에 사람은 죽을 때는 그 말이 선해지고 새도 죽을 때는 그 울음이 애처롭다고 했다니더. 죽을 때는 누구나 다 선해지니더. ……. 이렇게 갈 것을 그렇게 살았나? 하고 한번 물어보면 영감님 억척 년이나 살 것 같아서, 가족들 기쁘게 해주고 싶어서 한 번 잘 살아 보고 싶어서 그랬니더. 너무 사람 울리시면 내 화를 내고 울화통 터져 눈 못 감고 갑니더. 이런 대답을 들으니 아무리 인정머리 없는 염쟁이지만 정이 안 들겠니꺼? 그 돌쟁이도 먹놓고 징 먹일 때는 자기의 혼을 넣고… 땜쟁이도 그렇다 하는데 오늘 아침 숨을 같이 쉬고 했던 사람이 마지막 가는데유…. 아무런들 이 짓도 정이 없으면 못해 먹을 것인데 그렇듯 시신과 정을 나누다가 보면 어느 사이 그 시신 언저리에 남아 있던 삶의 때라 할까유? 뭐 그런 것이 걷히고 비로소 내 마음도 편안해지거든요. 결국은 내 마음 편안할려고 하는 짓이면서도 남 눈에는 시신을 위하는 것이 풍기니 나도 아직….”

하고는, 잠시 나를 이윽히 바라보더니

“시님도 다 아시는 일을 말했니더. 나도 어릴 때 뒷 절 노시님이 중될 팔자라 했는데 시님들 말씀과 같이 업業이라는 것이 남아 있어서…. 이제 나도 갈 일만 남은 시신입니더.”

이렇게 말끝을 흐리는 것이었습니다.

– 조오현, 「절간이야기·22」

그렇습니다. 이른바 이야기 시, 선화시禪話詩라고 할 수 있는 이 시는 진정성을 지니고 있기에 감동을 주는 것이라고 생각합니다. 세상에서 가장 중요한 일을 하는 사람인데도 모두가 무서워하고 가까이 가기 꺼려하는 인물인 이른바 염쟁이를 통해 진정한 삶이란 과연 어떤 것이고, 가치 있는 인간이란 어떠해야 하는가를 가만가만 일깨워주고 있기 때문이지요. 사람은 돈 때문에 일하면서 살아가는 것 같지만 사실은 정 때문에 하는 것이라는 말씀이지요. 그것이 이 시의 일차적인 내용인 것이지요.

그렇지만 궁극적으로 시인이 말하고자 하는 것은 만인이 죽음 앞에서 평등하듯이 목숨에 있어서도 평등한 것이라는 점입니다. 아울러 묵묵히 실천하는 삶, 진실로 세상을 위해 몸과 마음을 다 바치며 일하는 그런 실천적인 삶이 가장 소중한 것이고 가치 있는 삶이란 뜻을 강조한 것입니다. 마치 만해의 「나룻배와 행인」에서처럼 한세상 나룻배가 되어 어려움에 처한 사람들, 불우한 사람들을 건네주는 무명의 성자처럼 말입니다.

결국 이 염쟁이와 같이 빈부귀천 가릴 것 없이 모든 사람에게 자신의 진실을 다해 살면서 자기 일에 자부심과 긍지를 가지고 진정으로 최선을 다하는 그런 사람이야말로 순금의 가슴을 지닌 사람이고, 황금의 손을 지닌 사람이라는 뜻이 담겨 있다는 말씀입니다.

지상의 한끼 식사

여름 산마을에서 들일 밭일을 하노라면 새삼 사람 사는 일이 얼마나 어려운 일인가 깨닫게 됩니다.

상추 한 포기, 오이 하나, 가지 하나, 고추 몇 개를 심고 기르고 가꾸어 가는 일, 그리고 그 열매를 거둬들이는 일은 하루 종일 대지에 허리 굽혀 경배하지 아니하면 안 되는 까닭입니다.

하루 일을 끝내고 어슴푸레한 들길을 걸어 집으로 돌아와 저녁을 준비해서 혼자 먹노라면 나에게 생명을 베푼 푸성귀 하나 계란 하나 멸치 몇 마리의 희생이 결국 나를 살게 하고 다시 힘내어 내일을 준비하게 하는 힘이 된다는 것을 깨닫습니다.

종일 땀흘리고 돌아와 바라보는/식탁 위 밥 한 그릇/나를 따라오느라 고생한 신발, 올이 닳은 양말//불빛 아래 보이는 저 거룩한 것들/한 종지의 간장, 한 접시의 시금치 무침/한 컵의 물, 한 대접의 콩나물국/부딪치면 소리 내는 한 쟁반의 멸치볶음//저것들이 내 하루를 이끌고 있다/내일도 저것들이/부젓가락 같은 내 몸을 이끌어갈 것이다//꽃나무처럼 몸 전체가 꽃이 될 수 없어/불꽃처럼 온몸이 불이 될 수 없어/세상의 어둠을 다 밝힐 수 없는 이 한스러움//풀씨처럼 작은 귀로 세상을 들으려고/상처를 달래며 길 위에 서는 날도/밥상 위의 한 잎 배춧잎보다 거룩한 것 없어//긁히고 터진 손발을 달래며/오늘도 돌아와 마주 앉는 식탁/이 끼니 말고 무엇이 이 세상을 눈부시게 할 수 있는가/이 끼니 말고 무엇이 추운 생을 데울 수 있는가//어느새 神이 되어버린 식탁 위의 밥 한 그릇

– 이기철, 「지상의 끼니」

나이가 들어가면서 주변에 흔하게 여기던 것들, 사소한 것들이 새삼 소중하고 귀한 것으로 생각되곤 합니다. 내가 먹는 한 끼의 밥과 국, 반찬들이 얼마나 고마운 것인가를 깊이 깨닫게 되는 것이지요.

사실 그렇지 않습니까? 하루 종일 일하면서 긁히고 터진 손발을 달래며 돌아와 마주 앉는 식탁, 그 한 끼의 식사만큼 소중한 것이 있겠습니까? 늘상 일용하기에 그 소중한 것을 우리는 잊고 있는 것이지요. 마시는 물이며, 호흡하는 공기가 얼마나 중요한 것인가 우리는 잊고 살지 않습니까?

그러고 보면 식탁 위의 밥 한 그릇, 국 한 대접, 반찬들이야말로 저에게는 신이 되어버린 것이 아닐 수 없을 겁니다. 그러니 그 밥신, 반찬신, 국신을 공경하고 받들어 세상에서 가장 소중하고 고귀한 것으로 모시지 않으면 안되겠습니다.

시골집에서 느리게 살기

열네 살에 초등학교를 졸업하면서 고향을 떠나온 지 50년 만에 고향 선산 발치에 조그마한 외딴집 하나를 짓고 일주일에 사나흘은 그곳에서 보내고 있습니다. 그런데 가장 새롭게 깨달은 것은 제가 얼마나 쫓기며 불안하게 하루하루를 지내왔는지 새삼 반성하게 되었다는 점입니다. 저는 그동안 늘상 '빨리빨리'를 외쳐대면서 조급하게 삶의 죄수로서 시간의 수갑에 채워진 삶의 느낌이었습니다.

그러다보니 제 삶의 질은 떨어지고 양만 팽창하여 껍데기의 삶, 포장된 삶만을 살아온 느낌이 없지 않습니다. 이제 반세기만의 귀향, 귀성에서 새삼 좀 천천히 살면서 나 자신과 이웃들을 하나하나 돌아보면서 내게 불필요한 것들을 과감히 청산하고 내실 있는 삶의 길을 가겠다는 것을 다짐하곤 합니다.

새벽에 일어나 들길을 걷거나 저무는 석양의 숲길을 거닐면서 저 자신의 본래 모습을 다시 발견하고 좀 더 그윽하고 깊이 있고 여유 있는 시간을 보내야겠다 스스로 다져보는 것입니다.

그러자니 문득 시 한편이 떠오릅니다

땅거미 내릴 무렵 광대한 저수지 건너편 외딴
함석지붕 집
굴뚝에서 빠져나온 연기가
흩어진다

단순하고,
느리게,
고요히,

오, 저것이야!
아직 내가 살아보지 못한 느림!

– 장석주, 「단순하게 느리게 고요히」

아, 얼마나 그리운 삶인가요! 산간 외딴 마을 굴뚝에서 빠져나오는 연기처럼 단순하고, 느리게, 고요히 살 수 있다면…. 우리는 도시 문명의 삶 속에서 날마다 쫓기면서 언제 어디에 가나 빨리, 빨리! 속도전을 펼쳐가고 있습니다. 속도에 떠서 사는 카레이서 또는 빨리빨리 증후군을 앓고 있는 환자처럼 살고 있는 것이지요. 그만큼 오늘의 근대적 삶은 우리들을 삶의 노예, 시간의 종으로 만들어 가고 있다는 뜻이 되겠습니다.

그래서 삐에르 쌍소의 '느리게 산다는 것의 의미'로서 '느림의 철학'을 동경하는 것입니다. 시간에 쫓기지 않기 위해서 한가로이 거닐기, 아침에 동터오는 새벽 해를 바라보기, 저녁노을 물들어가는 들판을 무연히 바라보기, 온 세상에 땅거미 내리고 어둑발이 짙어오는 것 바라보기, 조용히 빗소리 듣기, 빈둥빈둥 하릴없이 고급스러운 권태 즐기기, 마음껏 꿈꾸고 혼자서 미음완보 숲길 거닐기, 자전거 타고 먼 들길 돌아오기, 오지 않는 사람 고요히 기다리기, 달밤에 체조하기, 내 마음의 시골 고향 찾아가기, 좋은 명상과 사색하기, 좋은 글쓰기, 포도주 한 잔에 지혜를 떠올리기, 어릴 적 동화속의 도깨비 생각하기, 자라나는 상추 새잎·나무순을 하루 종일 바라보기 등등을 생각하면서 살아가는 것입니다.

그러기에 저는 도시 생활의 번잡함을 접고 삐에르 쌍소의 메시지처럼 한가로이 전원에 파묻혀 '단순하고 느리게 고요히'라는 이 시처럼 살아가고자 하는 것입니다.

비로소

노를 젓다가
노를
놓쳐버렸다

비로소
넓은
물을
돌아보았다

– 고은, 「비로소」

우리는 매일 자고 일어납니다. 매일 일상 속에서 부활하는 것이지요.

예수님께서 진정 가르쳐 주시려 한 것도 우리가 삶 속에서 날마다 깨치며 반성하며 바르게 살아가라는 지혜의 말씀이고 진리의 가르치심이 아닌가 합니다.

우리는 세상에서 참 많은 짐을 지고 살아갑니다. 아니 산다는 것 자체가 이미 운명의 십자가를 지고 태어난 것이지요. 그러기에 하루하루가 짐 지는 일이고 골고다의 언덕을 오르는 일이라고 할 수 있을 것입니다.

그런데 이제 와 생각하니 그 짐을, 그 십자가를 무겁다고가 아니라 즐겁다고 생각해야 한다는 것을 깨달았습니다. 살아 있기에 그러한 짐이, 십자가가 있는 것이니까요.

그러니 우리의 생각을 바꿔야 하는 것이지요. 그렇게 생각을 바꾸고 마음을 정리하고 나니 몸과 마음이 개운하고 가벼워질 수 있었습니다. 근심 걱정 모두 마음에 있는 것이라는 평범한 진리를 다시 깨닫고 나서 마음을 내려놓고 나니 비로소 삶이, 세상이 맑고 밝게 보이기 시작한 것이지요.

탐욕과 성냄과 어리석음을 내려놓고, 미워하는 마음, 애착과 집착을 벗어나니 비로소 지혜의 눈과 진실한 마음이 다가오기 시작한 것입니다. 지식이나 관념이 아니라 작게라도 깨치고 나니 심령이 밝아지고 마음이 평화로워져서 하루를 살다 가도 고맙고 행복하다는 생각에 이르게 된 겁니다.

이런 들꽃 깨침으로 하루하루를 살다 가고 싶습니다.

하얀 달밤, 첫사랑의 추억

엊그제까지 온 천지에 아카시아꽃 향기 바람에 날리더니 어느새 초여름 먼 숲에서 밤나무 꽃향기가 진동합니다. 아카시아 꽃향기가 처녀의 첫사랑을 떠올리는 향기라면 밤꽃 향기는 중년 여성의 농익은 사랑을 느끼게 합니다.

이런 밤이면 하얗게 추억을 밝히며 아슴아슴 떠오르는 시가 한 편 있는데요,

> 밤나무숲 우거진/마을 먼 변두리/새하얀 여름달밤/얼마만큼이나 나란히/이슬을 맞으며 앉아 있었을까/손도 잡지 못한 수줍음/짙은 밤꽃 아래/들리는 것은/천지를 진동하는 개구리 소리/유월 논밭에 깔린/개구리 소리//아, 지금은 먼 옛날/하얀 달밤/밤꽃내/개구리 소리
>
> — 조병화, 「첫사랑」

유월이 오면 저는 늘 조병화 시인이 떠오릅니다. 편운이라는 아호를 지녔던 그 분, 베레모와 파이프가 등록상표이던 그 분, 편운은 조각구

름이라는 뜻이지요. 이 말 속에는 조병화의 문학세계와 인생이 요약적으로 담겨 있습니다.

조각구름은 혼자 떠가기에 외로운 고독을 표상하며 곧 사라져버릴 것이기에 허무한 것입니다. 그러나 그것은 자유로이 흘러가는 낭만의 표상이고 나그네의 모습이기도 하지요.

그렇게 보면 조병화 시인의 세계는 고독과 허무와 낭만과 자유라고 요약할 수 있겠습니다.

밤꽃 향기가 끼쳐오면 그 향기 속에는 아지 못할 그리움과 관능의 유혹이 느껴지는 게 보편적인 심사일 겁니다.

'새 하얀 여름 달밤/손도 잡지 못한 수줍음/짙은 밤꽃 아래/ 들리는 것은/천지를 진동하는 개구리 소리'라는 구절 속에는 첫사랑의 아련한 그리움과 함께 관능의 묘한 유혹이 뒤섞여 우리들 가슴을 첫사랑의 추억으로 설레게 하는 것이지요.

아, 아카시아 향기 바람에 날리고 밤꽃 내음 흐드러지던 그 산길 그녀와 함께 하던 달빛 속에 얼굴만 붉히던 그 시절 그날 밤이 오늘따라 애틋하게 그리워지는 유월 한밤입니다.

푸른 솔의 마음으로 추운 겨울을

겨울이 깊어가면 추위 속에서 떨며 지새는 참 많은 이웃들, 가난하고 외롭고 춥고 상처받은 영혼들이 안타깝게 생각되면서 새삼 제 자신의 모습 또한 그러하여 스스로 측은해질 때가 있습니다.

그러나 그와 함께 이 모진 겨울 추위를 강하게 견디고 일어서서 이겨 나아가야 하겠다라는 다짐과 의지가 솟아나기도 합니다. 그럴 때면 또 나태한 정신을 일깨워 주는 좋은 시가 한 편 있습니다.

참솔가지 몇 개로 견디고 있다
완당이여, 붓까지 얼었던가
생각하면 우리나라의 추위가 이 속에도 있고
누구나 마른 가지 하나로
이 겨울을 서 있어야 한다

– 정희성, 「세한도」 부분, 소나무

그렇습니다 우리는 이 혹독한 겨울을 가진 것 없이 알몸으로 서서 참솔가지 몇 개로 견뎌 이겨내야만 합니다.

그러노라면 그 제주도 외로운 바닷가에서 유배의 시절을 견디며 절망 속에서 스스로를 울력하고 북돋으며 그 고통을 이겨내던 추사 김정희 완당 선생이 생각나고, 역사 속에 그 많던 의인열사들의 유배시절의 절망을 떠올리게 되는 것이지요.

생각해보면 우리 이 땅의 역사는, 민중의 삶은 얼마나 참혹하고 고통스런 것이었습니까. 그 혹독한 역사의 시련을 견디고 또 계절의 혹한을 이겨내면서 어기차게 삶을 이어온 우리 민족이 참으로 대견스럽고 고맙다는 생각이 듭니다.

그러고 보면 이러한 역사적 삶, 사회적 삶의 고통과 절망 속에서 우리들의, 저의 아픔과 슬픔도 함께 이해하고 이겨 나아가야만 하겠습니다.

누구나 마른 가지 하나로 서서 참고 견디며 생명의 슬픔을 온몸으로 껴안고 겨울을 이겨내서 찬란한 봄빛을, 봄 생명을 맞이해야만 하겠습니다.

겨울이 깊고 어두울수록 새봄이 찬란하고, 새 생명이 싱싱하게 피어오르지 않겠습니까?

눈 내리는 밤 부칠 곳 없는 정열을

지난해 연말부터 내리기 시작한 눈이 새해에는 더욱 자주 내리는데요, 한동안 세상 사회도, 인심도 메말라서 눈조차 안 내리는가 했는데 이제는 눈이 너무 많이 와서 불편하고 힘든 분들도 많을 겁니다.

그런데 그 어떤 경우라도 눈이 오면 우리는 그 원시의 풍정 속에서 떠나온 고향을 생각하고 그리운 이를 떠올리기 마련이 아닌지요. 그럴 때면 생각나는 명시가 바로 「설야」이겠지요.

> 어느 머언 곳의 그리운 소식이기에/이 한밤 소리없이 흩날리느뇨//처마 끝에 호롱불 여위어가며/서글픈 옛 자췬 양 흰눈이 나려//하이얀 입김 절로 가슴이 메어/마음 허공에 등불을 켜고/내 홀로 밤 깊어 뜰에 나리면/머언 곳에 여인의 옷벗는 소리//희미한 눈발/이는 어느 잃어진 추억의 조각이기에/싸늘한 추회 이리 가쁘게 설레이느뇨//한 줄기 빛도 향기도 없이/호올로 차단한 의상을 하고/흰눈은 나려 나려서 쌓여/내 슬픔 그 위에 고이 서리다
>
> — 김광균, 「설야雪夜」

이 시는 눈 내리는 밤 시의 한 전범이라 할 겁니다.

그만큼 소리 없이 눈 내리는 겨울밤, 즉 설야는 우리로 하여금 아지 못할 외로움과 그리움의 세계로 빠져들게 합니다.

그리움이란 쓸쓸하고 외로운 것이기에 동시에 서글픈 것이고, 그래서 춥고 어두운 마음 허공에 작은 등불이라도 켜서 밝은 빛과 따뜻한 온기를 느끼고 싶은 겁니다.

사랑을 갈망한다는 그런 뜻이 되겠지요.

그러니 눈 내리는 소리가 새삼 머언 곳 어디선가 '여인의 옷 벗는 소리'로 섬세하게 들려올 수 있을 겁니다. 그렇지만 그것은 단지 그리움으로 설레는 환상의 모습일 뿐, 현실은 아닌 것이지요. 다만 흰 눈은 '잃어진 추억의 조각'처럼 온갖 후회와 슬픔, 그리움과 외로움을 일깨워 주는 것입니다.

눈발은 밤새도록 흰 눈으로 내려 내려 쌓이면서 부칠 곳 없는 정열과 그리움을 슬픔으로 덮어주고 있는 것이지요.

아, 지난날 그 함박눈 내리는 시골 밤길을 함께 걷던 그 그리운 사람은 지금 어느 하늘 아래 살고 계시는지요?

유배지에서 보낸 절망과 희망의 편지

겨울이 깊어가면 우리 이 땅에서의 모질고 긴 역사를 떠올리게 됩니다. 온갖 추위와 어둠 속에서 굶주림과 혹독한 외침, 폭정 속에서 몸 하나로 버티며 올바른 것, 뜻 있는 것을 위해 살다가 목숨 바친 분들이 안타깝게 그리워지는 것이지요.

「홍길동」의 허균이며, 「구운몽」의 김만중…. 그 많은 유배지로 절망을 안고 떠나서 고통 속에 외로이 살아가다가 홀로 죽어간 고혼이 어찌 한두 사람뿐이었겠습니까. 특히 서울 양수리 강가에서 태어나서 전라도 바다 끝 강진까지 유배 가서 18년 간을 참혹한 고통과 외로움 속에서 「목민심서」, 「애절양哀絕陽」을 썼던 다산 정약용.

제1신

아직은 미명이다. 강진의 하늘 강진의 벌판 새벽이 당도하길 기다리며 죽로차를 달이는 치운 계절, 학연아 남해바다를 건너 우두봉牛頭峰을 넘어 오다 우우 소 울음으로 몰아치는 하늬바람에 문풍지에 숨겨둔 내 귀 하나

부질없이 부질없이 서울의 기별이 그립고, 흑산도로 끌려가신 약전 형님의 안부가 그립다. 저희들끼리 풀리며 쓸리어 가는 얼음장 밑 찬 물소리에도 열 손톱들이 젖어 흐느끼고 깊은 어둠의 끝을 헤치다 손톱마저 다 닳아 스러지는 적소謫所의 밤이여, 강진의 밤은 너무 깊고 어둡구나. 목포, 해남, 광주 더 멀리 나간 마음들이 지친 봉두난발을 끌고 와 이 악문 찬 물소리와 함께 흘러가고 아득하여라, 정말 아득하여라 처음도 끝도 찾을 수 없는 미명의 저편은 나의 눈물인가 무덤인가 등잔불 밝혀도 등뼈 자옥이 깎고 가는 바람 소리 머리 풀어 온 강진 벌판이 우는 것 같구나.

제2신
이 깊고 긴 겨울밤들을 예감했을까 봄날 텃밭에다 무를 심었다. 여름 한철 노오란 무꽃이 피어 가끔 벌, 나비들이 찾아와 동무해 주더니 이제 그중 큰 놈 몇 개를 뽑아 너와지붕 추녀 끝으로 고드름이 열리는 새벽까지 밤을 재워 무우채를 썰면, 절망을 썰면, 보은산 컹컹 울부짖는 승냥이 울음소리가 두렵지 않고 유배보다 더 독한 어둠이 두렵지 않구나. 어쩌다 폭설이 지는 밤이면 등잔불을 어루어 시경강의보詩經講義補 를엮는다. 학연아 나이가 들수록 그리움이며 한이라는 것도 속절이 없어 첫해에는 산이라도 날려 보낼 것 같은 그리움이, 강물이라도 싹둑싹둑 베어 버릴 것 같은 한이 폭설에 갇혀 서울로 가는 길이란 길은 모두 하얗게 지워지는 밤, 사의제四宜齊에 앉아 시 몇 줄을 읽으면 세상의 법도 왕가의 법도 흘러가는 법, 힘줄 고운 한들이 삭아서 흘러가고 그리움도 남해바다로 흘러가 섬을 만드누나.

— 정일근, 「유배지에서 보내는 정약용의 편지」

80년대 군사독재의 탄압 속에서 젊은 학생들에게 뜻있는 사람들에게 깊은 울림을 주었던 좋은 책이 한 권 있었지요. 박석무 씨가 1989년 30년 전에 시인사에서 처음 펴내고, 시인사가 문을 닫은 뒤 창작과비평에서 다시 출간한 명저『유배지에서 보낸 편지』말씀입니다.

이 저서는 우리 현대시에서 유배시의 전통을 확고히 하는 결정적 계기가 되었지요. 정일근의 인용시도 이러한 유배 전통에서 씌어진 한 가작이라 하겠습니다. 마치 다산 정약용이 유배지 강진 바닷가에서 뼈를 저미는 절망 속에서, 외로움 속에서, 그리움 속에서 한 줄 한 줄 써내려갔던「목민심서」시편들, 그것의 영향을 받아서 80년대 정일근의 이 시편이 탄생한 것이지요.

80년대 군사독재의 혹독한 탄압과 폭정 속에서 봉건시대 강진으로 유배 갔던 정약용의 고혼을 떠올리면서 이러한 외로움과 그리움의 시를 써서 다산의 영전에 겨레의 외로운 민족혼에 바쳐 올린 게 아니겠습니까.

새삼 부연설명이 필요 없이 이 시를 읽으면서 우리는 인간이란 과연 무엇이며 어떻게 살아가는 것이 보람 있게 가치 있게 잘 살아가는 것인가 하는 문제를 떠올리게 되고, 내 삶을 반성해보게 되는 것이지요. 그것은 한 마디로 모든 인간은 혼자 태어나서 살아가는 고독한 존재이고 또 운명적으로 한 번 살다가 흙으로 돌아가고 마는 허무의 존재라는 깨달음이지요.

그러기에 살기 위해서 우리는 노동을 해야 하고, 직업을 가져야 하고, 가족을 부양해야 하는 등 온갖 인간 조건들을 겪고, 참고, 이겨 나아가야만 하는 것이 아니겠습니까.

그런데 더구나 낯설고 물설은 타향 천리까지 바다 끝까지 흘러가서 혼자 삶을 견딘다는 것이 얼마나 참혹한 시련이고 고통입니까?

외로움과 그리움, 기다림과 견딤 속에서 하루하루를 보내며 다시 만날 그날을 손꼽아 보는 그 나날이 얼마나 참혹한 것입니까 하는 말씀이지요.

그러고 보면 우리 인간들은 모두가 다 이 지상의 삶으로 유배 떠나와 살아가고 있는 그러한 무기수들이 아닌가 해서 문득 처연한 느낌이 드는군요.

삶터가 수행암자, 사람들 모두가 고행승

근년에 들어서 시세계와 시정신이 더욱 넓어지고 깊어지는 중진 여성 시인 한 분이 계시지요. 요즘에는 시인으로서뿐만 아니라 사회 명사로도 다양한 활약을 펼치고 있는 신달자 시인 말씀입니다.

1960년대 〈여상〉으로 등단하고 다시 70년에 〈현대문학〉을 통해 재등단하여 시인으로서 본격적인 활동을 시작한 신 시인은 갈수록 의욕적인 활동과 힘찬 시적 정진을 보여주고 있어 주목을 환기하는 것입니다.

「저 거리의 암자」는 그러한 좋은 작품한 한 편으로 꼽아볼 수 있겠는데요.

어둠 깊어가는 수서역 부근에는/트럭 한 대 분의 하루 노동을 벗기 위해/포장마차에 몸을 싣는 사람들이 있습니다/주인과 손님이 함께/출렁출렁 야간여행을 떠납니다/밤에서 밤까지 주황색 마차는/잡다한 번뇌를 싣고 내리고/구슬픈 노래를 잔마다 채우고/빗된 농담도 잔으로 나누기도 합니다/속풀이 국물이 짜글짜글 냄비에서 끓고 있습니다/거리의 어둠이 짙을수록/진탕으로 울화가 짙은 사내들이/해고된 직장을 마시고 단칸방의 갈증을 마십니다/젓가락으로 집던 산낙지가 꿈틀 상 위에 떨어져/온몸으로 문자를 쓰지만 아무도 읽어내지 못합니다/답답한 것이 산낙지뿐입니까/어쩌다 생의 절반을 속임수에 팔아버린 여자도/서울을 통째로 마시다가 속이 뒤집혀 욕을 게워냅니다/비워진 소주병이 놓인 플라스틱 작은 상이 휘청거립니다/마음도 다리도 휘청거리는 밤거리에서/조금씩 비워지는/잘 익은 감빛 포장마차는 한 채의 묵묵한 암자입니다/새벽이 오면/포장마차 주인은 밤새 지은 암자를 거둬냅니다/손님이나 주인 모두 하룻밤의 수행이 끝났습니다/잠을 설치며 속을 졸이던 대모산의 조바심도/가라앉기 시작합니다/거리의 암자를 가슴으로 옮기는데/속을 후려치는 하룻밤이 걸렸습니다/금강경 한 페이지가 겨우 넘어갑니다

– 신달자, 「저 거리의 암자」

우리의 하루 일과는 어떻습니까?

낮과 밤으로 이어지는 하루치의 삶은 말 그대로 노동과 유희, 일과 놀이 또는 노고와 휴식이 교차로 쌓여집니다.

하루의 고된 노동을 끝내면서 사람들은 '트럭 한 대분의 노동을 벗기 위해/포장마차에 몸을 싣는' 것이 일상사이지요. 포장마차로 야간 여행을 떠나는 것입니다. 사내들은 직장에서 하루 내 쌓인 스트레스와 울화를 풀려고, 여자들은 여자들대로 우울과 권태, 피로를 벗어나려고 한 잔 술과 값싼 안주로 지친 몸과 마음을 달래보는 것이지요.

생각해보면 산다는 일은 그야말로 고단함, 목마름, 답답함, 조바심,

우울증, 울분의 연속이 아니겠습니까? 몸도 마음도 다리도 휘청거리는 모습인 것입니다.

그런데 이 시는 '잘 익은 포장마차는 한 채의 묵묵한 암자입니다'라는 구절을 통해서 극적 전환 또는 상승의 계기를 마련하게 되지요. 우리의 삶에서 도를 닦는 곳은 굳이 산속의 절간 암자나 수도원이 아니라 우리가 살고 있는 '지금, 여기'라는 깨침을 이루어내게 된 것입니다.

'나 있는 곳이 내 집이고, 내 마음 머무는 곳이 내 고향'이듯이 우리가 살고 있는 만장진애 현실 속에서 우리는 스스로의 존재의 정체성을 확립해야 한다는 뜻일 겁니다. '모든 것은 다 마음 하나에 달려 있다'는 깨침인 것이지요.

그러고 보니 거리의 포장마차가 모두 선방이고 암자이며 그 속에서 살아가는 우리들은 모두가 다 고행승이라는 말씀이지요.

한 그루 물든 느티나무처럼

누가 그랬던가요, 뜻있고 깊이 있게 인생을 살아가고자 한다면, 더군다나 시를 쓰려는 사람, 좋은 시를 쓰기를 진정 원하는 사람이라면 시냇물을 바라보고, 나무를 바라보면서 때로는 저 흘러가는 냇물이 되어 영영 보내기 안타까운 이별의 순간도 경험해보고, 곱게 물든 한 그루 가을 나무가 되어 지난여름 소중히 품고 키워왔던 열매들을 다 떨어내는 아쉬움도 느껴보라고.

그렇습니다. 나무와 흐르는 물속에는 인생의 길이 다 들어있습니다. 우리가 지나온 안타까운 과거의 모습도, 우리들 지금의 아등바등하는 모습도, 그리고 우리가 가야 할 미래의 모습도 다 담겨 있습니다.

아름다운 깨달음이 있는 시 한 편처럼 말입니다.

하늘 문 두드리고 있다/동네 어귀에 뿌리 내린/늙은 느티나무 하나//늘 침묵의 그늘은/지나는 사람들에 등을 내주고/땀도 식혀 주었다//붙박이로 살아온 한평생/저승꽃 핀 몸 속에/쇠똥구리 혹을 매달고 있다//높고

외롭고 고단했음으로/그의 자리는/오히려 눈부시다//빈 하늘 온 세상/이고 사는/천년 수도승이여

– 여자영 「천년 수도승」

그렇습니다. 나무는 깨침의 길을 가는 여자영 시인의 '천년 수도승' 입니다.

한 자리에 뿌리 내리면 한평생을 종생의 그날까지 운명을 긍정하고 따뜻이 사랑하면서 온갖 번뇌와 근심, 걱정을 참고 인내하면서 정신의 초월과 극복을 꿈꾸고 실천해가는 탐구자이고, 순례자의 모습입니다.

또한 나무는 지혜의 길을 가는 철학자입니다.

온갖 희노애락 애오욕을 묵묵히 겪고 이겨내면서 바람직한 삶의 길, 깨침의 길을 스스로 체현體現하면서 지혜의 길을 가고자 하기 때문입니다.

그래서 나무는 시인입니다.

봄은 봄대로 버들개지 새순을 노래하고, 풀잎에 맑은 샘물 밝은 햇살을 길어 올리며, 슬프면 슬픈 대로 기쁘면 기쁜 대로, 한 세상 바람따라 구름 따라 흘러가기 때문입니다.

그러고 보면 나무는 천년 세월 하늘과 바람과 별과 함께 온몸과 마음으로 시를 쓰는 시인이며, 철학자이며, 수도승임에 분명합니다.

우리 모두는 삶의 유배지로 떠나온 사람들

깊어가는 겨울 북풍한설 속에서 한 편의 시를 읽는 일은 참으로 춥지만 따뜻하고 행복한 일입니다. 특히 지난날 한 평생을 어둠 속에서 유배지에서, 어둔 갱도 속에서, 차가운 병실에서 홀로 지내면서 한 줄 한 줄 시를 쓴 분들을 생각하면 안타깝기도 하지만 그분들의 시 속에서 우리는 살아있음의 행복과 보람, 위안과 가치를 느끼곤 하는 것이지요.

그럴 때 생각나는 시 한 편이 또 있습니다.

뼈가 시리다./넋도 벗어나지 못하는/고도의 위리안치/찾는 사람 없으니/고여 있고 흐르지 않는/절대 고독의 시간/원수 같은 사람이 그립다./누굴 미워라도 해야 살겠다./무얼 찾아냈는지/까마귀 한 쌍이 진종일 울어/금부도사 행차가 당도할지 모르겠다./삶은 어차피/한바탕 꿈이라고 치부해도/귓가에 스치는 금관조복의 쓸림 소리/아내의 보드라운 살결 내음새/아이들의 자지러진 울음소리가/끝내 잊히지 않는 지독한 형벌/무슨 겨울이 눈도 없는가/내일 없는 적소에 무릎 꿇고 앉으니/아직도 버리지 못했구나/질긴 목숨의 끈/소나무는 추위에 더욱 푸르니/붓을 들어 허망 한 꿈을 그린다.

– 유자효, 「세한도」

우리 문학사에서 유배시의 전통은 참으로 길고 오랩니다. 멀리는 고려가요에서 "내 님을 그리자와 우니다니/ 나난 산접동새 이슷하요이다'라고 하는 정서의 「정과정」이 있고 또 조선조에는 '이 몸이 태어날 때에 임을 좇아서 태어나니/ 한생연분이며 하날 모랄 일이런가'라는 정철의 「사미인곡」도 생각나지요.

정조시대 다산 정약용도 그러하지만, 현대시에서도 만해 한용운의 「님의 침묵」도 일제강점 하 절망 속에서 피워낸 유배시의 꽃이라 할 수 있고, 이육사의 시들도, 윤동주의 시편들도 그 한 절정이라 할 겁니다. 해방 후 고은의 「백두산」이나 「만인보」, 김지하의 「오적」, 김남주의 시편들도 그렇지요.

정지용 문학상 수상작이기도 했던 이 유자효의 시 「세한도」는 유배지에 처한 고혼의 절망과 외로움, 그리움과 기다림을 선명하게 잘 보여 주어 관심을 끌지요.

언제 서울로부터 그 사약을 내리는 금부도사의 행차가 당도할지 모르는 위기감, 초조함 속에서 뼈아프게 저려나는 아내와 자식들, 그리운 사람들을 그리워하는 일이란 과연 어떤 심정이겠습니까.

'원수 같은 사람이 그립다./누굴 미워라도 해야 살겠다.'라는 절규 속에는 바로 이러한 뼈아픈 절망과 고통이 그리고 그리움과 외로움이 스며들어 있는 것 아니겠습니까. 사실 산다고 하는 것은 누구나 다 그렇지요.

언제 어떤 일이 있을지 모르는 상황 속에서 하루하루를 위기를 이겨내며 사는 삶 속에서, 그 많은 군중 속에서, 그 넓은 세상 속에서 갈 곳 모르고 만날 사람, 의지할 사람 제대로 없는 형편이 아닙니까.

그러고 보면 오늘 저의 삶도 바로 유배지에서의 삶이나 마찬가지라 생각됩니다. 그러니 어떻게 해야 하겠습니까? 그저 하루하루를 목숨껏 최선을 다해 진실하게, 성실하게, 치열하게 정신의 일관성을 지니면서 이웃을 사랑하고 저 자신을 사랑하면서 제 운명을 뜨겁게 껴안고 긍정하며 살아가야 하지 않겠습니까?

어머니, 우리의 영원한 고향

꽃 진 자리를 초록 물결이 채우고 있습니다. 그리 급하게 서둘 일도 아니건만 봄은 어느새 저만큼 멀어져 달려가고 있지요.

이제 우리는 다시 5월을 지나가면서 제 아무리 붙잡아 두려 해도 어찌할 수 없이 봄을 떠나보내고 또 앞으로도 많은 것들을 떠나보내야 할 것입니다.

그 유수인생, 흘러가는 세월 속에서 떠나가신 저의 어머니, 그리고 세상의 어머니들을 생각하며 그 모든 어머님들께 감사의 큰절을 올립니다.

어머님, 감사, 감사합니다.

그리곤 김초혜 시인의 시 「어머니·1」가 떠오릅니다. 내 몸과 한 몸이었던 내 육신과 영혼의 고향 어머니를 말입니다.

한 몸이었다/서로 갈려/다른 몸 되었는데//주고 아프게/받고 모자라게

/나뉘일 줄/어이 알았으리//쓴 것만 알아/쓴 줄 모르는 어머니/단 것만 익혀/단 것 모르는 자식//처음대로 한 몸으로 돌아가/서로 바꾸어/태어나면 어떠하리

– 김초혜, 「어머니·1」

온 천지에 연둣빛이 눈부시게 싱그럽지만요 떠나가신 어머님 자취는 세상 어디서도 찾을 수 없습니다. 이렇게 또 다시 5월이 돌아오면 이제는 다시 불러 모실 수 없는 먼 길 가신 어머님이 새록새록 그리워집니다.

우리는 과연 어디에서 와서 어디를 거쳐 어디로 가고 있을까요?

누구에게나 이 문제는 가장 크고 어려운 삶의 근원과 본질에 관한 질문이 아닐는지요. 저는 이 답을 '어머니'라고 말해보고 싶은데요.

어머니는 바로 제 작은 삶을 이 세상에 태어나게 해주신 그런 소중한 분이시기에 어머니야말로 내가 떠나온 고향인 것이지요. 또 이 험하고 고단한 한 세상을 살면서 어려운 일, 슬픈 일이 있을 때마다 우리는 어머니를 생각하며 어머니를 불러 보면서 위안과 용기, 그리고 힘을 얻곤 합니다.

세상사의 시시비비를 따져 묻지 않고 무조건 어머니는 내편이 되어주셨기 때문인 것이지요. 유일하게 절대적인 내편, 세상에 찢기고 채이여 아무도 내 곁에 없다는 느낌이 들 때, 그래도 오직 한 분, 어머니, 그 어머니만은 나를 다독이며 다시 일으켜 주시리라는 강한 믿음이 마

음속에 자리하고 있을 때 우리는 다시 일어설 수 있었기 때문입니다.

또한 조국이나 민족도 우리가 의지하면서 발붙이고 이 세상을 힘내어 살아가게 하는 더 큰 어머니인 것도 사실입니다. 무엇보다도 우리가 세상을 떠나는 날 더 큰 자연의 품으로 돌아가는 것도 대지의 어머니에게로 돌아가는 일이 아니겠습니까?

그러고 보면 어머니는 나와 한 몸이면서 내 고향의 등불이자 현주소이고 미래의 나침반이 아닐 수 없습니다. 요즘과 같이 과보호와 핵가족주의로 인해 부모자식간의 참사랑이 무너져가는 시대에 이 시는 그러한 참사랑의 중요성을 강조하는 소중한 부모자식 사랑, 가정 사랑의 시라 할 수 있지 않겠습니까?

오월은 어린이날, 어버이날, 스승의 날이 함께 들어 있는 가정의 달입니다. 꽃 한 송이 꺾어들고 마음으로 깊은 감사 편지라도 한 장 써서 어머님·아버님께, 그리고 스승님께 전해 올리면 이 봄날 몸도 마음도 조금쯤 가볍고 환해져 오겠지요.

겨울정신, 그 비극적 황홀을 위하여

이제 12월 시나브로 한 해가 저물어가고 북풍한설, 찬바람이 몰아쳐 오고 있습니다. 몸도 추워지고 마음도 을씨년스러워지고, 마치 저는 광야의 길 잃은 어린 양 같습니다. 그럴 때면 저는 눈 내리는 내설악 벌판에 서서 언제나 한 편의 시를 떠올립니다.

> 매운 계절의 채찍에 갈겨/마츰내 북방으로 휩쓸려 오다//하늘도 그만 지쳐끝난 고원高原/서리빨 칼날진 그 위에 서다//어데다 무릎을 꿇어야 하나/한 발 재겨 디딜 곳조차 없다//이러매 생각해 볼밖에/겨울은 강철로 된 무지갠가 보다
>
> — 이육사, 「절정」

강도 왜적에게 나라를 뺏기고 국토를 유린당한 채 험난하고 궁핍한 반세기를 겨울과 어둠 속에서 보낼 때 시인 이육사는 분연히 편안함을 박차고 만주 벌판으로 거친 광야로 떠났습니다. 총 한 자루 말 한 필에 의지하면서 모진 겨울과 왜적에게 맞서 싸우다가 무려 열여섯 차례나

감옥에 투옥되고 마침내 해방 직전 북경 감옥에서 절망 속에서 순국한 고귀한 영혼인 것이지요.

이 시에서는 채찍과 북방, 고원, 칼날 등의 시어들이 이러한 극한상황을 잘 보여줍니다.

'하늘도 그만 지쳐 끝난 고원/서릿발 칼날진 그 위에 서다'라는 절규는 바로 그러한 견딜 수 없이 엄혹한 시대상황과 절망적인 정신의 위기를 첨예하게 상징한 것이지요.

아울러 '한 발 재겨 디딜 곳조차 없다'라는 구절 속에는 어쩔 수 없는 겨울로서 현실인식과 역사의식이 담겨 있습니다. 바로 여기에서 운명에 대한 처절한 자각과 비극적 황홀이 펼쳐지게 되는 것이지요.

'겨울은 강철로 된 무지갠가 보다'라는 구절이 바로 그것입니다. 여기에서 '겨울'은 고통스런 시대상황을 반영한 것이고 '강철'은 그에 맞서는 강렬한 저항정신, 투쟁정신을 의미하며 '무지개'는 그것들의 비극적인 극복과 초월을 예술의식으로 고양시킨 것입니다. 그러기에 비극적인 황홀이라 일컫는 것이지요.

새삼 겨울이 다가오고 추위가 매서워지니 그 먹을 것 입성 또한 보잘 것 없는 굶주림과 추위, 공포, 고문 속에서 생명을 찾고, 자존심을 회복하고, 나라를 찾고, 겨레를 모시기 위해 한평생 몸과 마음을 바치다가 장렬하게 순국하신 육사 이원록 선생의 고귀한 영혼이 뼈아프게 그리워지고 숭고하게 생각됩니다.

상처 받은 영혼을 위하여

한세상 산다는 것은 무수히 짓밟히고 흔들리면서 살아가는 것이지요. 그러노라면 수많은 아픔과 슬픔, 좌절과 시련이 찾아오기 마련이고, 그러면 고통으로 누군가를 미워하거나 홀로 몸부림치며 스스로 자학하게 되지요.

'세상에 친구는 하나도 많다' '나 하나도 많다'라고 되뇌이며 절망하면서 때로는 죽음까지도 생각해 보게 되는 경우도 있게 마련이지요.

뜻 아니게 직장을 잃고 방황하거나 모함으로 삭탈관직 유배를 가기도 하고, 때로는 깊은 병에 들어서 수시로 죽음의 그림자와 마주치며 하루하루를 연명하며 살아가기도 하지요. 그런 참혹한 경우가 아니라도 실연이나 실패, 또는 배신이나 황당한 횡액을 당하여 잠 못 이루는 밤도 많은 게 우리네 인생사가 아니겠습니까?

그럴 때면 제게 따뜻한 위안을 심어주고 마음에 평안과 희망을 불어넣는 시가 있습니다.

상한 갈대라도 하늘 아래선
한 계절 넉넉히 흔들리거니
뿌리 깊으면야
밑둥 잘라내도 새순은 돋거니
충분히 흔들리자 상한 영혼이여
충분히 흔들리며 고통에게로 가자

뿌리 없이 흔들리는 부평초잎이라도
물 고이면 꽃은 피거니
이 세상 어디서나 개울은 흐르고
이 세상 어디서나 등불은 켜지듯
가자 고통이여 살 맞대고 가자
외롭기로 작정하면 어딘들 못가랴
가기로 목숨걸면 지는 해가 문제랴

고통과 설움의 땅 훨훨 지나서
뿌리 깊은 벌판에 서자
두 팔로 막아도 바람은 불 듯
영원한 눈물이란 없느니라
영원한 비탄이란 없느니라
캄캄한 밤이라도 하늘 아래선
마주 잡을 손 하나 오고 있거니

– 고정희, 「상한 영혼을 위하여」

고정희 시인(1947~1991)이 누구시던가요? 지난 시절 올곧은 삶을 살며 외로이 좋은 시를 쓰고 군사독재에 항거하다가 어느 여름 지리산 뱀사골에서 급류에 휩쓸려 작고한 분 아니십니까? 그분이 이렇게 좋은 시를 썼군요. 그 자신이 얼마나 자주 흔들리면서 세상을 살아왔기에, 또한 얼마나 많은 고통과 슬픔을 겪고 이겨내며 시를 써 왔기에 이렇게 애절한 진혼의 시를 쓴단 말입니까?

그렇지요. 한 세상, 거친 세상 산다는 일은 무수히 흔들리면서 고통과 눈물을 겪고 이겨내는 일이라 하겠지요. 얼마나 큰 고통과 시련을 겪었기에 '뿌리 깊으면야/밑둥 잘리어도 새순은 돋거니/충분히 흔들리자 상한 영혼이여/충분히 흔들리며 고통에게로 가자'라며 스스로의 상처받은 영혼을 위무하고 채찍질 하겠습니까?

그러나 캄캄한 세상 비록 흔들리면서 살아간다 해도 목숨이 붙어 있는 한, 희망이 남아 있는 한 삶은 충분히 살만한 의미가 있는 것이고 생명은 언제나 존중돼야만 하는 것이지요.

그러기에 '뿌리 없이 흔들리는 부평초잎이라도 물 고이면 꽃은 피거니/이 세상 어디서나 개울물은 흐르고/이 세상 어디서나 등불은 켜지듯/가자 고통이여 살 맞대고 가자'라고 절규하게 되는 것이지요.

그런 절규와 인내의 끝에서 비로소 우리는 '외롭기로 작정하면 어딘들 못 가랴/가기로 목숨 걸면 지는 해가 문제랴'라는 운명에 대한 비상한 각오와 깨침을 획득하게 되는 절정의 순간을 맞이하게 되는 것이지요. 마치 이육사가 고통과 절망의 끝에 '어디에다 무릎을 꿇어야 하나

/한발 재겨 디딜 곳조차 없다//이러매 눈 감아 생각해 볼 밖에/겨울은 강철로 된 무지갠가 보다'라는 절정의 시, 운명의 시를 쓰게 되듯이 말입니다.

그렇습니다. 이렇게 끝없이 밀려오는 어둠, 어둠 뒤에 더 큰 어둠이 다가올지라도 고통과 절망을 그대로 받아들이면서 하나씩 묵묵히 이겨 나아가노라면 우리는 마침내 정신의 초극 또는 운명의 포월을 얻게 되고 스스로의 삶에 대한 의미와 가치를 부여하게 되는 것입니다. 니체의 '운명애amor fati' 또는 '초인ubermensch'처럼 말입니다.

아아, 그러고 보니 '영원한 눈물이란 없느니라/ 영원한 비탄이란 없느니라/캄캄한 밤이라도 하늘 아래선/마주잡을 손 하나 오고 있거니'와 같이 저기 어둠 속에 먼동을 이고 희뿌연히 걸어오는 사랑하는 한 사람, 쓰다 남은 희망의 어린 분이 보이지 않습니까?

시단의 샛별을 아시나요

흔히 요즘 젊은 시인들의 시가 난해하고 정서가 메말라서 잘 이해가 안 가고 정이 가지 않는다는 말을 하곤 합니다.

그렇습니다. 한 세대는 그 세대에 맞는 감수성의 내용과 방법론, 가치관을 갖는 것이기에 기존의 관점에서 보면 요즘 많은 젊은 시인들의 시가 낯설고 당황스럽기까지 한 것이 사실일 겁니다.

그런 가운데 신진 김지윤 시인은 낯설음의 신산함 가운데서도 전통 서정시의 맥을 창조적·개성적으로 계승하고 있어서 주목을 환기합니다.

시장 보고 돌아오는 길/느릿느릿 버스는 아다지오로 더딘 걸음이다/퇴근 길 콩나물 버스 속 부비고 선 사람들 닮은꼴로/시계추처럼 흔들리는 장바구니 속 저녁 찬거리들/더듬어 쥔 손잡이엔 낯선 온기가 내 손을 맞잡는다/누군가 중심을 가누려 애써 잡고 또 잡았으리라/삶은 그저 장바구니 속 달걀 한 판일지도 모를 일/버스가 급정거할 때면 쉽게 깨질 달걀 걱정이 앞선다./내 달걀 생각만 하다 남의 바구니는 돌보지 못하고/창 밖 풍경에도 옆 사람에도 눈 귀 닫고서 장바구니만 부여잡는다/내 살아온 날도 셈하면 이제 달걀 한 판 꽉 찰 나이인데/어쩌면 이미 한두 알 깨어졌을지도 모르는 달걀 한 판/서른 알 중에 고작 몇 알 깨질 생각에 가슴 싸하다/버스는 짓궂은 아이처럼 덜컹덜컹, 내릴 곳은 아득히 먼 듯한데/장바구니 속에선 두부 미나리 브로콜리 감자들이 제 몸으로/달걀 한 판을 감싸 안아 힘껏 버티고 있고/나는 뒤에 올 누군가를 위해 손잡이에 따스한 내력을 남긴다

— 김지윤 「계란 한 판」

김지윤 시인은 2006년 〈문학사상〉으로 등단하여 이번에 첫 시집 『수인반점 왕선생』을 펴낸 신예이지요. 그런데도 그의 시는 요즘 시들이 보여주는 생경함이나 잡다함이 없습니다.

충분히 발효되어 읽는 기쁨을 불러일으키면서도 신선한 낯익음이 새삼 돋보이는 풍경을 보여주는 겁니다.

흔히 현대를 불연속성의 시대, 불확정성의 시대라고 부르지요.

그만큼 자아와 세계, 사람과 사람들 사이가 단절됨으로써 서로가 서로를 소외시키는 비정한 시대이고, 온갖 폭력과 모순·부조리가 불안과 방황을 부채질하는 그러한 인간상실의 시대라는 뜻이 될 겁니다.

그래서 이 시는 흔들리는 버스 안 시장바구니 속에 달걀 한 판을 사들고 돌아오는 한 여성의 불안심리와 단절감을 바탕으로 하면서 오늘

날 실존의 위기와 인간소외를 극복해 나아가고자 하는 따스한 숨결을 보여주고 있어서 은은한 감동을 불러일으켜 주는 것입니다.

이른바 자본의 억압과 조직 집단의 위세에 짓눌리고 온갖 범죄와 속도에 치이면서 우리는 살아가고 있지요. 서로가 불신 속에서 단절과 소외를 겪으며 살아가는 가운데 '더듬어 쥔 손잡이엔 낯선 온기가 내 손을 맞잡는다//나는 뒤에 올 누군가를 위해 손잡이에 따스한 내력을 남긴다'와 같이 소통과 화해를 통해 인정과 생명력을 회복하고 싶다는 간절한 염원을 담고 있어서 잔잔한 감동을 환기해 주는 것입니다.

오늘날 온갖 폭력과 낯설음, 요설과 치장으로 요란한 꾸밈의 시, 난해시의 홍수 속에서 김지윤의 시편들은 인간성 부활과 생명력 회복을 꿈꾸고 갈망한다는 점에서 이 시대 젊은 시가 나아가야 할 한 바람직한 지평을 보여주고 있는 것으로 판단된다는 말씀입니다.

Ⅴ. 서정시는 현대시의 본도·정도·대도

시詩가 필요한 사회

지난 1995년 연말 서울 비원 근처에 있는 조그만 소극장인 북촌창우극장에서 아주 작지만 뜻있는 행사가 펼쳐졌다. 이름하여 김소월 시집 『진달래꽃』 출간 70주년 기념 〈소월시의 밤〉이 그것이다. 시를 사랑하는 사람들의 모임인 〈시와 시학회〉 주최로 시를 낭송하고 그것을 연극으로 입체시 등으로 표현하는 가운데 2백여 관객들은 오랜만에 삭막한 공룡도시의 한복판에서 시의 향기에 젖어들 수 있었다. 특히 '산에는 꽃피네/꽃이 피네/갈 봄 여름 없이 꽃이 피네'라는 시 「산유화」나 '낙엽이 우수수 떨어질 때/겨울의 기나긴 밤/어머님하고 둘이 앉아/옛이야기 들어라/나는 어쩌면 생겨나와/이 이야기 듣는가?/묻지도 말아라/내일 날에/내가 부모되어서 알아보리라'라고 하는 시 「부모」를 시인과 관객들이 함께 노래로 부를 때는 깊은 나라사랑, 겨레사랑, 인간사랑, 자연사랑의 공감이 물결 쳐서 장내를 숙연하게까지 만들었다.

그렇다! 우리는 너무도 오랫동안 세사에 찌들고 현실문제에만 사로

잡혀 머리 위에 별이 빛나고 산야에 꽃이 피며 우리 가슴에 시가 살아 있는 줄을 너무도 모르고 무시한 채로 살아온 것이 분명하다. 온갖 탐욕과 허세, 분노와 어리석음, 위선과 시기의 감옥에 갇혀서 내 마음의 올바른 도덕률과 양심, 그리고 진실의 빛나는 별빛을 잊고 그저 그렇게 살아가고 있는 것이다.

과연 오늘의 현실은 어떠한가?

자식이 유산을 노려 인륜에 어그러진 행위를 하고…. 그것도 미국 유학까지 하고 돌아온 지식인이…. 한강 다리가 무너져 내리고 지하철 공사장이 폭발하고…. 어쩌다가 이러한 지경이 되고 말았는가. 과연 누구의 탓이라고 돌릴 수 있을 것인가?

생각해 보면 우리 사회에서 생각하기 어려운 충격적인 사건이 일어나기 시작한 것이 어제 오늘 일이던가. 그렇다! 참 오랜 분단의 세월 속에서 저질러져 온 물질 만능 사상은 그로 인한 인간 경시의 폭력성으로 인해 세상에서 가장 고귀한 가치로서 인간의 존엄성과 생명의 소중함을 별것 아닌 것으로 전락시키는데 은연중 작용해 온 것이 사실이다. 우리는 인류사에서 사람과 그 생명이 목적가치가 아닌 수단가치로 전락하는 것을 어디 한두 번 보았는가?

그렇다고 이제 누구를 탓하고 원망할 겨를이 있겠는가. 이에 밤하늘에 무수히 떠 있는 별빛을 바라보고 있노라니 스물아홉 순결한 나이로 적국에서 순국한 청년 시인 윤동주의 맑은 영혼이 떠오른다. 별 하나에 어머니를 그리워하며 죽는 날까지 한 점 부끄럼 없기를 기도하던 그 맑고 슬픈 영혼의 모습이 부딪쳐 온다. 또 조국 광복을 위해 북만주 벌판을 말달리던 이육사 시인의 강철의지도 떠오른다.

그렇다! 어느새 우리 주변에는 별 하나, 풀잎 하나를 소중하게 생각하고 사랑하며 부끄러워할 줄 아는 마음으로서 진정한 생명사랑·인간사랑·평화사랑의 마음이 사라져가고 있는 것이다.

풀잎 하나가 우주를 떠받치고 이슬 방울 하나에서 영원을 발견하며 어머니와 아가를 사랑하고 고향을 아끼는 마음이 사라져 가고 있는 것이다.

이제 때가 왔다. 저 휴전선 어느 산야에서 밤 새워 별빛을 바라보며 조국을 지키는 병사들의 외로운 눈망울에 믿음과 소망과 사랑의 마음 그것이 바로 생명사랑·인간사랑·겨레사랑·조국사랑의 따뜻하고 강철 같은 마음이기 때문이다.

시의 길, 시인의 길

–창조적으로 세계를 봄으로써 자유인이 되는 길

입춘, 설 지나고 우수절 접어드니 바람이 싱그럽고 향그러워진다. 봄. 새봄이다. 새삼 '얼음 금가고 바람 새로 따르거니/흰 옷고름 절로 향기롭어라//옹숭거리고 살어난 양이/하마 꿈 같기에 설워라'라는 정지용의 시 「춘설春雪」이 생각나는 계절이다.

해마다 새봄이 되면 시단에는 새 식구들이 얼굴을 선보이기 시작한다. 신춘문예와 각종 문예지가 신인들을 배출하기 시작하는 것이다. 이제 막 새 얼굴을 내미는 신인들에게 축하와 격려의 박수를 보낸다. 문학에 대한 새로운 기대와 소망으로 가슴 설렐 신인들의 그 처음 마음이 오래 지속되길 바라는 마음이다. 그야말로 피를 잉크 삼아서Blood in ink! 쓰는 그런 진정성, 성실성, 진실성, 치열성, 일관성을 오래 간직하기를 소망한다는 뜻이다.

그렇지만 신인들은 분명히 인식해야만 하리라. 시의 길이 무엇이고 시인의 길이 어떠한 것인가를 말이다.

시의 길. 그것은 영광의 길도 아니고 더구나 권력의 길, 돈벌이의 길은 전혀 아니다. 그것은 그러한 현실법칙을 추구하거나 그에 얽매이는 것이 아니라 삶의 본질을 탐구하고 상처 받은 이웃들을 사랑하면서 참된 자아를 찾아 떠나는 고독한 순례의 길일 뿐이다. 시의 풀잎 하나로 생명·사랑·자유를 옹호하고 추구하는 진실법칙이 그 도덕률이고 가치 덕목인 것이다. 그러니 시의 길이 어찌 화려하고 명예롭기만 한 길인가? 그것은 오히려 상처와 절망을 끌어안는 길이며 고독과 허무로의 여로일 수밖에 없다.

따라서 시인의 길이란 고독의 자격증을 받는 일이고 허무의 면허증을 따는 일이라고 할 수 있다. 상처 있는 과일이 더 향그럽다고 하지 않던가. 고독과 허무, 좌절과 절망 속에서 피워내는 한 송이 시의 꽃, 그 시의 꽃이 뱉어내는 생명의 향기, 목숨의 숨결이 바로 진정한 시인 것이다. 그러니 시인의 길이 어찌 영예의 길일 수 있겠는가? 시인이란 결국 불운한 운명의 표정성, 상처받은 인간의 내면 풍경을 전광석화처럼 읽어내서 희망의 언어로 표현해내는 절망의 도형수라고 불러 볼 수 있으리라.

그러기에 시인은 먼저 진정한 자아 발견을 향한 노력을 지속해야만 한다. '나'를 올바로, 깊이 있게 알기 위한 치열한 노력 속에서 시가 처음 눈을 뜨는 것이기 때문이다. 아울러 자기 극복을 위한 꾸준한 노력을 벌여 나아가야만 한다. 부단히 엄습해 오는 고독과 허무를 이겨내야 하고, 온갖 운명 모순과 부조리를 슬기롭게 헤쳐 나아가야만 하는 것이다. 결국 자기의 천적은 자기 자신이 아니겠는가 하는 말이다. 또한 시인의 길이란 자기를 이끌어 올리는 일, 자기 고양의 길이라 하겠다. 더 높은 곳을 향하여, 더 깊은 정신을 향하여 나아가는 고독한 프로메테우스의 모습 그 자체라는 뜻이다. 그리하여 시인은 궁극적인 면에서 자기 구원, 즉 정신의 구원을 지향한다. 순간을 살면서 영원성을 지향해 가는 가운데 현상과 본질을 꿰뚫어내면서 사물과 세계를 새롭게 보아야만 한다. 창조적으로 세상을 보고 들어 주체적·인상적으로 표현해내는 창조자이자 발견자Voyant가 돼야만 한다는 뜻이다. 시인이 된다는 것, 그것은 이렇게 창조적·주체적으로 세계를 바라봄으로써 자유인이 되는 길이며, 주인이 돼서 세상을 살아가는 길을 찾아 떠나는 고달픈 구도자의 길인 것이다. 그러기에 그것은 이웃과 민족, 인류애를 향해 열린 길이고 사회·역사로 열려진 길일 수밖에 없다. 현실에서 영원을 읽어내고 영원 속에서 현실을 찾는 길이다.

무엇보다도 시인의 길은 민족어의 완성을 위해 전력해 가는 길이라고 하겠다. 시와 언어는 변증법적 관계에 놓여진다. 시의 현실은 언어 그 자체일 수 있기 때문이다. 언어와의 격투를 통해서 민족적 삶의 혼결, 살결, 멋결, 맛결, 숨결을 찾아냄으로써 민족정서를 순화하고 민족혼을 고양해 가야만 하는 것이다. 시인에게 언어는 단순한 매체가 아니다. 그것은 뛰어넘어야 할 냉철한 현실이며 또 다른 운명에 해당하기 때문이다.

그렇다! 시인은 운명과 싸우는 사람이고 현실을 이겨내는 사람이면서 언어와 격투를 벌여가야 하는 불행한 사람이다. 그러기에 그것은 해볼 만한 일이 아닐 수 없다. 슬픔 속에서 힘을 발견하는 사람이고 어둠 속에서 빛을 찾아 나서는 예언자적 지성이며 실천적 지성의 상징이다. 시대정신의 안테나이며 동시에 영원정신의 예언자인 것이다. 극복해야 할 운명, 이겨내야만 할 적이 있는 사람의 삶은 힘든 것이지만 그만큼 살아 볼 가치가 있고 보람이 있는 것이 아니겠는가. 그러기에 고통 속에서 환희를 찾아내고, 절망 속에서 희망을 싹틔워 나아감으로써 삶의 의미와 가치를 온몸으로 실현해 나아갈 수 있게 된다.

그러니 어찌해야 하겠는가? 옛말에 자기 살을 펴서 종이를 삼고 뼈를 추려 붓을 쓰면서 피를 먹으로 찍어 시를 쓰라고 했다 하지 않는가? 그만큼 시 쓰는 일에 최선을 다하라는 뜻이리라.

그렇지만 한 가지 더 있다. 예술가는, 시인은 언제나 시 앞에서는 신인이고 신인이어야만 한다는 점이다. 맹수도 늙어 죽을 때까지 토끼 한 마리를 잡기 위해서는 젖 먹던 힘까지 다한다고 하지 않는가. 시 앞에서 겸허해야 하고 끝없이 정직해야 하며 진실하고 치열해야 한다는 뜻이 되겠다. 경륜이 쌓여갈수록 신인 데뷔 때의 그 첫마음, 설렘과 지순한 열정으로 시에 최선을 다할 때 비로소 시의 운명의 문이 뜨겁게 열릴 수 있다는 것을 시인들은 엄숙하게 되새겨 보아야만 하리라.

예술적 상상력과 디지털 사고

– 시적 사고와 문화적 마인드를 위하여

1. 현대·문명·문화·문학

오늘날 우리가 발붙이고 살고 있는 삶의 현장으로서 현대의 특질은 과연 무엇이며 어떠한가? 수렵생활과 뒤이은 농경사회로부터 시작된 인류사는 어느새 산업화 사회를 거쳐 정보화 사회로 줄달음쳐 가고 있다. 그만큼 급속히, 또한 눈부시게 인류의 문명은 진보하여 인간의 생활을 편하게 하지만 한편으로 그만큼 불안하고 왜소하게 만들고 있는 것이다. 그래서 현대를 불연속성의 시대, 불확정성의 시대라고 하는 것이 아니겠는가?

불연속성의 시대란 무엇인가? 한마디로 그것은 물질문명의 과도한 발달과 산업화의 촉진, 대도시화의 추세로 인하여 자아와 세계, 인간과 자연이 연속되지 못하고 끊어져 버린 모습을 말한다.

사람과 사람 사이에 섬이 있다

그 섬에 가고 싶다

— 정현종, 「섬」

이 시에서처럼 현대인은 섬처럼 서로 단절되어 홀로 떠 가는 것이기에 누구나 고독감과 소외감을 겪을 수밖에 없는 것이다. 자아에 비해서 외부의 세계, 정신에 비해서 물질세계가 지나치게 거대화되어 자아는 세계에, 정신은 물질에 종속되고 짓눌려 버림으로써 단절과 소외를 겪을 수밖에 없다는 뜻이다. 그러기에 자아와 세계, 정신과 물질 사이의 등가화equalization 또는 자아의 주체화identification를 획득하는 일이야말로 오늘의 삶에 있어서 가장 긴절한 명제가 아닐 수 없다.

또한 불확정성의 시대란 무엇인가? 그것은 물질문명, 과학기술의 발달은 물론 거대 상업자본의 팽배화로 인해 오히려 인간의 미래가 더욱 불안정하고 예측하기 어려운 것이라는 위기의 인식을 말한다. 물질문명이란 인간이 편리하게 살기 위해 고안하고 발달시켜 온 것이지만, 동시에 그 과도한 발달은 인간에게 있어 정신문화의 위축과 불안감을 고조시켜 온 것이 사실이다. 물질문명과 산업의 거대화로 인해 빈발하는 각종 대형 재해와 사건·사고가 바로 그러한 불확정성 시대의 인간상실 현상을 반영하는 것이 아니고 무엇이겠는가.

물질가치를 추구하는 문명의 속성이 정신가치를 추구하는 문화현상을 함께 섭수해 들이고 발전시켜 오지 못한 필연적인 귀결이라 하겠다.

따라서 오늘날 문화가 그러한 것처럼 그 문화의 핵이자 정수라 할 수 있는 문학이 하나의 위기의 시대에 처해 있다는 것은 자명한 이치가 아닐 수 없다. 인간의 위의를 지키고 인간정신의 승리를 진지하고 깊이 있게 탐구하는 형식으로서 문학은 자본주의의 격랑에 밀려 좌초할 위기에 처해 있는 것이다. 값싼 대중문화와 상업자본의 폭력 아래 진정한 문학, 순수한 인간탐구의 문학은 점점 뒷전으로 물러나고 위축돼 갈 수밖에 없는 것이 오늘의 현실이다.

문학의 위기란 바로 인간의 위기이며, 인간정신의 위기가 아닐 수 없다. 이 점에서 오늘날 문학다운 문학, 참문학 정신의 회복과 확립이야말로 현대가 처한 불연속성과 불확정성에 맞서 인간성을 수호하고 인간의 정신가치를 고양시킬 수 있는 소중한 관건이 아닐 수 없겠다.

2. 자아발견과 자아실현 또는 자기구원에의 길

무엇보다도 필자는 오늘의 우리 문학에 있어 가장 소중한 것은 참된 시정신의 회복과 확립이 긴절한 것으로 받아들여진다는 점을 강조하고자 한다. 참된 시란 무엇이고, 참 시인의 길이란 또 무엇인가?

오늘날에 있어 시의 회복이란 말 그대로 인간성의 회복을 의미한다고 하겠다. 그렇다면 왜 우리는 시를 쓰고 읽고 또 학교에선 가르치고 연구하기까지 하는가?

첫째로 그것은 시를 통해서 참된 자아를 발견하고, 현실에 있어 정신의 위기를 극복하고, 나아가서 자기를 온전하게 실천하며, 궁극적으로 자기를 구원하는 길로 나아가고자 하기 때문이 아니겠는가?

> 산모퉁이를 돌아 논가 외딴 우물을 홀로 찾아가선 가만히 들여다봅니다//우물 속에는 달이 밝고 구름이 흐르고 하늘이 펼치고 파아란 바람이 불고 가을이 있읍니다//그리고 한 사나이가 있읍니다/어쩐지 그 사나이가 미워져 돌아갑니다//돌아가다 생각하니 그 사나이가 가엾어집니다. 도로가 들여다보니 사나이는 그대로 있읍니다//다시 그 사나이가 미워져 돌아갑니다/돌아가다 생각하니 그 사나이가 그리워집니다//우물 속에는 달이 밝고 구름이 흐르고 하늘이 펼치고 파아란 바람이 불고 가을이 있고 추억처럼 사나이가 있습니다
>
> — 윤동주, 「자화상」

시를 쓰는 가장 원초적인 동기는 바로 자아발견의 노력에서 비롯된다. 나는 과연 무엇이며, 내가 할 수 있는 일은 무엇이고, 또한 해서는 안 될 일은 무엇이며 해야 하는 일은 과연 무엇인가를 분명히 아는 일이 중요하다. 또 나의 장점은 무엇이고 단점은 무엇인가와 같은 문제는 물론 어떻게 참 나를 발견하고 완성해 가야 할 것인가 하는 명제들과 연관된다.

인용시에 있어서도 나를 발견하는 일은 '들여다봄—미워서 돌아감—가엾어짐—다시 돌아가 들여다봄—다시 미워짐—그리워짐'이라는, 다시 말해서 윤동주는 이 시를 통해 자아란 이미 완성돼 있는 그 어떤 것이 아니라 살아가면서 차츰 발견됨으로써 마침내 형성되고 확립되는

것이라는 소중한 깨달음을 얻고 있다. 이러한 자아발견을 위한 노력이 윤동주가 이 시를 쓰게 된 동기가 된 것이고, 또 우리들이 이 시를 읽고 내 삶을 비추어보고 배울 수 있는 이유가 된다고 하겠다.

두 번째로 시를 쓰고 읽는 일은 자기를 이기는 과정, 즉 자기 극복의 과정을 보여 주는 일이다.

> 사랑도 사람의 일이라 만날 때에 미리 떠날 것을 염려하고 경계하지 아니한 것은 아니지만 이별은 뜻밖의 일이 되고 놀란 가슴은 새로운 슬픔에 터집니다/그러나 이별을 쓸데없는 눈물의 원천을 만들고 마는 것을 스스로 사랑을 깨치는 것인 줄 아는 까닭에 걷잡을 수 없는 슬픔의 힘을 옮겨서 새 희망의 정수박이에 들이부었읍니다
>
> ― 한용운, 「님의 침묵」 부분

삶이란 무엇인가? 끊임없이 부족한 자신을 스스로 이해하고 용서하며, 납득시키고 온갖 난관을 극복해 가는 과정 그 자체가 아니겠는가? 한용운의 이 인용시는 바로 시가 이러한 자기극복의 과정을 탐구하는 것임을 선명하게 보여 준다. 즉 시는 좌절에서 위안을, 슬픔에서 기쁨과 힘을, 절망에서 희망을 발견하고 그것을 향해 나아가려는 자기 극복의 동기에서 쓰여진다는 사실을 확인시켜 준다. 자신이 처한 정신의 어려움은 물론 온갖 삶의 위기를 이겨내고 좀더 인간적인 삶의 가치를 찾고자 노력하는 데서 시의 시작이 이루어지는 것이라는 뜻이다. 또 우리는 이러한 시인들의 참담한 자기극복의 노력과 인내를 읽고 배움

으로써 자신이 처한 절망과 고통을 이겨내고 희망과 용기를 얻을 수 있는 까닭이다.

셋째로 시는 자기의 존재를 증명하고 자기를 실천하는 길, 자아실현의 길로서의 의미를 지닌다고 하겠다.

> 매운 계절의 채쭉에 갈겨/ 마츰내 북방으로 휩쓸려오다//하늘도 그만 지쳐 끝난 고원/서리빨 칼날진 그 우에 서다//어데다 무릎을 꿇어야 하나 /한발 재겨 디딜 곳조차 없다//이러매 눈감아 생각해 볼밖에/겨울은 강철로 된 무지갠가 보다
>
> – 이육사, 「절정」

우리는 왜 사는가? 어디에서 와서, 어디를 거쳐, 어디로 가고 있는가? 누구도 이에 선명한 해답을 던져 주기는 어렵다. 그러기에 이러한 문제를 해결하기 위해, 신학이 있고 철학이 있으며, 사학과 문학이 존재하는 것이 아니겠는가? 그러나 문학을 공부하는 입장에서 한 가지 분명한 것이 있다. 그것은 바로 우리가 사는 것은 우리 자신을 실현하기 위해서라는 점이다. 이육사는 이 시를 왜 썼겠는가? 열여섯 차례나 피검되고 중국과 만주를 오가는 피어린 고통의 연속 사이에서 과연 무엇 때문에 이 시를 썼겠는가? 해답은 한 가지다. 그가 시를 쓴 까닭은 자신에 대한 존재 확인이자 존재증명이고 자아실현인 까닭이다. 까뮈가 말했던가? 쓴다는 것 그것은 부조리한 삶에 있어서 존재증명을 위한 안간힘이자 몸부림이라고….

그렇다! 믿고 의지할 것 없는 백척간두의 현실에서 육사에게 시는 유일하게 자신이 살아 있음을 증거하고 확인할 수 있는 존재증명의 방법이자 자아실현의 방법일 수밖에 없음이 자명하다. 그러한 자아실현의 방법이 치열했고, 존재증명의 안간힘이 처절했기에 이 시는 오늘에도 싱싱하게 살아남아 우리에게 삶의 의미를 생생하게 깨닫게 해 주고 있는 것이다.

네 번째로 시는 궁극적인 면에서 자기구원의 길을 의미한다.

삶의 근원적 목표는 무엇인가? 한 마디로 그것을 정신의 구원이라고 말해 볼 수는 없을까? 한계지어진 인간 영혼이 종교를 통해 정신의 구원을 얻고자 하듯이 가난한 영혼은 운명의 형식으로서 시를 통해 정신의 구원을 갈망한다는 뜻이다.

3. 사회적 실천과 민족어 완성의 길

그렇지만 시는 여기에 머물지 않는다.

연탄재 함부로 발로 차지 마라/너는/누구에게 한 번이라도 뜨거운 사람이었느냐

— 안도현, 「너에게 묻는다」

원천적으로 삶은 '나'에게서 시작되어 무수한 '너'를 거쳐 다시 '나'로 회귀하는 자기도모 또는 근원회귀의 속성을 지닌다. 자아발견과 존재증명에서 시작되어 자기극복, 자아실현, 자기구원으로 마무리되는 속

성을 지닌다는 뜻이다. 그렇지만 시는 공적인 면에서는 더불어 사는 삶, 함께 살아가는 사회적 삶, 역사적 삶을 반영하지 않을 수 없다.

「님」만 님이 아니라 기룬 것은 다 님이다 중생衆生이 석가釋迦의 님이라면 철학哲學은 칸트의 님이다 장미화薔薇花의 님이 봄비라면 마시니의 님은 이태리伊太利다 님은 내가 사랑할 뿐아니라 나를 사랑하나니라/연애戀愛가 자유自由라면 님도 자유일 것이다 그러나 너희는 이름 좋은 자유에 알뜰한 구속拘束을 받지 않느냐 너에게도 님이 있느냐 있다면 님이 아니라 너의 그림자니라/나는 해 저문 벌판에서 돌아가는 길을 잃고 헤매는 어린 양羊이 기루어서 이 시를 쓴다

— 한용운, 「군말」

한용운의 '님'이 개인적인 의미에서 '연인/부모/형제/친구'일 수 있지만, 공적인 차원에서는 '조국/민족/민중'일 수도 있다는 구조적 원리이며 성층적stratified 이치이다. 이 시가 쓰여진 사회·역사적 환경이 일제강점기이고 시인자신이 독립투사라는 점에서 그러한 해석은 논리적 설득력을 확보할 수 있기 때문이다. 이 점에서 시는 개인구원의 길이지만 넓게는 사회, 역사를 향해 열린 총체적인 인간구원의 길이기도 한 것이다. 민족이 위기에 처하거나 사회·역사적인 시련에 봉착했을 경우에 시는 불의와 부정에 대한 싸움이고 반역일 수 있음을 물론이다.

황톳길에 선연한/핏자욱 핏자욱 따라/나는 간다 애비야/네가 죽었고/

지금은 검은 해만 타는 곳/두 손엔 철삿줄/뜨거운 해가/땀과 눈물과 모밀밭을 태우는/총부리 칼날 아래 더위 속으로/나는 간다 애비야/네가 죽은 곳

– 김지하, 「황톳길」 부분

그렇다! 시는 때로 잘못된 역사와 독재권력은 물론이거니와 부정부패, 권위주의에 대한 저항이고 투쟁이다. 또한 그것은 그리고 '시드는 힘과 새로 피어오르는 모든 힘의/기인 싸움을 알리는 쇠나팔 소리'(김지하, 「들녘」 부분)와 같이 혁명이고 반역이기도 한 것이다.

아울러 시는 그러한 인간정신의 높은 움직임을 형상화하는 것이다. 그러기에 숙명적인 면에서 언어와의 싸움을 전제로 한다. 즉 문학, 특히 시는 언어와 변증법적 관계에 놓인다.

눈물 아롱아롱/피리 불고 가신 님의 밟으신 길은/진달래 꽃비 오는 서역西域 삼만리三萬里/흰 옷깃 여며 여며 가옵신 님의/다시 오진 못하는 파촉巴蜀 삼만리三萬里//신이나 삼아줄 걸 슬픈 사연의/올올이 아로새긴 육날 메투리/은장도 푸른 날로 이냥 베혀서/부질없는 이 머리털 엮어 드릴 걸//초롱에 불빛, 지친 밤하늘/굽이굽이 은하ㅅ물 목이 젖은 새/차마 아니 솟는 가락 눈이 감겨서/제 피에 취한 새가 귀촉도 운다/그대 하늘 끝 호올로 가신 님아

– 서정주, 「귀촉도」

한과 허무로서 사랑과 인생의 비극적인 모습을 이처럼 아름답고 슬픈 한국어로 표현해낸다는 일이 말대로, 그리, 쉽게, 가능한 일이겠는

가? 고유어와 방언 및 토속어, 그리고 개인적인 조어ideolect를 활용함으로써 그야말로 한국어의 비극적 황홀의 한 경지를 열어 보여준다고 하겠다. 결국 시는 궁극적인 면에서는 민족어 완성을 향한 길이라고 할 수 있다. 민족어란 무엇인가, 그것은 민족의 정서와 혼의 형식을 탐구하고 완성해 나아가는 것을 궁극적인 이상으로 한다. 일찍이 하이데거M.Heidegger가 말했듯이 시는 역사적인 차원에서 민족어 완성을 향한 길이라고 할 수 있다.

이렇게 본다면 시는 개인의 삶에서 시작되어 사회·역사적 삶의 지평으로 열려 가는 길이며 동시에 민족어의 완성을 위한 순례의 길, 구도의 역정이라고 할 수 있다. 이점에서 시대현실과는 끊임없이 길항하면서 언제나 영원정신을 지향해야 하는 것이고 개성을 탐구하면서도 보편적인 생명사랑, 인간사랑, 자유사랑의 길로 열려 있을 수밖에 없는 것이다.

4. 시인의 길, 인간의 길, 생명의 길

오늘날의 사회현실은 과연 어떠한가? 바야흐로 현대시 100년 일제강점의 질곡도 무너지고, 분단 이래의 고질적인 군사통치의 폭력과 권위주의도 점차 사라져 가는 이즈음 오히려 환경파괴와 오염은 날로 심각해가고 각종 사회병리 현상도 가중돼 가고 있다. 다리가 무너지고, 건물이 폭삭 주저앉아 수많은 생명을 앗아가는가 하면, 자식이 유산을 노려 부모를 살해하고…. 헤아릴 수 없는 반인간적 대형사고는 물론 반인류적 사건·사고들이 줄지어 일어나고 있다. 참으로 아찔한 일이 아닐 수 없다. 나, 너, 또한 우리 모두 그러한 폭력과 재앙으로부터 예외일 수 없기 때문이다.

그렇다! 그러기에 바로 우리들 지친 마음에 참된 시심詩心을 일러주는 일이 그 어느 때보다도 간절한 일이 아닐 수 없다.

> 죽는 날까지 하늘을 우러러/한 점 부끄럼이 없기를/잎새에 이는 바람에도/나는 괴로워했다/별을 노래하는 마음으로/모든 죽어가는 것을 사랑해야지/그리고 나한테 주어진 길을/걸어가야겠다//오늘 밤에도 별이 바람에 스치운다
>
> – 윤동주, 「서시」

참된 인간의 길이란 무엇인가? 한마디로 그것은 시심을 간직하는 길, 진짜 시인의 길을 걸어가려는 데서 그 바람직한 모습을 찾아볼 수 있다. 인용시에서 시인이란 무슨 의미를 지니는가?

첫째 그것은 부끄러움을 아는 사람이다. '죽는 날까지 하늘을 우러러/한 점 부끄럼이 없기를' 기도하며 사는 속죄와 참회의 자세가 그것이다. 그런 시가 있지 않던가?

> 못을 뽑습니다/휘어진 못을 뽑는 것은/여간 어렵지 않습니다/못이 뽑혀져 나온 자리는/여간 흉하지 않습니다/오늘도 성당에서/아내와 함께

고백성사를 하였습니다/못자국이 유난히 많은 남편의 가슴을/아내는 못 본 체 하였습니다/나는 더욱 부끄러웠습니다/아직도 뽑아내지 않은 못 하나가/정말 어쩔 수 없이 숨겨둔 못대가리 하나가/쏘옥 고개를 내밀었기 때문입니다

— 김종철, 「고백성사」

와 같이 속죄하는 마음, 참회하는 마음이야말로 시의 근본이고 인간에게 영성靈性을 회복시켜 주는 근원적 힘이 되는 것이기 때문이다. 인간이 짐승과 다른 것은 바로 이 부끄러움을 알고 정죄하면서 그렇게 되지 않으려 노력하는데서 인간의 인간다움, 인간의 위의가 지켜지는 것이 아니겠는가 말이다.

둘째로 그것은 진정으로 괴로움을 아는 마음이다. '잎새에 이는 바람에도/나는 괴로워했다'라는 구절이 그것이다. 괴로움이 없는 인간, 괴로움을 모르는 인간이란 그야말로 인간성이 마비된 인간이 아닐 수 없다. 기계인간, 무쇠인간이 아닌 이상 물질, 영혼과 육체 사이에 끊임없는 갈등이 존재하며 그 속에서 인간다운 삶을 향한 번뇌가 따를 수밖에 없다는 뜻이다. 부끄러움, 괴로움을 통해 인간은 죄의 길로부터 속죄의 길, 정죄의 길로 나아가게 됨으로써 마침내 인간구원을 얻을 수 있게 된다는 뜻이다.

셋째로 시인의 길은 '별을 노래하는 마음'을 간직하는 일이다. 그것은 별이 상징하듯이 진·선·미眞善美를 향한 동경의 마음이자 갈망의 표

현이 아닐 수 없다. 끊임없이 진실의 길, 착함의 길, 아름다움의 길을 찾아가고자 하는 갈망의 삶, 형성의 삶을 지향한다는 뜻이다. 별을 노래하는 마음, 그것이야말로 바로 '아가'를 사랑하는 마음이며 '어머니'를 그리워하는 마음이고, 하늘의 별과, 땅의 꽃, 그리고 고향과 조국, 겨레를 소중히 하는 마음이 아니고 그 무엇이겠는가?

넷째로 그것은 자기 운명을 사랑하는 길이라고 하겠다. '별을 노래하는 마음으로/모든 죽어가는 것을 사랑해야지/그리고 나한테 주어진 길을 걸어가야겠다'라는 이 시의 핵심 구절이 그것이다. 삶의 처음도 나에서 비롯되고 그 끝도 바로 나로 귀결되는 것이 아니겠는가? 그럴 때 우리가 할 수 있는 것이 바로 어떠한 삶의 자세이겠는가? 한마디로 그것은 스스로의 운명을 뜨겁게 끌어안고 참되게 사랑하는 길, 즉 운명애amor fati의 길이 아닐 수 없다. 나의 운명을 긍정하고 사랑하는 길, 그것은 바로 인간이 할 수 있는 최선의 노력이자 최대의 행복일 것이다. 그러기에 나의 운명을 사랑해야 하듯이 너의 운명, 나아가서 그와 저로서 민족과 인류의 생명, 모든 목숨 있는 것들의 생명을 긍정하고 긍휼히 여겨 사랑하지 않으면 안 된다는 말이다.

> 종일 헤매어/지친 에버러지/떨어져 시든 꽃잎 위에 엎드리니/내일 떨어질 꽃잎 하나가/보다 못해/미리 떨어져 이불 덮어주는/저녁답
>
> — 유안진, 「자비로움」

운명애는 바로 인간애의 길이며, 생명사랑의 길이기 때문이다. 그런 마음을 가질 때 과연 이 땅에 함부로 남을 해친다든지 나아가서 함부로 죽이는 일이 있을 수 있겠는가?

한마디로 오늘날 인간선의 위기는 바로 문학의 위기이자 시의 위기를 단적으로 말해 주는 것이다.

그렇다! 바로 이 점에서 오늘날 21세기의 화두는 단연 '생명'이다. 21세기는 시를 통해서 생명존중과 생명탐구, 그리고 생명사랑의 길로 나아가지 않으면 안 된다는 뜻이다. 지금은 참문학의 회복과 진정한 시정신의 확립을 통해 문명의 위기, 인간상실의 비극을 극복해 나아가야만 할 운명의 시간, 결정의 순간이다. 한 사람 한 사람이 문학사랑, 시사랑의 등불을 이웃에게 하나씩 점화해 나아감으로써 우리는 진정한 생명사랑, 인간사랑, 자유사랑의 정신을 새봄의 풀잎처럼 싱싱하게 키워나갈 수 있을 것이기 때문이다.

우리 시대 서정시를 위한 한 노트

날 좋다 햇빛 알갱이 다 보이네/하늘에서 해가 내려 알을 슬은 듯 /볕 바랜 이불 호청 해 냄새 난다/꺄르르 가시나들 웃음소리에/울 밑에 봉선화도 발돋음하겠네

– 정희성, 「봄날」 전문

생명·사랑·자유의 시학을 향하여

서정시의 바람직한 길, 그 정도는 과연 무엇을 주로 노래하는 것일까? 한마디로 그것을 생명·사랑·자유에의 길이라고 말해볼 수는 없을 것인가.

그렇다! 서정시의 정도는 생명을 노래하는 것에서 찾을 수 있다.

하산下山하면서 들르는 냉면집/총각이 방금 낳았다면서/달걀을 하나 내게/쥐어 준다 햇빛 속에서//이런 선물을 받다니−/따뜻한 달걀/마음은 이미 찰랑대는데/그걸 손에 쥐고 내려온다/새로 낳은 달걀,/따뜻한 기운/생명의 이 신성감神聖感/우주를 손에 쥔 나는/거룩하구나/지금처럼/내 발

> 걸음을 땅이/떠받든 때도 없거니
>
> – 정현종, 「새로 낳은 달걀」

새로 낳은 달걀 하나에서 생명의 신비감을 느끼고 그 따뜻한 온기 속에서 생명의 거룩함을 깨달으며 떠받드는 이러한 생명존중, 생명사랑의 자세야말로 모든 시가 지녀야 할, 지향해 나아가야 할 바람직한 가치이자 방향성이 아닐 수 없다. 세상에 단 하나뿐인 생명, 단 한번뿐인 생명을 기루고, 모시고, 섬기는 그 자세와 태도야말로 인간 삶의 기본이고 시의 정도에 해당하기 때문이다.

> 어느 날 아침 게으른 세수를 하고 대야의 물을 버리기 위해 담장가로 갔더니, 때마침 풀섶에 앉았던 청개구리 한 마리가 화들짝 놀라 담장 높이만큼이나 폴짝 뛰어오르더니 거기 담쟁이덩굴에 살푼 앉는가 했더니, 어느 사이 미끄러지듯 잎 뒤에 바짝 엎드려 숨을 할딱거리는 것을 보고, 그놈 참 신기하다 참 신기하다 감탄을 연거푸 했지만, 그놈 청개구리를 제題하여 시조 한 수를 지어 볼려고 며칠을 끙끙거렸지만 끝내 짓지 못하였습니다. 그놈 청개구리 한 마리의 삶을 이 세상 그 어떤 언어로도 몇 겁劫을 두고 찬미할지라도 다 찬미할 수 없음을 어렴풋이나마 느꼈습니다.
>
> – 조오현, 「절간 청개구리」

사실 청개구리 한 마리라도 어떻게 사람이, 공장에서 인공적으로 생산할 수 있을 것인가. 또한 아무리 뛰어난 시인이나 화가라 할지라도 그것을 생명감이 그대로 느껴지도록 실감나게 그려낼 수 있을 것인가. 말 그대로 인공으로 만들어질 수도, 만들어 내서도 안 되는 것이 생명 그 자체가 아니겠는가 말이다. 세상에서 유일본, 원본이기에 생명이야말로 세상의 제1가치로서 기려지고, 소중히 살려 나아가야만 한다는 뜻이다.

이처럼 생명사상이야말로 현대시가 노래해야 하는 天·地·人으로서 서정시의 근본 소재이고, 제제이자, 테마임이 분명하다.

그렇다면 이러한 생명을 태어나게 하고 자라게 하며, 꽃피고 열매 맺게 하는 힘은 무엇인가? 그것을 사랑의 힘이라고 말해볼 수는 없을 것인가.

떫은 사랑일 땐/준 걸 자랑했으나/익은 사랑에선/눈 멀어도 못다 갚을/송구함뿐이구나

– 김남조, 「사랑초서·53」

사랑은/정직한 농사/이 세상 가장 깊은 데 심어/가장 늦은 날 싹을 보느니

– 김남조, 「사랑초서 · 83」

사랑의 어원을 서양에선 'a+mor', anti+morte 즉 죽음에 대한 항거에서 비롯됐다고 말하지 않던가. 죽음에 대한 저항이란 무엇인가? 그것은 바로 살아 있으려는 몸부림이며, 사람답게 살려는 안간힘이 아닐

수 없다. 사랑은 바로 생명을 태어나게 하는 원초적 씨앗이면서 동시에 생명을 자라고 꽃피고 열매 맺게 하는 원동력이다. 그러기에 사랑은 생명의 근원이고 생명의 동력이며 동시에 생명의 꿈이자 희망으로서 모든 우주변화의 원리이자 운행법칙이 아닐 수 없다.

따라서 서정시의 운명은 사랑에서 비롯되고 사랑으로 전개되며 사랑으로 완성된다고 해도 과언이 아니다. 그만큼 사랑은 생명의 원리이고 역사의 이법이자 대자연의 운행질서에 해당하기에 삶의 근본 동력이고, 시의 운명이 아닐 수 없다.

또한 이러한 생명과 사랑의 근원적 속성은 또 무엇인가?

> 푸른 하늘을 제압하는/노고지리가 자유로웠다고/부러워하던/어느 시인의 말은 수정修正되어야 한다//자유를 위해서 비상하여 본 일이 있는 사람이면 알지/노고지리가/무엇을 보고/노래하는가를/어째서 자유에는/피의 냄새가 섞여있는가를/혁명은 왜 고독한 것인가를//혁명은/왜 고독해야 하는 것인가를
>
> — 김수영, 「푸른 하늘을」

자유란 또 무엇이던가? 한마디로 그것을 외부의 어떤 억압이나 구속이 없이 주체가 욕구하고 의지하는 대로 꿈꾸고 실현해 가는 일이라고 할 수 있지 않겠는가. 그러기에 자유는 자연성의 법칙, 사회성의 법칙, 철학성의 법칙을 기본으로 하며 자발성의 원리, 주체성의 원리, 자율성의 원리를 실천원리로 한다. 자유는 자연법칙 그대로 '스스로' 또

는 '저절로'가 원론적·기본적 개념이긴 하지만 현실의 각종 모순과 부조리, 억압기제로 인해 그냥 주어지거나 누릴 수 있는 것이 아니라 노력하고 투쟁해서 얻어야 하는 주체적·능동적·적극적 개념을 수반한다. 푸른 하늘을 나는 노고지리를 읊는 것도 시적 본성의 하나에 해당하지만 피의 냄새가 섞여 있는 투쟁, 적극적인 노력을 통해서 자유는 비로소 참 뜻이 얻어지고 온전성이 담보되고 이상이 실현될 수 있다는 뜻이 되겠다. 말하자면 자유란 원리적, 자연적 개념이 기초가 되지만 그것이 인간다운 삶의 원리이자 실천 개념이기에 때로는 '피의 냄새'가 섞여 있을 수밖에 없고, 그것을 이루어내기 위한 혁명이란 고독하고 고독해야만 진정성을 확보한다는 함의를 담고 있는 것이다.

바로 이점에서 인간의 삶이 생명과 사랑과 자유에 의해 그 근원과 본성이 지켜지고 이상이 이루어질 수 있는 것처럼, 서정시도 이 세 가지가 상보원리를 이루며 전개되며 그 이상으로 작용하게 될 것이 자명한 이치이다.

'나' '너' '그' '저'의 소중함, 상생의 시학을 향하여

이 땅의 역사는 참으로 오랫동안 '겨울'이고 '밤'이었던 듯싶다. 실상 현대사 100년 전반이 일제강점기 죽임의 시대였고, 후반이 '찢김'의 시대가 아니었던가. 그러기에 현대시 100년 또한 어둠과 밤, 그리고 추위와 겨울이 주요 상징으로 지속돼 온 것이다.

지금은 남의 땅—빼앗긴 들에도 봄은 오는가?// 나는 온몸에 햇살을 받고/ 푸른 하늘 푸른 들이 맞붙은 곳으로/ 가르마 같은 논길을 따라 꿈속을 가듯 걸어만 간다// …중략… 그러나 지금은—들을 빼앗겨 봄조차 빼앗기겠네

– 이상화, 「빼앗긴 들에도 봄은 오는가」 부분

낮에도 밤— 밤에도 밤—/그 밤의 어둠에서 쏨여난, 뒤직이 같은 신령은/光明의 목거지란 일흠도 모르고/술 취한 장님이—머ㄴ길을 가듯/비틀거리는 자욱엔, 핏물이 흐른다

– 이상화, 「緋音」 부분

지금은 겨울인가/한밤중인가/논과 밭이 얼어붙는 겨울 한때를 여보게 우리들은/무엇으로 달래야 하는가

– 양성우, 「겨울 공화국」 부분

인용시들에서 보듯이 겨울과 밤은 우리 현대시사에서 고통과 수난으로 점철된 빼앗긴 시대, 절망의 삶을 표상한 것이 된다. 그만큼 우리 겨레와 역사가 어둠과 추위 속에서 지새며 살아온 모습을 반영한 것이 되겠다.

이점에서 신동엽의 시 「껍데기는 가라」는 적개심과 대항논리를 선명히 보여준다.

껍데기는 가라/四月도 알맹이만 남고/껍데기는 가라// 껍데기는 가라/

동학년 곰나루의 그 아우성만 살고/껍데기는 가라/ …중략… 껍데기는 가라/ 한라에서 백두까지/향그러운 흙가슴만 남고/그 모오든 쇠붙이는 가라

얼마나 오랫동안 침탈과 유린, 억압과 폭력이 역사를 지배해 왔기에 이런 대항 논리의 시, 적개심으로 가득찬 시편들이 쓰여졌겠는가! 그러나 이 시의 이상은 무엇인가? 투쟁과 저항만이 목표이겠는가? 아니다! 그것은 오히려 '향그러운 흙가슴'이 상징하는 생명의 세상, 사람다운 삶이 실현되는 인문주의 세상을 궁극적으로 강조하고자 하는 것이 아닌가 말이다.

투쟁과 저항, 그것은 어디까지 수단이고 과정이며, 시의 궁극적인 목표와 이상은 참다운 생명 실현의 길이자 휴머니즘의 구현인 것이다. 바로 여기에서 공존의 철학, 상생의 시학이 펼쳐진다.

벚꽃 지는 걸 보니/푸른 솔이 좋아/푸른 솔 좋아하다 보니/벚꽃마저 좋아

– 김지하, 「새봄·9」 전문

우리는 오랜 불행의 역사 속에서 너는 '벚꽃'이고 나는 '푸른 솔'이라고 마음속에 구분 짓고 생활 속에 차별을 두며 살아온 것이 아닌가? 그러나 세상에 상록수 푸른 솔만 있고 벚꽃이 표상하는 활엽수, 낙엽수가 전혀 없다면 그것이 무슨 온전한 생명의 세계이겠는가? 거꾸로 벚꽃만 무성하고 푸른 솔이 부재한다면 그 또한 얼마나 삭막한 풍경이겠

는가. 낙엽수가 있어야 상록수도 빛나고, 상록수가 건재해야 낙엽수 또한 아름다울 수 있지 않겠는가 말이다.

그렇다! 이제 우리 세상, 우리 시도 '나'와 다른 '너', 또한 '그'와 '저'도 함께 인정하고 존중되지 않으면 안 된다. '나 아니면 안 된다'라든가 '내 편 아니면 적'이라는 대항논리, 적개심의 법칙을 떨쳐 버리고 공존과 상생의 논리로 나아가지 않으면 안 되는 것이다.

나와 너, 그와 저의 개성과 특징을 존중하되 온갖 차별과 구별, 경계를 넘어서서 네가 있기에 내가 있고, 그와 저가 있기에 나와 너도 있을 수 있고 비로소 함께 공존·상생할 수 있다는 상생의 철학, 화해와 사랑, 평화의 세계로 나아가지 않으면 안 된다는 뜻이다.

봄은 만물이 소생하며 마음껏 생명을 뽐내는 계절이고, 햇볕은 생명을 싹트고 자라게 하는 근원적인 힘이기에 소중하다. 바로 이점에서 21세기 우리 시와 시단은 진정한 화해와 소통의 길 ,상생과 평화의 시학을 지향해 나아가야만 하리라.

'거울'과 '등불'의 시학을 위하여

일찍이 파스칼은 사람의 사유경향을 기하학적 심성과 원형적 심성으로 구분해 본 적이 있었다. 기하학적 심성이란 직선적 사고유형으로 이성적 사고, 과학적 사유를 중시하는 태도인데 비해 원형적 심성이란 감성적 사유태도와 섬세성을 중시하는 경향을 일컫는 것으로 이해된다. 니체 식으로 말한다면 아폴로적 인간형과 디오니서스적 인간형으로 대별해 볼 수도 있을 것이다.

필자는 이것을 햇빛 체질과 달빛 체질, 즉 거울과 등불의 시학이라고 불러보고자 한다.

> ① 파란 녹이 낀 구리 거울 속에/내 얼굴이 남어 있는 것은/어느 왕조의 유물遺物이기에/이다지도 욕될까//나는 나의 참회의 글을 한 줄에 줄이자/— 만 24년 1개월을/무슨 기쁨을 바라 살아 왔던가// (…중략…) 밤이면 밤마다 나의 거울을/손바닥 발바닥으로 닦어 보자/그러면 어느 운석隕石 밑으로 홀로 걸어가는/슬픈 사람의 뒷모양이/거울 속에 나타나온다
>
> – 윤동주, 「참회록」 부분

> ② 타고 남은 재가 다시 기름이 됩니다/ 그칠 줄을 모르고 타는 나의 가슴은 누구의 밤을 지키는 약한 등불입니까?
>
> – 한용운, 「알 수 없어요」 부분

> 연탄재 함부로 발로 차지 마라/ 너는/ 누구에게 한번이라도 뜨거운 사람이었느냐
>
> – 안도현, 「너에게 묻는다」 전문

대체적으로 사람은 의지적, 이성적 사고를 중시하는 유형과 감성적, 서정적 사고에 의지하는 유형으로 대별해 볼 수 있다. 그러나 근본에 있어서는 이 두 가지 속성을 함께 지니며 그러기에 그들 자신 스스로가 거울이 되고 등불이 되기도 한다.

시 ①은 달의 심성, 즉 거울로서의 속성을 제시한다. 거울은 달과 마찬가지로 빛을 반사함으로써 다른 물건을 맑고 밝게 비춰 준다. 스스로 발열하거나 발광하지는 못하지만 스스로를 비춰 보면서 내적인 자기 성찰을 펼쳐가는 자의식의 도구로서 상징성을 지니는 것이다. 달이 그렇고 거울이 또한 그렇지 아니한가?

그러기에 사람은 특히 시인은 스스로의 마음거울을 갈고 닦음으로써 자신을 되돌아보고 나날의 몸과 마음가짐을 바로 해야만 한다. 아울러 스스로에게 뿐만 아니라 다른 사람에게도 맑고 밝은 거울과 등불을 비춰 줌으로써 그들로 하여금 자기 자신을 성찰하게 하여 보다 높고 깊은 정신의 삶을 영위하게 해야만 하는 것이다. 실재의 거울만이 거울이 아니다. 사람도 자기 자신에게 또 다른 사람에게 '사람의 거울'로서 살아가야만 한다. 거울은 가만히 놔두어도 먼지가 앉고 때가 끼며, 녹이 슬기 마련이다. 그러기에 늘 먼지를 닦고 때와 녹을 벗겨내서 맑고 밝게 유지해야만 하는 것이다.

한편 시 ②에서처럼 사람은, 시는 자기 자신에게 끊임없이 용기와 희망, 사랑과 꿈의 불씨를 살려가지 않으면 안 된다. 또한 그렇게 피워낸 등불로서 자신을 연소시켜 이웃과 사회, 국가와 역사, 인류에게 등불을 밝혀주어야만 한다. 한용운이 일제 강점의 하늘, 암흑 속에서 '타고 남은 재를 기름'으로 바꾸어 스스로를 고무·충동하면서 동시에 '조선은 죽지 않았다'라며 민족의 길, 역사의 봉홧불을 치켜 올린 것처럼,

시인은 끊임없이 절망 속에서 희망의 등불을 점화해서 스스로를 밝히고 이웃과 겨레, 인류에게 힘과 용기, 꿈을 불어넣어 주어야만 한다는 뜻이다. 그러기에 사람은 그 스스로가 밝은 등불이 되고 남에게도 따뜻한 등불이 될 수 있음이 자명한 이치이다.

그러고 보면 산다는 일은 바로 '사람의 거울' 닦는 일이며, '사람의 등불'을 지피고 살려서 자기 자신과 인류에게 역사에 빛과 열을 나누고 베푸는 일에 다름 아님을 알 수 있게 된다. 이러한 거울과 등불 지향성, 그것이 바로 21세기 서정시의 바람직한 방향성이 아닐 수 없으리라.

맺음말 - 깨침의 길, 오도悟道의 시학을 향하여

시정신을 창조정신과 발견의 정신, 그리고 깊이의 정신이라고 요약할 때 그 깊이를 확보할 수 있는 유효한 방법은 깨달음의 길, 즉 오도悟道의 시학을 지향하는 일이다.

시가 단순히 표현 미학과 예술성만 지향한다면 시는 말 그대로 예술의 한 하위 장르에 지나지 않을 것이다. 시는 궁극적인 면에서 가장 높은 정신의 움직임, 혼의 울음을 탐구하고 노래하는 장르이기에 사상성과 철학성, 종교성을 담지해 내지 않으면 안 되는 것이기 때문이다. 깊이 있는 철학성, 사상성과 탁월한 예술성, 미학성이 서로 통섭되고 조화를 이룰 때 시의 진실과 감동이 획득될 수 있는 것이기에 깊은 정신의 울림이 담겨 있어야 한다는 뜻이다.

> ① 노를 젓다가/노를 놓쳐 버렸다//비로소/넓은 물을/돌아다보았다
>
> – 고은, 「비로소」

> ② 하루라는 오늘/ 오늘이라는 이 하루에/ 뜨는 해도 다 보고/ 지는 해도 다 보았다고/ 더 이상 더 볼 것 없다고/ 알 까고 죽는 하루살이 떼// 죽을 때가 지났는데도/ 나는 살아있지만/ 그 어느 날 그 하루도 산 것 같지 않고 보면/ 천년을 산다고 해도/ 성자는/ 아득한 하루살이 떼
>
> – 조오현, 「아득한 성자」

시 ①은 말 그대로 탐욕과 성냄, 어리석음으로서 3독毒의 삶, 집착과 애착, 원착으로서 3착着을 놓아 버리고 그 미망을 넘어설 때 비로소 '넓은 물'로서 깨달음의 길, 자유에의 길을 갈 수 있다는 오도적인 지혜의 길을 보여준다. 사실 세간 살이, 범부의 삶이란 얼마나 많은 무명의 바다, 오욕 칠정의 격랑에 빠져 허우적거리고 있는 모습인 것인가. 이러한 집착과 미망의 사슬을 끊어버릴 때 비로소 참다운 삶의 길, 무애로서 '참나' 자유에의 길을 갈 수 있는 것이 아니겠는가? 불과 8, 9어절 짧은 어휘로 깊은 깨달음의 세계를 열어 보여주었다는 점에서 우리는 시인의 높고 깊은 오도의 경지를 엿보게 되는 것이다.

시 ②도 마찬가지이다. 영원의 관점에서 볼 때 삶이란 무엇이고 죽음이란 또 무엇이겠는가? 삶과 죽음은 다른 것인가, 같은 것인가? 하루살이는 비록 단 하루가 한 평생이고 일생이지만 그 하루 속에서 영원

과 무한을 살다 가는 존재가 아니겠는가. 삶 속에 죽음이 있고 죽음 속에 삶이 있다는 이른바 생사일여生死一如의 깊은 깨달음이 하루살이의 모습 속에서 첨예하고 섬세하게 형상화 돼 있는 것이다. 현상 속에서 본질을, 단면 속에서 전체를 꿰뚫어보면서 온갖 차별과 경계, 독선과 편견을 넘어서서 하루살이의 짧은 생에서 영원을 읽어내는 솜씨야 말로 대가의 일획, 전광석화 같은 직관과 통찰의 결과가 아니고 그 무엇이겠는가 말이다. '하루살이'의 하루가 바로 영원일 수 있는 삶의 모습 속에서 인간의 삶 또한 얼마나 허虛하고 공空한 것이며, 그러기에 주어진 오늘의 삶, 순간순간을 값지고 보람 있게 살아야만 하는가 하는 진정한 깨달음의 길, 지혜의 길을 일러주고 있다는 뜻이다.

실상 돌아보건대 한국 현대시사 100년, 오늘의 시들은 얼마나 많이 잡다, 부박하고 난해, 난삽하며 열등감과 상투성에 빠져 방황해 왔고 허우적거리고 있는가. 이런 때 이처럼 진정한 깨달음의 시, 깊은 오도를 통한 자유에의 길, 지혜의 길을 보여주는 시들이야말로 21세기 우리 시가 지향해 나아가야 할 또 하나의 바람직한 지평이 아니겠는가!

서정시운동은 21세기의 정신적 녹색운동

오늘날 시와 시운동이 필요한 이유

20세기의 질곡과 어둠의 시대를 통과하여 도달한 21세기, 이제 민족 정신사와 예술사의 정수로서 한국현대시는 본격적인 정신의 녹색운동을 전개해 나아가야 하리라고 생각한다. 순수서정시운동이 바로 그 바람직한 대안의 하나가 될 수 있다고 생각한다.

물론 급변하는 세계정세 속에서 한반도의 제반 상황과 미래를 예측하기 어려운 것이 사실이다. 문학과 시대·정치상황은 떼려야 뗄 수 없는 긴밀한 함수관계를 지니기 때문에 무어라 전망하기 어려운 까닭이다. 더구나 21세기 들어 더욱 가속화 해가는 물질문명의 발달과 자본만능 풍조 속에서 문학은 그 운명조차 예감하기 어려운 면이 없지 않다. 특히 고도의 산업사회, 정보화 사회에 진입하면서 흔히 말하듯 자아와 세계의 단절로 인한 불연속성이 심화되고, 믿을 것 없는 불확실성의 시대로 치닫고 있는 실정이기 때문이다. 그러므로 단절과 소외,

불안과 방황은 21세기 인류 정신사를 위기의 상황으로 몰아가고 있는 모습이다. 불변의 가치로서 인간정신의 고귀함과 생명에 대한 외경심은 점차 사라져가고 모든 것이 대형화, 획일화, 상품화, 기계화 되어 감으로써 인간 정신의 위기를 부채질해 가고 있는 인간상실의 시대를 맞이하고 있다는 뜻이 되겠다.

그러나 위기의 시대일수록 신화가 절실한 것처럼 문학이, 시가 필요한 것은 두 말할 필요가 없다. 과학기술의 고도한 발달과 산업자본주의의 거대화는 필연적으로 인간 스스로를 기계와 상품의 노예로 전락시켜감으로써 인간 스스로가 창조하고 발달시켜온 물질문명이 역설적으로 인간의 삶과 미래를 더욱 불연속성과 불확실성으로 몰아가고 있기 때문이다. 바로 여기에서 문학은, 시는 인간이 정신적 고향으로 돌아가려는 원형회귀의 꿈과 함께 바람직한 이상세계를 향해 나아가려는 낙원지향성을 지니기에 의미와 중요성을 지닐 수밖에 없을 것이 자명한 이치이다. 시는 온갖 물질문명과 상업주의의 폭력과 위세 속에서도 인간의 인간다움을 회복시켜 주고 그 인간적 위의와 존엄성을 고양시켜 나아갈 수 있게 하는 현대의 신화로서의 상징성을 지니기 때문이다. 이 점에서 시는 과학기술과 물질문명이 초래한 정신의 위기를 극복하고 인간 본래의 생명력을 회복시켜주는 원동력으로 작용할 것이 분명하다.

그러기에 이 시점에서 새로운 시운동이 필요한 것이고, 그 효과적인 대안이 바로 순수 서정시운동이라고 필자는 생각한다. 21세기에 있어서 서정시는 정신의 때를 씻어주고 물질문명의 녹을 벗겨줌으로써 인간성과 생명력을 회복시켜주고 생명공동체와 지구공동체 나아가서 우주공동체를 향해 나아갈 수 있는 바람직한 열쇠가 될 수 있는 것으로 판단되기 때문이다.

시는 문화의 중심, 예술의 핵, 문학의 혼

문화의 중심은 예술이다. 개성과 창조성creativity이 그 생명적 요소이기 때문이다. 다시 예술의 핵은 문학이다. 여러 예술분야 중에서 문학은 정신사와 예술사를 함께 포괄하고 있기 때문이다. 다시 문학의 혼은 시라 할 수 있다. 시는 세계의 본질과 인간 정신의 보편적인 단면을 예리하게 인상적으로 포착해서 짧고 감각적으로 형상화하는 근본 장르이기 때문이다. 아울러 인간의 가장 순수한 영혼의 발로로서 현실적 대가성이 없거나 약한 것도 그 이유 중의 한 가지가 된다.

그렇다면 시의 근본과 이념태는 무엇일까. 단적으로 말해서 순수 서정시가 그것이다. 서정시는 시의 본도이면서 동시에 이상적인 모습이다. 시를 시답게 만들어주는 원동력이 바로 서정이고, 시가 궁극적으로 지향하는 것이 서정시의 이상인 생명 사랑과 자유·평등 사상, 그리고 평화에의 길이기 때문이다.

서정시의 근본은 대략 세계의 자아화, 자아의 내면화, 내면의 심화라고 정리하는 것이 일반적이다. 서정시는 어떤 이념이나 사상 또는 주의·주장을 전달하거나 설득하려는 것이 아니라 '내 마음의 세계'를 노래한다. 마음의 흐름으로서 정신의 음영, 굴곡 즉 내면정신의 지속과 변화를 섬세하게 탐구하고 새롭게 깨치거나 보고 들은 것들을 개성적·창조적·인상적으로 묘사하는 데 주안점이 놓이는 것이다.

그러기에 서정시는 첫째, 세계(대상)를 자기의 것으로 만들어 육화시키는 것을 본성으로 한다. 세계의 자아화라는 말로 요약할 수 있겠다. 따라서 서정시에서 시의 주체는 그 어떤 경우라도 '나'로 해석될 수 있고 '나'의 존재인식으로부터 비로소 보편성으로서 서정시의 세계가 열려갈 수 있기 때문이다.

둘째, 서정시는 자아의 내면화에 초점이 놓인다. 자신의 세계관으로 대상을 새롭게 인식하고 개성적으로 포착하여 내적인 울림을 빚어냄으로써 정서를 환기하고 감동을 불러일으켜야 한다는 뜻이다. 그러기에 서정시는 발견의 정신을 핵으로 한다. 남이 보지 못한 것을 새로이 보고, 듣지 못한 것을 섬세하게 들어내며, 생각하지 못한 것을 창조적·개성적으로 생각해냄으로써 새로운 정신의 영역을 열어가야 하는 것이다.

셋째로, 서정시는 내면의 심화, 즉 깊이의 정신을 생명으로 한다. 프랑스 비평가 리샤르P. Richard가 말하듯이 시정신은 깊이의 정신이기에, 시를 쓰고 읽으면서 사람들은 정신의 깊이를 획득하고 삶의 심화와 고양을 이루어갈 수 있기 때문이다. 학교에서 시를 가르치고 배우는 것도 이 까닭이다.

넷째로 서정시는 음악정신을 본질적 속성으로 한다. 서정시는 악보가 없는 노래일 뿐 엄연히 노래로서의 정서의 가락과 의미의 운율이 굽이치고 있는 것이기 때문이다. 이 점에서 서정시는 비교적 짧은 형식을 취하게 되는 것이 일반적이다. 노래는 짧되 인상적인 호소력을 발휘하여 독자들로 하여금 시인과 정서의 공감대를 향유해야 하는 까닭이다.

다섯째, 무엇보다도 서정시는 창조정신을 생명으로 한다. 어둠에서 빛을 이끌어내는 것이고, 무에서 존재를 이끌어내는 창조행위이다. 이 점에서 시인은 하느님 다음 가는 창조자이고 탐험가이자 구도자라 할 수 있다.

서정시는 하늘[天文], 땅]地理], 인간[人文]을 성찰하고 노래하는 시의 본도

그렇지만 이러한 원론적인 데서 한걸음 더 나아가서 필자는 서정시를 하늘[天]과 땅[地] 그리고 그 가운데 살아가는 인간[人]의 모습을 감성적으로 탐구하면서 운치 있고 짧게 노래하는 시의 근본 양식이라고 정의하고자 한다. 다시 말해서 서정시는 하늘天文과 땅地理의 운행원리와 섭리에 귀를 기울이면서 그 속에서 살아가는 인간의 논리와 심성人文을 감성적, 운율적으로 노래하는 시의 근본양식이라고 규정하고자 하는 것이다. 그러기에 그것은 인간이 대자연의 현상과 본질을 성찰하면서 동시에 그와 만상조응correspondence을 이루어 나아가려는 인간정신의 총체적 발현이면서 소망의 표출이라 할 수 있으리라.

> 죽는 날까지 하늘을 우러러/한 점 부끄럼이 없기를/잎새에 이는 바람에도/나는 괴로워했다/별을 노래하는 마음으로/모든 죽어가는 것을 사랑해야지/그리고 나한테 주어진 길을 걸어가야겠다//오늘 밤에도 별이 바람에 스치운다
>
> — 윤동주, 「서시」

이 시는 서정시의 본질과 속성을 잘 보여주는 작품으로 이해된다. 이 시는 하늘의 척도(하늘, 바람, 별)과 지상의 척도(땅, 길, 잎새), 그리고 인간의 본성(사랑, 부끄럼, 괴로움, 죽음)이 함께 잘 어우러져 있는 것으로 해석되기 때문이다. 말하자면 지상에서 땅을 딛고 서서 하늘을 우러르며 살아가는 인간의 모습을 통해서 天·地·人의 운행원리와 그것들이 서로 얼크러져서 친화하고 교감하는 근원적 존재상을 보여준다는 뜻이다.

아울러 이 시는 시의 길, 시인의 길이란 잘못된 일에 대해 부끄러움을 느끼고 그것을 고치고 바로잡아 나아가려는 정의와 양심의 길을 의미한다. 아울러 그것은 올바로, 깊이 있게 삶의 모순과 부조리를 괴로워할 줄 아는 깨달음으로서 고뇌와 참회, 그리고 구도의 길을 의미한다. 그러면서도 스스로의 삶에 대한 확신과 함께 운명을 사랑하고 자유에의 길로 나아가고자 하는 주체적 삶의 길을 뜻하는 것이라고 하겠다.

서정시의 목표는 眞, 善, 美 가치를 추구하면서 정의와 양심의 길, 자유에의 길을 가는 것

무엇보다도 '별을 노래하는 마음'으로서 진실한 마음, 착한 마음, 아름다운 마음, 즉 眞·善·美라는 인간의 근원적 가치를 탐구하고 지향해 나아가려는 순결한 정신을 지향한다. 그러면서도 '모든 죽어가는 것을 사랑해야지/그리고 나한테 주어진 길을 걸어가야겠다'와 같이 운명에 대한 따스한 사랑, 즉 운명애amor fati를 노래하고 있는 점에서 그러하다.

> 계절이 지나가는 하늘에는/가을로 가득차 있습니다/나는 아무 걱정 없이/가을 속의 별들을 다 헤일 듯합니다.//가슴속에 하나둘 새겨지는 별을/이제 다 못 헤는 것은/쉬이 아침이 오는 까닭이오,/내일 밤이 남은 까닭이오,/아직 나의 청춘이 다하지 않은 까닭입니다//별하나에 추억과/별하나에 사랑과/별하나에 쓸쓸함과/별하나에 동경과/별하나에 시와/별하나에 어머니, 어머니,
>
> – 윤동주, 「별헤는 밤」 부분

그렇다면 근원적 의미에서 별을 노래하는 마음이란 무엇일까? 한마디로 그것은 과거·현재·미래를 살아가는, 살아갈 수밖에 없는 인간의 숙명성과 관련된다. 과거의 별, 흘러가버린 시간 속의 별이기에 그것은 그리움의 별이고 회한의 별이다. 이제는 다시 돌아올 수 없는, 되풀이될 수 없는 운명적 그리움의 별이고 동시에 후회해도 소용없는 잃어

버린 시간의 추억의 별로 존재할 뿐이다.

아울러 현재의 별은 신비감을 불러일으키는 대상으로 존재한다. 그것은 하늘에 멀리 떨어져 있으므로 영원히 도달할 수 없는 아득한 거리감으로 인해 신비의 별, 동경의 별로 아름답게 채색될 수밖에 없는 모습인 것이다. 한편 미래의 별은 아직 도래하지 않은 것, 앞으로 꿈꿀 수 있는 것이기에 미지의 별, 이상의 별로서의 모습으로 다가온다. 그러기에 그것은 설렘의 별이고 기다림의 별로서의 의미를 지닌다. 따라서 별의 시학은 바로 그리움과 안타까움, 그리고 신비감과 설렘의 정서를 환기하는 것이며 나아가서 동경과 이상의 표상으로서 긴장의 미학을 표출한다.

우리시대 서정시의 한 경우, '서정시의 3인행'

이런 현대 서정시의 지속과 변화 가운데 특히 70~80년대 민족·민중문학의 도도한 흐름 속에서도 외롭게 전통서정시의 창조적 계승을 위해 노력해 온 일군의 개성적인 시인들이 있어 관심을 환기한다. 이성선, 송수권, 나태주 등 이른바 '서정시의 3인행'(김윤식, 「서정시의 3인행」, 계간 〈시와시학〉 50호, 2004, 봄)은 그 대표적인 한 예가 된다.

> 산이 지나가다가 잠깐/물가에 앉아 귀를 씻는다//그 아래 엎드려 물을 마시니/내 입에서 山의 향기가 난다
>
> — 이성선, 「산시」 전문

대들이 휘인다/휘이면서 소리한다/연사흘 밤낮 내리는 눈발 속에서/우듬지들은 흰 눈을 털며 소리하지만/아무도 알아듣는 이가 없다/눈뭉치들이 힘겹게 우듬지를 흘러내리는/대숲 속을 들여다보면/삼베 옷 검은 두건을 들친 백제 젊은 수사修士들이 지나고

– 송수권, 「눈 내리는 대숲가에서」 부분

자세히 보아야/예쁘다//오래 보아야/사랑스럽다//너도 그렇다

– 나태주, 「풀꽃」 전문

세 시인의 시편들은 마치 지난 시대 박목월, 박두진, 조지훈 등 삼가三家 시인들의 시와 삶을 연상시켜 주기에 충분하다. 오늘 분단시대의 '신 청록파' 또는 '신 자연파' 쯤으로 불러볼 수 있을 것인가?

이성선의 시편들은 설악산을 시의 소재, 제재, 주제로 하되 그 속에 노장老莊사상의 허적과 불교의 공空사상을 투영시킴으로써 자연은 자연이되 드맑은 무욕과 청정의 정신, 청빈의 철학을 내밀하게 형상화하였다.

송수권 시인은 남도서정과 가락을 바탕으로 자연과 인간의 친화와 교감을 역사의식의 스펙트럼으로 변용해냄으로써 전통서정시에 민중적 건강성과 생명적 탄력성을 불어 넣는데 진력하고 있다.

한편 나태주 시인은 이른바 '주변부의 중심부화', 즉 우리 주변 자연사 속에서 잊혀진 것들, 외롭고 상처받은 존재들에 대한 미시적인 관심과 애정을 보여줌으로써 생명사랑, 인간사랑, 자연사랑의 정신을 지

속적으로 형상화하는데 진력해 왔다.

뜻있는 많은 서정시인들이 그러했듯이 이들 세 시인의 시편들은 온갖 민중시의 위세와 모더니즘시의 홍수 속에서도 외롭고 꿋꿋하게 한국서정시의 샘물을 길어올림으로써 한국서정시의 현대적 계승과 정통성을 지키는 데 이바지해 온 것으로 판단된다. 시단의 주변부에 머물면서도 자연의 본원성으로서 생명력 회복을 갈망하고 그것을 인간성 회복의 명제와 연결시킴으로써 이 시대의 순수서정시를 살리는데 진력해 온 데서 의미를 지닌다. 이들 초록생명의 시편들은 한국 현대시에 맑은 서정의 샘물을 길어 올림으로써 시의 본도를 지키고 서정시의 위의를 살려낸 데서 시사적 의미를 지닌다.

21세기 서정시는 생명사랑, 평화사랑에의 길로 나아가야

21세기가 다가오고 또 열려가기 시작하면서 70~80년대 민족문학을 이끌어 온 대표시인이라 할 김남주와 김지하 그리고 고은의 시편들은 민중시의 원형성과 함께 앞으로의 지향점이 바로 생명사랑, 자유사랑, 평화사랑을 향한 삶의 서정시이어야 한다는 점을 선명히 웅변해 주어 주목을 환기한다.

반짝 반짝 하늘이 눈 뜨기 시작하는 초저녁/나는 자식놈을 데불고 고향의 들길을 걷고 있었다//아빠 아빠 우리는 고추로 쉬하는데 여자들은 엉덩이로 하지?/이제 갓 네 살 먹은 아이가 하는 말을 어이없이 듣고 나서/

나는 야릇한 예감이 들어 주위를 한 번 쓰윽 훑어보았다, 저만큼 고추밭에서/아낙 셋이 하얗게 엉덩이를 까놓고 천연스럽게 뒤를 보고 있었다// 무슨 생각이 들어서 그랬는지/산마루에 걸린 초승달이 입이 귀밑까지 째지도록 웃고 있었다

– 김남주, 「추석 무렵」 전문

먼저 민족문학 시대 대표적인 투사 시인의 한 사람으로 불리던 김남주의 시가 궁극적으로 노래하려 한 것이 바로 이러한 살뜰한 삶의 서정과 대지적 생명사랑의 정신임을 우리는 확인할 수 있다. 서정시의 본령이라 할 天·地·人의 친화와 교감이 풍요로운 대지적 상상력과 아름다운 생명력을 바탕으로 형상화돼 있는 모습이야말로 한국 순수 서정시의 한 원형성이면서 동시에 새로운 지평을 열어 보여주고 있는 것으로 이해되기 때문이다.

벚꽃 지는 걸 보니/푸른 솔이 좋아/푸른 솔 좋아하다 보니/벚꽃마저 좋아

– 김지하, 「새봄·9」 전문

70~80년대 억압시대의 대표적 저항시인, 투사시인이라 할 김지하의 변모는 원래가 시인의 정신적 원형질로서 내재돼 있던 순수서정시의 근본정신으로 생명사상과 평화사상이 새로운 세기를 맞이하여 개화된 모습이다. 생각해보면 우리는 오랫동안 너는 '벚꽃'이고 나는 '푸

른 솔'이라 마음속에 구분 짓고 생활 속에 차별을 두면서 냉전구도, 대항논리 속에서 살아온 것이 분명하다. 그러나 동서냉전의 시대도 가고 온 세계가 공존의 시대, 평화의 시대를 열어가야만 하는 21세기에 우리 문학은 언제까지나 '내편 아니면 적'이라는 식의 대립과 투쟁의 논리, 적개심의 법칙에 따라 살아가야 하겠는가? 이 점에서 '나'의 생명과 삶이 소중한 것처럼 '너'의 생명과 삶도 소중한 것이 당연하고 분명하다. 21세기 들어 보이는 김지하의 시편들은 이러한 상생의 철학, 즉 사랑과 상생의 철학으로서 생명사상, 자유·평등사상, 그리고 평화사상을 열어가고 있다는 점에서 21세기 한국서정시의 바람직한 대안이자 지평이 아닐 수 없음이 분명하다.

아울러 민족문학의 선봉장이라 할 고은의 경우도 삶에 대한 깊이 있는 인식의 전환을 보여주어 관심을 환기한다.

> 비록 우리가 가진 것이 없더라도/바람 한 점 없이/지는 나무 잎새를 바라볼 일이다./또한 바람이 일어나서/흐득흐득 지는 잎새를 바라볼 일이다./우리가 아는 것이 없더라도/물이 왔다가 가는/저 오랜 썰물 때에 남아 있을 일이다./젊은 아내여/여기서 사는 동안/우리가 무엇을 가지며 무엇을 안다고 하겠는가./다만 잎새가 지고 물이 왔다가 갈 따름이다.
>
> – 고은, 「삶」 전문

이 시는 참 삶이란 소유를 자랑하는 데 있는 것이 아니라 참 존재를 누리는 일, 참 생명을 누리는 일에서 의미와 가치를 찾을 수 있는 것이라는 서정적 존재론을 보여준다. 삶이란 소유나 지식, 권력이나 명예에 있는 것이 아니라 존재 그 자체에 놓이는 것이며, 양에 있는 것이 아니라 질에 있는 것이라는 데 대한 깨달음을 제시함으로써 21세기 이 땅 현대시가 나아가야 할 한 방향성으로서 깨달음의 길, 철학적 정향성을 잘 드러낸 것으로 이해되기 때문이다.

종교적 서정시도 21세기 서정시에 또 하나의 활로

이러한 순수서정시의 회복 및 삶의 서정시 확립과 함께 21세기 들어서 구도와 명상의 시, 즉 종교적 경향의 시와 시조도 우리시를 새롭게 열어갈 바람직한 한 방향성이 될 것으로 여겨진다. 그 중 하나가 조오현의 시편들이다.

> 하루라는 오늘/오늘이라는 이 하루에//뜨는 해도 다 보고/지는 해도 다 보았다고//더 이상 더 볼 것 없다고/알 까고 죽는 하루살이 떼//죽을 때가 지났는데도/나는 살아 있지만/그 어느 날 그 하루도 산 것 같지 않고 보면//천년을 산다고 해도/성자는/아득한 하루살이 떼
>
> – 조오현, 「아득한 성자」 전문

2007년 정지용문학상 수상작인 이 시는 불가에서 말하는 '한 순간이 무량겁'이라고 하는 인식을 제시한다. 말하자면 삶이, 생명이 순간과 영원, 본질과 현상을 넘나드는 데 그 본질이 놓이며 그러기에 오늘의 삶, 하루하루를 충실하게 최선을 다해 살아가는 데 의미가 놓인다는

깨달음을 보여주고 있는 것이다. 이러한 깨침은 그야말로 '하루라는 오늘/오늘이라는 이 하루에//뜨는 해도 다 보고/지는 해도 다 보았다고//더 이상 더 볼 것 없다고/알 까고 죽는 하루살이 떼'와 같이 하루살이의 모습 속에서 생명의 원리, 인생의 이치를 꿰뚫어보는 날카롭고 섬세한 통찰이 담겨 있는 것으로 해석된다. 다시 말해 이러한 하루살이의 모습이야말로 바로 아득한 성자, 즉 깨침을 이루고 깨달음을 완성한 순간에 적멸에 드는 부처님의 모습과 다를 바 없다는 인식이 제시돼 있는 것이다.

그렇다! 이 시는 이슬방울 하나에서 우주를 보고 찰나에서 영원을 읽어내는 구도적인 명상을 보여준다는 점에서 요즘 시가 현저히 결여하고 있는 철학적 깊이, 종교적 형이상학의 세계를 열어 보여주고 있다는 점에서 의미를 지닌다. 기계문명의 소용돌이, 상업주의의 범람 속에서 자아를 잃고 방황하는 현대인들에게 근원을 사색하고 본질을 들여다보며 살아가라고 하는 경책을 일깨워주고 있다는 뜻이 되겠다. 아울러 생명 앞에서, 삶 앞에서 모든 존재가 높낮이가 없는 것이라는 만유 평등사상의 한 모서리를 제시하고 있는 것도 의미 있는 일이 아닐 수 없다.

또한 이 시가 시조 형식으로 쓰여진 것은 주목을 요한다. 시조는 21세기 온갖 잡다한 난해시와 산문시가 범람하는 시적 산문의 시대에 '온고지신'으로서 현대시의 새로운 한 활로를 열어갈 것으로 기대되기 때문이다. 흔히 시詩의 한자어 어원을 '言+寺', 즉 절에서 쓰는 말 또는 절에서 사용하는 말의 특징적 어법에서 유래했다고 하지 않던가. 그만큼 시란 삶에 대한 깊이 있는 깨달음 또는 구도정신을 짤막하게 함축적으로 표현함으로써 구도의 길, 해탈의 길로 나아가려는 노력을 반영하는 뜻을 담고 있다. 이 점에서 이러한 깨침의 시, 구도의 시로서 종교적 성찰이 담긴 시, 철학성이 담보된 종교적 서정시와 시조시형이야말로 현대시의 또다른 활로를 열어가 줄 것이 분명하다고 하겠다.

맺음말 - 서정시는 한국현대시의 본도이자 정도이고 대도

이렇게 본다면 지난 100년 한국현대시의 본류는 그대로 서정시의 지속과 변화과정이라는 점을 확인할 수 있게 된다. 서정성을 근본 개념이자 매개원리로 하여 한국 현대시가 형성되고 전개되고 분화돼 왔다는 뜻이다. 이 점에서 우리는 서정시를 좁은 의미, 즉 전원서정시로서 시대와 동떨어진 낡은 시대의 유물 또는 유행가쯤으로 폄하하거나 매도하는 일이 얼마나 편협하고 어리석은 일인가 알 수 있게 된다. 서정시는 유동적이고 가변적인 실체이고 살아 있는 시의 원동력이고 추진력이기에 지금도 형성 중이고 진행 중인 개념이고 총체적이며 미래지향성을 지닌 열린 개념으로 이해해야만 한다.

그러므로 21세기 서정시는 이 시대의 생명사랑운동이고 사랑과 평화에의 길을 추구하는 것을 이상으로 한다. 서정시는 가장 순수한 자연의 원형성과 생명성을 탐구하고 인간의 본원성과 근원적인 고향을 노래하는 것이기에 오늘날과 같은 기계문명과 자본만능의 시대 대도시의 문명적 삶과 새 것 선호사상 중심의 시대에는 자칫 덧없는 일 또는 가치 없는 일로 폄하될 수 있다. 그러나 인간의 영위 중에서 가상 죄 없는 일로서 순수서정시를 쓰고 읽는 일이야말로 소중한 자연의 생명력 회복과 인간의 인간성 수호를 위해서 긴절한 일이 아닐 수 없다. 그것은 시의 본도를 지키는 일이며 중도를 실천하는 일이자 정도를 확립해 나아가는 일이며 인간의 위의를 살려가는 대도가 될 수 있기 때문이다.

전쟁도 평화를 위해 하는 것이고 투쟁도 자유롭고 평화롭게 살기 위한 세상을 만들려고 하는 것 아닌가? 마찬가지로 투쟁적 저항시, 민중시도 시대정신, 시대고의 반영이라는 점에서 의미를 지니지만 보다 큰 의미에서는 참된 서정시를 쓰기 위한 치열한 몸부림이고 고난의 과정이라고 할 수 있다. 시의 근본은 역시 서정성이고 시의 궁극적인 이데아 역시 서정시의 바탕인 생명사랑과 자유사랑, 평화에의 길이 아닐 수 없기 때문이다.

비록 역사는 바뀌고 시대정신과 세태는 변해가도 자연의 근원적 생명력과 고유의 아름다움, 인간의 인간다운 본성을 지키고 사랑하는 일은 시대적 가치와 더불어 항구적 가치를 지니는 일이기 때문이다. 따라서 하늘과 땅의 순환이치와 본원성을 탐구하면서 인간의 양심과 순수성을 지향해 나아가려는 진실추구, 선성善性의 추구, 아름다움의 추구야말로 인간정신의 승리를 의미할 수 있다. 그야말로 하늘과 땅, 그리고 사람, 즉 天·地·人의 본성과 원리를 탐구하고 그 본원성, 생명성을 지키고 미래지향적으로 살려 나아가는 서정시 운동이 바로 이 시대의 생명운동이고 정신적인 녹색운동인 까닭이다. 이 점에서 21세기 현대시는 순수서정시 운동을 통해서 생명사랑, 자연사랑, 인간사랑, 평화사랑의 정신적인 녹색운동, 새로운 인간회복운동의 새 물결을 일으켜 가야 할 것이 분명하다.

[사족]

그렇다! 1991년 봄에 창간되어 어느덧 20년, 온갖 고난과 시련 끝에 이제 80호를 맞이하는 이 땅의 최장수 시전문계간지 〈시와시학〉이 그간 작은 성과라도 거둔 것이 있다면 그것은 나날이 위축돼가던 서정시의 본성과 위의를 살려 나아가기 위한 외로운 노력과 안타까운 분투가 어느 정도 인정받기 시작한 점이라 하겠다. 본지는 앞으로도 서정시의 위의를 회복하고 올곧은 시정신의 확립을 위해 지속적인 노력을 전개함으로써 시의 본도이자 정도이고 또한 대도로서 서정시 운동을 통해 현대시사의 물길을 바로잡아 가고자 노력할 것을 다짐한다. 그동안 격려와 성원을 보내주신 시인, 애독자 여러분께 머리숙여 감사드린다.

Ⅵ. 잊을 수 없는 나의 님, 연인이여

만해 한용운, 현상을 넘어 영원으로

1879년 8월 29일 충남 홍성군 결성면 출생
1905년 백담사 출가, 『조선불교유신론』 집필
1918년 불교문화계몽지 〈유심〉 발간
1919년 3·1운동에 민족대표의 1인으로 참가, 투옥
1926년 시집 『님의 침묵』 상재
1930년 독립운동 비밀결사인 卍당黨 결성, 당수
1944년 6·29 서울 성북동 심우장에서 영면

조선조 중엽의 거유巨儒인 남명 조식曺植 선생은 일찍이 '천석들이 종鍾을 보아라. 거대한 방망이가 아니고서는 칠 수가 없느니라'라고 한 바 있다. 필자가 만해 한용운을 생각할 때면 떠오르는 비유적인 내용이다.

그렇다! 만해는 지난 100년간 한국 현대사에서 천석들이 종에 해당하는 한 사람이다. 선구적인 불교사상가이자 종교개혁가로서, 탁월한 독립투사이자 민족사상가로서, 그리고 불세출의 시인으로서 만해는

크게 치면 칠수록 삼천 대천 세계를 크게 울릴 뿐 아니라 어린 소년 소녀가 쳐도 아름답고 섬세하게 울려 퍼지는 생명의 종, 사랑의 종에 해당하기 때문이다. 그만큼 그는 입체적인 성격을 지니면서도 형성형, 진행형 인물로서의 성격을 지닌다. 그는 근대식 학교교육을 받지 못하였으면서도 구한말 이 땅의 사회현실을 학교로 삼고, 헐벗고 굶주린 민중들을 스승으로 이 땅 수난과 역경의 역사를 교과서로 삼아 조금씩 자신의 운명을 개척하고 자신을 극복해 나아가려 노력한 형성형 인물이라는 점에서 그러하다.

만해의 성격은 첫째 불교적인 측면에서 살펴볼 수 있다. 설악산 백담사에 출가한 이래 그는 좌선 중에 문득 득도하여 '남아란 가는 곳마다 다 고향인데/나그네 시름에 잠긴 사람 그 얼마나 많나/한마디 버럭 질러 삼천세계 뒤흔드노니/눈 속에 복사꽃 점점이 흩날리네'라는 오도송悟道頌을 쓴다. 나 있는 곳이 내 집이며, 내가 바로 세상의 중심이라고 하는 확실한 깨침을 얻게 된 것이다. 그러면서 그는 지난시대 억불숭유로 침체됐던 조선불교를 혁신하고자 『조선불교유신론』을 쓰고, 민중불교·생활불교·실천불교 실현을 위해 『불교대전』을 편찬하면서 종교개혁운동, 불교근대화운동을 전개해 나아가게 된다. 선승이자 개혁승이고 실천승가의 길로 나아가게 된 것이다.

바로 여기에서 두 번째 민족운동가로서의 성격이 드러난다. 그는 1918년 〈유심〉지를 펴내면서 사회·역사와의 만남, 3·1운동에 참여하게 되고 독립투사이자 혁명 사상가로서의 길을 걷게 된다. 33인의 대표로서 독립만세를 선창하고 공약3장을 발표하는 등 투쟁의 길, 실천의 길로 나아가게 된다. 그러나 그의 진면목은 그가 감옥에서 제출한 「조선독립에 대한 감상의 대요」, 즉 속칭 「조선독립의 서」에 선명히 제시된다.

> 자유는 만유의 생명이요 평화는 인생의 최행복이라 고로 자유가 無한 사람은 사해와 같고 평화가 없는 자는 최고통의 자라. 압박을 당하는 자의 주위의 공기는 분묘로 화하고 쟁탈을 일삼는 자의 경애는 지옥이 되나니
>
> —「조선독립의 서」 앞부분

만해사상의 핵심은 자유사상이자 평등·평화사상이라 할 수 있다. 아울러 민족적 특수성으로서 민족·민중사상이고, 구체적 현장성으로서 진보·통일사상이다. 그만큼 그의 사상은 인류사적 보편성과 민족사적 특수성에 근거한 데서 설득력을 지닌다고 하겠다.

무엇보다도 세 번째 성격인 시인으로서 만해의 특성은 생명사상 또는 사랑과 평화의 철학을 형상화한다는 점에서 드러난다.

> 님만 님이 아니라 기룬 것은 다 님이다. 중생이 석가의 님이라면 철학은 칸트의 님이다. 장미화의 님이 봄비라면 마씨니의 님은 이태리다. 님은 내가 사랑할 뿐 아니라 나를 사랑하나니라 …중략… 나는 해저문 벌판에서 길을 잃고 헤매는 어린 양이 기루어서 이 시를 쓴다
>
> —『님의 침묵』「군말」

이 시의 핵심은 모든 존재가 생명 앞에서 평등하며, 나와 남은 상호 존중의 법칙과 사랑의 원리를 바탕으로 존재한다는 사실에 놓여진다. 아울러 세상에서 가장 소중한 것이 바로 생명이며, 생명에 대한 가없는 사랑이라는 점을 강조한다. 이 점에서 시집 『님의 침묵』은 만해에 있어 사랑의 경전이자 생명의 증도가라고 할 수 있다.

무엇보다도 만해가 만해인 것은 그가 한 생애에 걸쳐 정신의 일관성을 지키고 끝내 1944년 6월 29일 성북동 심우장 냉돌 위에서 순절하였다는 점이다. 만해보다 큰 승려, 독립운동가, 뛰어난 시인은 있을 수 있다. 그러나 이 세 가지 면모가 일체원융을 이룸으로써 뿜어내는 정신의 열기와 그 에너지, 그리고 정신적인 일관성은 만해를 만해이게 하는 독특한 힘이자 개성이 아닐 수 없음이 분명하다.

만해의 생애와 사상이 압축적으로 요약된 것이 바로 그의 시집 『님의 침묵』 88편 842행이라고 할 수 있다. 1925년 그의 나이 46세 때 설악산 백담사에서 쓰여진 『님의 침묵』은 그의 생애와 사상을 온축한 시집이자 8만대장경의 내용을 엿볼 수 있는 실마리를 제공한다. 특히 「나룻배와 행인」이라는 시는 그러한 만해의 삶과 불교사상을 평이한 비유와 부드러운 가락으로 형상화한 한 핵심 시편이라고 할 수 있겠다.

> 나는 나룻배/당신은 행인//당신은 흙발로 나를 짓밟습니다/나는 당신을 안고 물을 건너갑니다/나는 당신을 안으면 깊으나 옅으나 급한 여울이

나 건너갑니다//만일 당신이 아니 오시면 나는 바람을 쐬고 눈비를 맞으며 밤에서 낮까지 당신을 기다리고 있습니다/당신은 물을 건너면 나를 돌아보지도 않고 가십니다 그려//그러나 언제든지 당신이 오실 줄만은 알어요/나는 당신을 기다리면서 날마다 날마다 낡아갑니다//나는 나룻배/당신은 행인

세상살이에 있어 과연 나룻배 아닌 삶이 어디 있으랴. 누구나 사람은 다른 사람에게, 뭇 생명은 다른 생명에게 나룻배가 되고 먹이가 되어주며 살아가야 하는 상호의존의 존재가 아닐 수 없기 때문이다. 너와 나는 자타불이, 즉 하나이며 하나일 수밖에 없는 것이다. 이렇게 누군가에게 나를 내어주고 도움이 되면서 살아가는 마음, 이것을 불교에서는 보살의 정신이라고 말하지 않던가. 이 베풀고 내어주는 정신으로서 보살정신이 바로 나룻배의 근본 사상인 것이다.

두 번째로 이 시에는 삶의 과정에서 끊임없이 부닥쳐오는 온갖 어려움을 견디고 이겨내는 것으로서 인욕의 정신이 잘 담겨 있다. 당신은 흙발로 나를 짓밟고 가지만, 나는 그러한 모욕과 분노, 성냄을 다 참고 견디어냄으로써 당신을 이겨내고 마침내 나 자신을 이겨내게 되는 것이다.

여기에서 한 걸음 더 나아가서 세 번째 자비의 정신이 드러나게 된다. 참고 견디고 나를 짓밟은 사람을 이해하고 용서함으로써 마침내 원수를 사랑하게 되는 사랑의 실천에 도달하게 된다는 뜻이다. 마지못

해서 베푸는 사랑으로서 적선이 아니라, 없는 것까지도 온갖 고통을 감수하며 구해서 사랑을 베푸는 것으로서 적극적인 사랑의 실천, 즉 자비행을 이루게 되는 것이다. 나를 짓밟고 간 그 사람, 나를 분노에 떨게 한 그 사람을 마침내 이해하고 용서하며 나아가서 적극적으로 껴안는 사랑의 실천으로서 자비행이야말로 '상구보리 하화중생上求菩提下化衆生'으로서 불교적인 정각에 이르는 길이자 해탈을 이루는 지름길에 해당하는 것이다.

그러면서도 이 시에는 불교의 근원사상으로서 공空사상과 기다림[待]의 사상이 요약적으로 제시되어 관심을 끈다. '나는 당신을 기다리면서 날마다 날마다 낡아갑니다'라는 핵심구절이 그것이다. 삶이란 날마다 조금씩 닳아가는 것, 낡아가서 마침내 티끌로 사라져 버리고 마는 무無의 존재, 공空의 존재가 아니던가. 흙으로 빚어져서 시간 속을 살아가다가 시간 밖으로 사라져 흙으로 돌아가고 마는 흙[Humus]의 존재인 것이다. 그렇지만 삶이란 생명이 존재하는 한 끊임없이 살려는 욕구와 의지가 꿈틀거리는 욕망의 존재가 아닐 수 없다. 이러한 살려는 욕구와 의지가 바로 생명의 현상이며 그것의 구체화가 기다림으로 나타나기 마련이다. 기다림이란 생명의 한 본질적 속성이자 현상에 해당한다는 뜻이다. 그러기에 '나는 당신을 기다리면서 날마다 날마다 낡아갑니다'라는 구절이 깊은 울림으로 다가올 수밖에 없다고 하겠다.

그렇게 본다면 시 「나룻배와 행인」은 생명의 원상과 실체를 깊이 있게 노래하면서도 어떻게 사는 것이 바람직하고 가치 있는 길인가를 잘 보여주는 좋은 작품임에 분명하다.

또한 한용운의 삶과 문학에서 우리가 배워야 하는 가장 소중한 덕목은 종교적인 역사의식이자 믿음의 철학이고 희망의 시학이자 예언자적 지성의 면모가 아닌가 한다. 과거의 잘잘못을 올바로 바라보면서 현재를 비판적으로 받아들이고 미래를 슬기롭게 예감하는 정신의 힘으로서 역사의식은 한용운의 삶과 시를 이끌어가는 근본 동력으로서 작용하고 있었기 때문이다.

> 바람도 없는 공중에 수직의 파문을 내이며 고요히 떨어지는 오동잎은 누구의 발자취입니까//지리한 장마 끝에 서풍에 몰려가는 무서운 검은 구름의 터진 틈으로 언뜻언뜻 보이는 푸른 하늘은 누구의 얼굴입니까//… 중략 …//타고 남은 재가 다시 기름이 됩니다./그칠 줄 모르고 타는 나의 가슴은 누구의 밤을/지키는 약한 등불입니까
>
> —「알 수 없어요」 부분

일제강점하 어두운 장마의 하늘 아래서 대부분의 사람들은 일제의 폭력과 회유 속에 무릎을 꿇고 말았다. 심지어 대표적인 민족사상가이자 당대의 수재이던 육당 최남선이나 이광수도 그러하지 않았던가. 그러나 만해에게는 종교가 있었다. 아니 정확히 말해서 불교적인 역사의식이 있었다. 비록 장마가 한 때의 기세로 온 세상을 휩쓸고 간다고 해도 그 너머엔 푸른 하늘이 있기 마련이며 겨울이 아무리 길다 해도 언

젠가는 봄이 오기 마련 아니던가. 그것이 하늘의 섭리이고 대자연의 법칙이 아닐 수 없기에 만해에게 현실적인 수난이나 고초는 그다지 큰 것이 아니었다. 그러한 수난이나 고통이 클수록 푸른 하늘에 대한 기다림과 희망은 소중하고 값진 것이 아닐 수 없음이 분명하다. 그러한 믿음의 철학, 희망의 시학이 바로 '타고 남은 재가 다시 기름이 됩니다. 그칠 줄 모르고 타는 나의 가슴은 누구의 밤을 지키는 약한 등불입니까'라는 시의 결구로 형상화될 수 있게 된 것이다.

그렇다! 종교를 믿는 마음은 바로 현실적인 고통이나 절망을 이겨내고 순간에서 영원으로 나아가고자 하는 믿음의 철학, 희망의 시학이 아니겠는가. 이른바 영성靈性을 느끼고 체험함으로써 지상의 삶, 한계 지어진 육신의 삶 속에서 하늘의 삶, 영원한 삶으로 나아가고자 하는 영생의 세계관의 구현이라고 할 수 있으리라. 절망에서 희망으로, 슬픔에서 힘으로, 어둠에서 빛으로 나아감으로써 마침내 얻게 되는 정신적 초월에의 길이 종교적인 역사의식에서 얻어질 수 있다는 뜻이다. 사실 인류의 종교사적 각도에서 보더라도 그 많은 박해와 순교가 가능했던 것도 바로 이러한 영적초월의 힘으로서 종교적인 역사의식이 그 밑바탕에 자리잡고 있었기 때문인 것으로 이해된다. 진정한 마음의 길, 신앙의 길에 있어서야 불교건 기독교건 그 무슨 큰 차이가 있겠는가?

왜 이 시대 지금에 와서 우리는 다시 만해를 논하는가? 한마디로 말해서 만해가, 만해정신이 충격하기를 소망하는 것은 지난날이 아니라 바로 오늘이며, 오늘의 내일로서 미래이다. 그가 지난 세기의 어둠 속에서 치켜든 자유와 평등·평화사상, 민족과 민중사상, 진보와 통일사상, 그리고 생명사상과 사랑철학의 횃불이야말로 오늘날과 같은 대립적인 사고방식과 적개심의 논리가 판치는 시대에 무엇보다도 긴절한 정신적인 푯대이자 이념적인 가치덕목이 아닐 수 없기 때문이다.

그러나 단지 사상이 높고 학식이 위대하면 무엇하랴? 성서나 불경이 그러하듯이 전문가는 물론이거니와 일반 대중, 어린 학생들에게까지 깊고 오랜 울림을 줄 수 있을 때 그것이 더욱 의미가 있고 가치를 발할 수 있는 것이 아니겠는가. 만해의 생애와 사상, 그리고 인간성은 시집『님의 침묵』으로 인해 더 넓고 깊은 울림을 줄 수 있는 것이다. 만해가 작고한 다음해에 해방이 되었을 때 위당 정인보가 만해를 시조로 찬양하였듯이 '풍란화 매운 香내'로서 만해의 생애와 정신은 우리의 삶 속에서 오래도록 빛날 것이 분명하다.

만해 한용운萬海韓龍雲

깊은 밤, 내설악內雪嶽 깊은 산 속의 적막을 깨고 범종 소리가 맑게 울려 퍼진다. 백담사百潭寺의 한 구석, 고즈넉한 승방僧房에는 조용히 흔들리는 호롱불 아래에 가부좌跏趺坐를 틀고, 중년의 승려 한 사람이 꼿꼿이 정좌해 있다. 오 척 단구에 파르라니 깎은 머리, 예리한 안광眼光이 빛나며 새벽을 꿰뚫는다. 무언가 설레는 침묵이 주위를 휩싸고 돌 뿐이다.

> 임이시여, 하늘도 없는 바다를 거쳐서 느릅나무 그늘을 지워 버리는 것은 달빛이 아니라 새는 빛입니다.
> 홰를 탄 닭은 날개를 움직입니다.
> 마구에 매인 말은 굽을 칩니다.
> 네, 네, 가요. 이제 곧 가요.

1925년 8월 29일 새벽, 바로 33인의 한 사람으로서 3·1 운동을 이끈 독립 운동가이며, 이 땅의 불교를 혁신하기 위해 일생을 바친 만해 한용운 선생이 시집『임의 침묵沈默』을 탈고함으로써 문학사에 새로운 빛을 던지는 한 순간이었다. 한여름 내내 무더위에 시달리며 뜬눈으로 지새우면서 마침내 역사의 새벽을 예감하는 마지막 구절을 완성한 것이다. 그러나 이 순간에도 피곤한 기색은커녕 눈빛에는 민족의 어둠을 밝히려는 듯 의지의 불꽃이 눈부시게 타오르고 있었다.

때는 1919년 3월 1일. 명월관 지점支店에는 민족 대표 33인이 속속 모여들고 있었다. 긴장된 얼굴에는 초조와 흥분이 교차되고 있었다. 일본 경찰의 감시가 심하여 탑골 공원에서 독립 선언서를 낭독할 수 없게 되자, 민족 대표들은 부득이 이곳으로 장소를 옮기지 않을 수 없게 된 것이다. 얼마간의 침묵이 흐른 뒤, 만해 한용운이 대표로 일어나 짤막한 연설을 시작하였다.

"여러분, 지금 우리는 민족을 대표해서 한 자리에 모여 독립을 선언했습니다. 기쁘기 한량없습니다. 이제는 죽어도 여한이 없습니다. 다 함께 독립 만세를 부릅시다. 대한 독립 만세! 만세! 만세!"

우렁찬 만세 소리는 쩌렁쩌렁 연회장을 울리며 밖으로 흘러 나갔으며, 마침내 가까운 탑골 공원에 모인 수천수만 겨레의 가슴에 독립 만세의 불을 지폈다. 이 장소에서 즉각, 선생을 비롯한 민족 대표들은 왜경에서 체포되었다. 그러나 선생은 조금도 당황하거나 굴하는 기색이 없이 당당하기만 하였다.

열서너 살의 어린 학생들이, 잡혀가는 선생을 보고 만세를 부르고 또 부르다가, 왜경의 제지로 개천에 굴러 떨어지면서도 만세를 불렀다. 한 학생이 잡혀가면 또 옆의 학생들이 이어서 독립만세를 부르다가 매 맞으며 또 끌려갔다. 이러한 장면을 목격한 선생의 눈에서는 눈물이 비 오듯 하였다. 이는 평생 선생의 가슴에 피맺힌 한恨으로 남아서 정신의 힘이 되었다. 감옥에 갇혀서도 선생은 "나라 잃은 판에 죽는 것이 무엇이 슬프냐?" 하고 태연하였으며, 재판 과정에서조차 동료나 학생들을 감싸주는 등 모든 책임을 자신이 다 덮어쓰려 하였다. 또, 냉혹한 검사의 논고에 맞서서 옥중에서 민족의 자유와 평등을 주장하는 논설 '조선 독립의 서'를 작성하였다. 날카로운 논리와 해박한 지식, 그리고 시대와 민족을 초월한 높은 사상은 일인日人 검사로 하여금 "이론은 정당하나, 본국 정부의 방침이 변하지 않으므로 어쩔 수 없다."라고 탄식하게 할 정도였다.

선생은 또, 차디찬 감방에서도 아름다운 시를 짓는 기백氣魄과 여유를 한껏 과시하였다.

> 물처럼 맑은 심경, 티끌 하나 없는 밤,
> 철창으로 돋는 달빛 또한 고와라.
> 모든 희로애락은 공空이요 마음만 있을지니,
> 석가도 원래 보통 사람일 뿐인 것을.

그뿐만 아니라, 체포되어 온 어린 학생들에게 시를 지어 주어, 조국애에 대한 신념과 용기를 북돋워 주기도 하였다.

> 치사스럽게 사는 것은 오히려 치욕이니,
> 옥같이 부서지면 죽어도 보람인 것을!
> 칼 들어, 하늘 가린 가시나무 베어내고,
> 휘파람 길게 부니, 달빛 또한 밝구나.

고통스런 감옥 생활 중에, 3·1운동을 회개하는 참회서를 써 내면 풀어 주겠다고 유혹했으나, 선생은 끝내 이를 거절하였다. 뿐만 아니라, 재판을 받을 때에도 변호사 선임을 거부하였고, 모진 겨울의 추위를 세 해나 넘기면서도 사식私食을 희망하거나 보석保釋을 신청하지 않았다. 혼자서도 얼마든지 판검사를 상대로 논리적으로 싸울 수 있으니 변호사는 필요 없고, 평생을 독립 운동으로 싸울 터이니 사식은 무엇하며, 신념을 가지고 한 일이니 보석은 얼토당토않다는 이유에서이다. 선생에게 있어 조국 독립과 겨레에 대한 사랑은 신앙信仰과도 같이 거룩한 것이었기에, 온갖 어려움을 이겨낼 수 있었던 것이다.

3년여의 영어생활囹圄生活에서 풀려 나온 뒤에도 선생은 독립 운동의 고삐를 늦추지 않았다. 이때부터는 주로 강연講演과 사회 활동을 통해서 청소년들을 계몽하는 데 주력하였다. 선생이 이르는 곳마다 우국지사와 열혈청년들이 구름처럼 모여들었다. 선생은 항상 강연의 마지막에는 "개성 송악산에서 흐르는 물이 만월대의 티끌은 씻어 가도 선죽교의 피는 못 씻으며, 진주 남강의 흐르는 물이 촉석루의 먼지는 쓸어 가도 의암에 서려 있는 논개의 혼은 못 씻는다."라고 끝맺곤 했다.

선생은 생활이 구차하였을 뿐만 아니라, 거처 또한 일정한 곳이 없었다. 누더기 승복 외에는 딴 의복이 없었으며, 있다 하더라도 애써 입지 않으려 하였다. 오로지 심성心性만이 가을 물같이 차고 맑았으며, 의기義氣만이 새벽별같이 빛나고 있었다.

선생은 특별한 일이 아니면 인력거나 전차도 타지 않고 걸어 다녔다. 참을성에 있어서는 당할 사람이 없었다. 한번은 선생이 만주를 여행한 일이 있었다. 일제의 탄압에 시달리다가 이를 피해 만주로 간 동포들의 실정을 살펴보기 위해서였다. 이 때, 험하기로 이름난 '굴라재'라는 고개를 넘어갈 때, 선생을 왜경의 앞잡이로 오인誤認한 동포 청년들이 선생을 저격하였다. 첩첩 산중의 험한 산간에서 피를 흘리면서도, 동포들이 사는 마을에까지 수십 리를 기어가서 겨우 목숨을 보존했다. 수술을 받을 때, 마취를 하지 않고, 총탄에 으스러진 뼈를 바로 맞추고, 뼛속에 박힌 총알을 긁어내는 소리가 들리는데도 입만 굳게 다물고 신음 소리 한 번 내지 않았다 한다.

정처 없이 떠도는 선생을 보다 못해, 뜻있는 동지 몇 사람이, 변두리이던 성북동 산비탈에 작은 집을 지어주기로 했다. 이 때, 목수들이 여름에는 시원하고 겨울에는 따뜻한 남향으로 지으려 하자, 선생은 "그건 안 되지. 남향으로 하면 돌집(조선 총독부 건물)을 바라보게 될 터이니, 차라리 여름에 덥고 겨울에 춥더라도 북향으로 해야지."하고 우겨서 북향으로 '심우장尋牛莊'을 지었다 한다. 그러나 설날이 되어도 갈아입을 새 옷이 없고, 불을 때지 못해 얼음장 같은 냉돌 위에서 비참한 생활을 할 수밖에 없었다. 그러면서도 "나는 조선 사람이다. 왜놈이 통치하는 호적戶籍에 내 이름을 올릴 수 없다."고 단호히 입적入寂을 거부하여, 모든 식량 배급配給은 물론, 법적인 보호를 받지 못하였다. 이때, 창씨개명創氏改名을 하는 등 변절한 옛 친구들이 선생의 딱한 사정을 돕고자 찾아왔으나, "내가 알던 그 친구는 죽은 지 오래다." 하며 쳐다보지도 않았다 한다.

일제 탄압이 더욱 심해진 1925년 어느 초여름 날, 선생은 바랑 하나만 걸머지고는 행운유수行雲流水처럼 내설악의 울창한 숲속으로 표표히 걸어 들어갔다. 이 여름 내내 산속에 묻혀, 마침내 민족의 시집 '임의 침묵' 88편의 주옥편珠玉篇을 지어 내었다.

> 임은 갔습니다. 아아, 사랑하는 나의 임은 갔습니다.
> 푸른 산빛을 깨치고 단풍丹楓나무 숲을 향하여 난 작은 길을 걸어서, 차마 떨치고 갔습니다.

「임의 침묵」은 사랑의 노래이다. 이별한 임을 그리워하며 고통과 슬픔 속에서 애타게 임을 기다리는 애절한 희망의 노래이다. 또, 이 시에

'빼앗긴 조국'이 '이별한 임'으로 비유되어, 조국의 광복과 독립을 되찾고자 하는 속뜻이 담겨 있다. 그러므로 시집 '임의 침묵'은 단순한 이별의 노래가 아니라, 만남의 노래이며 부활의 노래로 볼 수 있다. 선생은 암흑의 시대인 일제강점 하에서 "그칠 줄 모르고 타는 나의 가슴은 누구의 밤을 지키는 약한 등불입니까"라고 노래하여, 꺼지지 않는 민족의 등불이 되어 주었다.

이럴 즈음, 독립 운동가인 김동삼金東三 열사가 서대문 감옥에서 죽어 그 유해를 찾아가라는 신문 보도가 있었으나, 일제로부터 주목받기를 꺼려서 아무도 그 근처에 얼씬거리지 않았다. 비참한 생활 중에서도 선생은 단숨에 달려가서, 자신의 집으로 열사의 유해를 옮겨, 대성통곡하며 정중히 장례를 치렀다. 이처럼 궁핍한 살림과 혹심酷甚한 탄압 속에서도, 물불을 가리지 않는 강직한 지조와 의리, 그리고 따뜻한 인정미를 잃지 않는 데서 선생의 참된 인간성을 찾아볼 수 있다.

선생은 일제의 온갖 위협과 유혹에도 죽는 날까지 굴복하지 아니하였다. 온갖 고초苦楚 속에서도 광복과 독립의 그 날, 역사의 새벽이 머지않아 다가올 것을 확신하였다. 그러나 불행히도 광복을 일 년 앞둔 어느 날, '심우장' 차가운 냉돌 위에서 끝내 역사의 큰 별은 떨어지고 말았다.

우리는 만날 때에 떠날 것을 염려하는 것과 같이, 떠날 때에 다시 만날 것을 믿습니다.

아아, 임은 갔지마는 나는 임을 보내지 아니하였습니다.

비록 불우한 삶 속에서 선생은 가셨지만, 그 불타는 조국애祖國愛는 민족의 가슴 속에 영원한 등불로 빛날 것이다. 또, 선생의 고결한 지절志節은 '풍란화風蘭花 매운 향내'로서 겨레의 가슴속에 오래도록 향기를 더해 갈 것이다.

(국정 중학 교과서 3-2 수록, 1984~2011)

백담사 만해기념관 상량문萬海記念館上樑文

때는 바야흐로 천지만물이 생명을 마음껏 자랑하는 새봄이요, 부처님의 자비공덕이 온 세상에 가득 찬 오월이라, 때맞춰 설악산 백담사에 만해기념관의 상량식을 거행하게 되니 사대부중은 물론 온 민족의 큰 경사이러라.

일찍이 백담사는 신라 진흥왕 원년(647년)에 자장법사慈臟法師가 창건하여 이후 천여 년 동안 이 땅의 민족정기와 불법을 전수해 온 명찰이 아니던가. 창건 이래 한계사, 운흥사, 심원사, 현구사, 영가사를 거쳐 오늘의 이름 백담사에 이르기까지 이 땅 험난한 역사의 소용돌이 속에서 정법전도正法傳道의 도량으로서 꾸준한 법맥을 이어 왔다고 하겠다.

여기 백담사 매월당 김시습을 비롯하여 많은 고승대덕과 수행선자들이 주석하거나 수행을 해 왔으니, 근세의 만해 한용운萬海 韓龍雲도 그 중의 한 사람이다.

만해 선사는 구한말 외세침탈의 풍운이 몰아치던 1879년 8월 29일

충남 홍성에서 태어나 1905년 이곳 백담사에 출가하였다. 이후 한평생을 상구보리 하화중생上求菩提下化衆生의 큰 뜻으로 불도를 닦고 조국과 민족을 위해 헌신하다가 1944년 6월 29일 서울 심우장 냉돌 위에서 순국하신 위대한 승려이자 투철한 애국지사이고 동시에 빛나는 민족의 시성詩聖인 것이다.

승려로서 만해 선사는 조선조 이래 오랫동안 침체돼 왔던 이 땅의 불교를 근대화하기 위해 진력한 당대의 선승이자 개혁승이라고 하겠다. 선사가 이곳 백담사에서 저술한 「조선불교유신론」이나 「불교대전」 등을 통해 역설한 민족불교로서 불교가 새롭게 태어나고 힘차게 나아가야 할 방향을 밝혀주는 불교중흥의 횃불이라고 아니할 수 없으리라.

또한 선사가 민족대표 33인의 한사람으로 3·1독립운동에 주도적으로 참여하여 우리 민족이 나아가야 할 지표를 제시한 것은 역사적 쾌거가 아닐 수 없으리라. 선사가 선구한 반외세 민족해방운동과 반계급 사회해방운동, 그리고 반봉건 민주화운동이야말로 일제강점 하 어둔 현실은 물론 분단시대를 살아가는 오늘에 있어서도 소중한 민족사적 나침반이 되고 있기 때문이다. 실천적인 투쟁은 물론 선사가 체계화한 자유사상, 평등사상, 민족사상, 민중사상, 진보사상, 통일사상 그리고 평화사상, 게다가 끝까지 절조를 변치 않은 정신적 일관성은 오늘날은 물론 통일조국의 미래에도 빛나는 민족사적 귀감이 될 것이 분명하지 않겠는가.

아울러 선사가 1925년 이곳 백담사에서 '해저문 벌판에 돌아가는 길 잃고 헤매는 어린 양이 기루어서 쓴' 시집 『님의 침묵』은 민족의 시성으로서 면모를 보여주기에 충분하다고 하리라. 시집 『님의 침묵』에는 중생에 대한 가없는 자비심의 발현으로서 생명사상과 사랑의 철학이 장엄한 화엄의 바다를 이루며 끊임없이 물결치고 있기 때문이다.

그렇다! 만해선사가 소중하게 일깨워준 생명사랑, 인간사랑, 나라사랑, 겨레사랑, 자유와 평화사랑의 정신이야말로 우리 민족에게 오늘날에도 여전히 빛나는 정신사적 덕목이자 가치체계가 아닐 수 없으리라.

어찌 이러한 만해 선사의 높은 민족정신과 깊은 불교사상, 그리고 향기로운 문학정신이 우리 온 국민이 흠모하고 새롭게 실천 선양해 가야할 가치 덕목이 아니겠는가?

지금 이 시대는 그 어느 때보다 세계사 속에서 한국의 위치가 새롭게 정립돼야 하고, 동시에 밀려오는 외세의 격랑 속에서 민족적 주체성과 자긍심 그리고 민족정기를 고양해야만 할 시기라고 할 수 있으리라. 무엇보다도 분단 상황 하에서 가속화해 가는 민족 이질화 현상을 극복하고 날로 어려워만 가는 이 땅의 정치, 경제, 문화의 혼란을 이겨내야만 할 시점이기에 특히 그러하다. 또한 가치관의 혼란과 전도된 윤리 도덕을 바로잡아 인간적 존엄성과 진정성을 회복해가야만 할 때이기 때문이다.

그러기에 오늘날 우리 사회는 그 어느 때보다도 진정한 애국자로서 존경할만한 지도자를 갈망하고, 권위 있는 양심적인 구도자를 그리워하고 진정성이 넘쳐나는 문학인을 갈망하고 있지 않은가? 만해 선사가 선구한 자유와 평등사상, 민족과 민중사상, 진보와 통일사상, 그리고 문학과 실천이 인류의 근원적 양심에서 우러나온 불교적 휴머니즘 사상에 기초하고 있으며 민족이 처한 특수한 상황을 투철하게 인식하고 있는 역사의식에 기반을 두고 있는 까닭이라 하겠다.

이런 연유로 조계종 총무원장 송월주 대종사와 조오현 신흥사 회주스님 등 우리 불교계와 이수성 전 국무총리 등 우리 사회의 뜻 있는 사람들이 모여 만해사상실천선양회를 결성하고 백담사에 만해기념관 건립을 추진하여, 오늘 상량식을 거행하게 되었으니 어찌 감회가 없을 수 있겠는가. 이로써 만해 선사의 높은 정신과 깊은 사상이 대대손손, 영영세세 겨레의 가슴속에 살아남음으로써 빛과 향기를 더해 갈 것을 확신하고 또 간절히 고대해 마지않는 바이다.

이 뜻 깊은 만해기념관 상량에 즈음하여 그간 국가 차원에서 물심양면 지원의 노고를 아끼지 않은 김영삼 대통령과 김우석 내무장관, 안우만 법무장관 등 관계자 여러분, 그리고 건립을 위해 애쓴 모든 분들의 노고와 정성을 오래도록 기록해 두고자 한다.

엎드려 바라건대 부처님의 가피가 산자수명한 설악산 백담사에 더욱 충만하며 만해기념관이 온 국민의 정신의 고향, 겨레의 도량으로 더욱 흥성하기를 기원하는 바이노라.

世尊應化 二千五百四十一年 五月

萬海硏究者 金載弘 謹述

만해사상실천선양회 취지문

만해 한용운 선사는 이 땅의 불교사상사, 민족운동사, 문학예술사에 있어서 불후의 업적을 남긴 근대사 최대의 인물 중 한 분이라 하겠다.

선사의 불교 근대화운동과 개혁사상은 오늘날에도 커다란 울림을 지니며 새로운 빛과 향기를 더해 가고 있으며, 자유사상과 평등사상 그리고 민중사상과 진보사상에 바탕을 둔 민족사상 역시 오늘날의 민주화운동과 통일운동에 횃불로서 타오르고 있다. 또한 생명사상과 사랑의 철학에 근거한 문학정신도 오늘의 문학 형성과 전개에 커다란 영향력을 발휘하고 있는 것이 사실이다. 종교사상, 민족의식, 문학정신이 일체원융을 이루는 데서 뿜어 나오는 정신의 힘이야말로 이 땅 근대화와 민주화에 커다란 원동력이 되었다는 것은 누구도 부인할 수 없는 사실이다.

그럼에도 불구하고 오늘날 만해 선사의 이러한 큰 사상과 업적을 총체적으로 실천하고 구체적으로 선양하기 위한 국민적 노력과 국가적 지원은 아직도 미흡한 것이 사실이라 하겠다.

이에 만해 선사가 출가한 만해정신의 요람이자 불후의 시집 『님의 沈默』을 집필한 명작의 고향인 설악산 백담사에서 중심이 되어 만해사상 실천과 선양운동을 전 국민적, 전 민족적으로 전개해 나아가는 운동을 새롭게 시작하고자 한다.

모든 실천운동과 선양사업이 그러하듯이 그 운동의 성패는 참여하는 사람들의 진지한 뜻과 뜨거운 열성의 정도에 달려있다고 하겠다. 만해 선사가 일제강점의 암흑시대에 겨레의 가슴에 심어준 자유사상, 민족사상, 민중사상, 진보사상, 통일사상 그리고 생명사상과 사랑의 철학을 오늘에 되살리는 일도 우리 민족 구성원 한 사람 한 사람의 정성과 열의가 모아지고 합쳐지는 데서 참뜻을 얻고 큰 힘을 발휘할 수 있을 것이 분명하기 때문이다.

이에 만해 선사의 생애와 사상 그리고 위업을 연구하고 기림으로써 민족정신의 횃불로 오늘에 되살리고자 '만해사상실천선양회'가 출범하오니 뜻있는 분들의 적극적인 동참을 바라는 바이다.

만해대상 취지문

만해대상萬海大賞은 한평생 나라와 겨레를 위해 몸과 마음을 바치시고 순국한 만해 한용운 선생(1879~1944)의 높은 사상과 깊은 정신을 기리고 추모하면서 오늘에 되살리기 위해 만해사상실천선양회가 제정하고 만해마을이 수여하는 상이다.

주지하다시피 만해 선생은 구한말 풍운의 시대에 태어나 일제강점기 내내 자유와 평등사상이라는 인류사적 대의를 바탕으로 나라사랑、겨레사랑이라는 민족사적 과제를 실천하면서 진보와 통일사상의 구현이라는 시대정신에 입각하여 이 땅에 사랑의 철학과 생명사상, 그리고 평화사상을 실현하고자 진심전력 노력하셨던 분이다.

무릇 세상에서 가장 귀한 것은 생명을 세상의 제일가치로 알고 존중하며 기려 나아가는 생명사상이 아니겠는가. 아울러 생명을 탄생케 하고 자라가게 하는 사랑의 철학이며, 그것을 꽃피우고 열매 맺게 하는 자유、평등정신과 평화사상이 아니겠는가. 이 점에서 이러한 만해 선생의 정신과 사상을 오늘에 되살리는 일은 이 시대에 민족정기를 회복하고 나아가서 인류가 평화의 길, 행복의 길로 나아갈 수 있는 이념적 대도大道이자 실천적 정도正道라고 할 수 있음이 분명하다. 21세기에 있어 이러한 생명사상과 사랑의 철학, 그리고 평화사상이야말로 온 민족과 인류가 추구해 나아가야 할 민족사적 화두이자 인류사적 정신의 지표가 아닐 수 없기 때문이다.

이에 이러한 만해 선생의 높은 뜻과 정신이 이 시대 겨레의 가슴에 샘물처럼 솟아나게 하고 마음속에 실핏줄처럼 퍼져 나아가기를 기대하고 염원하는 온 국민의 마음과 정성을 모아 만해대상 평화부문·문학부문·학술부문·예술부문·실천부문·포교부문을 제정하는 바이다. 온 겨레의 적극적인 동참과 성원, 그리고 지도편달을 바라는 바이다.

만해사상실천선양회·백담사 만해마을

만해마을 '만해평화의 종' 새김글

삼가 만해 선사를 생각하면 지금도 조국과 민족이 존망의 위기에 처하여 떨쳐 일어났던 삼일 독립만세의 우렁찬 함성이 들려옵니다 이에 온 겨레의 뜻과 국가의 정성을 모아 이곳 강원도 인제군에 만해마을을 조성하고 선사를 추모하면서 그 높은 사상과 깊은 정신을 기려 나아가고자 구리 만 근으로 만해평화의 종을 만들어 하늘에 올립니다 날로 해와 달은 더욱 생명력이 싱싱하게 빛나며 천지음양의 기운이 힘차고 아름다워 종소리를 듣는 칠천만 겨레가 오래도록 덕과 복을 받으실 것입니다 감히 온 겨레의 원력을 공경하여 경희대 교수 김재홍이 글을 지어 조영호가 글씨를 쓰고 범종사 김철오가 제조하여 이 종을 자유와 평화를 사랑하는 세상 모든 인류의 가슴에 바쳐 올리나이다

단기 사천삼백삼십육년 팔월 구일

재단법인 만해사상실천선양회

만해학술원 〈만해학연구〉 창간사

광복 60주년을 맞이하는 올해는 우리 만해사상실천선양회로서도 뜻 깊은 해가 아닐 수 없습니다. 1996년 초 조오현 신흥사 회주 스님의 원력과 공덕으로 출범한 우리 만해사상실천선양회가 1996년 출범한 지 올해로 10년째를 맞이하면서 광복 60주년 만해축전 및 세계평화시인대회를 개최하는 해이기 때문입니다.

10년이면 강산도 변한다고 하던가요. 이 기간 동안 우리 선양회는 한평생 나라와 겨레를 위해 몸과 마음을 바치고 순국한 만해 한용운 선사의 높은 정신과 깊은 사상을 추모하고 이 시대에 더욱 살려 나아가기 위해 미력이나마 지속적으로 노력해 왔습니다. 스님께서 출가하시고 『조선불교유신론』과 『불교대전』, 『십현담주해』 등 불교명저를 편술하면서 겨레의 시집 『님의 침묵』을 창작한 이곳 설악산 백담사에 '무금선원'을 비롯하여 '만해기념관' '만해교육관' '만해당' '만해학교'를 건립하여 민족정기를 바로 세우는 일에 힘써 왔습니다.

아울러 1997년부터는 '만해대상'을 제정하여 민족과 사회, 그리고 인류의 양심과 정의 및 평화구현을 위해 공헌해온 분들을 찾아 치하하고 격려해 왔습니다. 아울러 1999년부터는 해마다 '만해축전'을 개최하여 문학예술과 불교 홍포, 민족정신 앙양 및 지역사회 발전을 위한 대동의 장을 마련하고, 나아가서 세계평화 실현을 위한 노력의 시금석을 준비해온 것입니다.

이와 함께 2003년에는 국가의 뜻과 겨레의 정성을 모아 이곳 인제군에 '만해마을'을 조성, '만해사'를 비롯하여 '만해문학박물관' '문인의 집' '만해학교'를 열게 된 것도 의미 있는 일이라 하겠습니다. 이곳 '백담사 만해마을'은 오늘날 분단조국의 아픔과 슬픔을 치유하면서 통일조국의 앞날을 대비하고 인류평화의 큰 길을 모색하기 위해 진력해 나아갈 생명사랑·나라사랑·겨레사랑·평화사랑 운동의 새로운 진원지가 될 것입니다. 차제에 다시 이곳 만해마을에 '만해학술원'을 개원하여 학술지 『만해학연구』를 창간하게 되고, 이어서 만해수련원을 개원하게 된 것은 또 하나의 경사라고 하겠습니다.

그동안 전개해온 만해선양사업이 완전히 뿌리내리기 위해서는 만해학술원의 설립 및 육성이 절실한 것으로 판단됩니다. 일제하 3·1운동도 단순히 독립만세 사건이나 항일무장투쟁으로만 끝났다면 우리 민족의 가슴에 오래오래 정신의 활화산으로 살아남기 힘들었을 것입니다. 모든 운동, 행동, 투쟁, 실천은 그것을 뒷받침할 철학적, 사상적,

이념체계를 연구 정립하면서 실천해 나아갈 수 있는 학술연구기관과 교육기관을 마련하는 데서 그 완성된 모습을 기대할 수 있기 때문입니다.

이 점에서 만해학술원의 설립과 학술지『만해학연구』의 발행은 만해의 업적과 정신, 사상을 지속적으로 연구하고 만해학을 체계적으로 정립해 가기 위해 꼭 필요한 일입니다. 이를 통해 민족운동사, 종교사상사, 문학예술사에 걸친 만해의 업적을 조직적으로 발굴, 정리, 연구를 체계화하고, 그것을 민족의 사상과 정신으로 살려 나아가면서 겨레의 가슴, 미래의 청소년들에게 심어나가야 할 것으로 확신하기 때문입니다. 아울러 세계인의 가슴속에도 만해사상과 정신을 통해 인류사랑, 평화사랑의 태도를 실현해 나아가야 할 것입니다.

우리 만해사상실천선양회가 만해학술원과 함께 교육기관으로서 만해수련원을 만해마을에 건립한 것도 만해학술원이 이루어낼 연구 성과를 오늘 이 시대 청소년들에게 뿌리내리게 하기 위한 노력의 일환임은 물론이라 하겠습니다.

이에 만해학술원과 만해교육관이 만해에 관한 종합적인 연구와 교육을 위한 실천의 장이면서 동시에 생명사랑·나라사랑·겨레사랑·평화사랑과 사랑의 철학을 세계인의 심혼 속에 심어갈 종합학술연구센터로서, 그리고 정신수양과 생명운동의 도량으로서 발전시켜 나아갈 것을 염원하면서 강호제현의 격려와 성원, 지도편달을 앙망하는 바입니다.

끝으로 무엇보다 만해사상실천선양회와 백담사 만해마을의 오늘이 있기까지 가없는 공덕을 베풀어주신 역대 총무원장 스님들과 특히 조오현 큰스님께 큰절로 감사의 말씀드립니다. 아울러 좋은 논문을 써주신 선생님들, 격려와 성원을 보내주시는 여러분들께 고마움을 표합니다.

2005. 8

Ⅶ. 잃어버린 시간을 찾아서

– 서문 모음 · 기타

『한용운 문학 연구』

저자가 한국 현대시에 관심을 두고 공부해 온 이래 그 첫 보고서로서 이 책을 출간함에 있어 두려움과 부끄러움을 금할 길 없다. 그 하나는 학문의 준엄함과 그 어려움에 대한 외경畏敬과 두려움 때문이며 다른 하나는 새삼 자신의 재주 없음과 능력 없음을 절감하였기 때문이다. 특히 이 미흡한 작업으로 일제하日帝下 궁핍한 시대를 치열하게 살다 간 만해萬海 선생의 유덕遺德에 응답한다고 생각하면 송구스럽기 짝이 없을 뿐이다.

한국 신문학사를 논하면서 만해문학萬海文學은 우리가 반드시 뛰어넘어야 할 가장 큰 봉우리의 하나로 생각된다. 단지 그의 문학이 지닌 예술적 형상성의 우수함 때문만은 아니다. 또한 그의 문학이 전통과 현대의 맥락을 이어 주는 소중한 문학사적 다리이기 때문만도 아니다. 그의 문학은 험난한 역사를 살아가는 예지와 용기를 가르쳐 주며, 생의 어려움을 극복하는 신념과 희망을 불러일으켜 준다는 점에서 참된 의미를 지닌다. 또한 그의 문학이 한국문학에 가장 부족한 요소인 종교적 명상의 진지함과 형이상학적 깊이를 불어넣어 주고 있기 때문이다. 그의 문학에는 추상적인 이론이나 관념적인 주장에 의한 종교적 깊이가 아니라 세속의 삶에 깊이 뿌리박고 있으면서도 세속에 물들지 않고 이상적인 삶을 갈망하는 신성 지향의 숭고함이 자리 잡고 있는 것으로 보인다. 역사와 현실, 사회와 상황에 치열하게 부딪치면서도 물러나 정관하고 투시하는 구도자적 삶 속에서 만해가 견지한 미적美的 거리와 형이상학적 주제의 진지함은 한국문학의 원숙을 위해 참으로 값진 교훈이 아닐 수 없다. 일관성 있는 행동에 따른 실천의지와 지조를 깊이 있는 삶의 철학으로 이끌어 올리면서 변모하고 스스로 뛰어넘는 만해의 예술혼은 우리가 본받아야 할 소중한 정신사적 자산이 될 수 있는 것으로 판단된다. 이 점에서 나는 종교적 명상의 심화와 철학적 주제의 지속적인 확대가 생생한 삶과 조화와 등가를 이루는 데서 한국시의 새로운 지평이 열릴 수 있으리라는 점을 믿는다. '풍란화 매운 香내'로서 만해의 시 정신과 미학은 어려운 시대일수록 더욱 빛과 향기를 발할 것이 확실한 것이다.

만해 연구의 시발점이 될 이 연구는 앞으로 생애사적 검증과 사상사적 접근에 의해 보다 완성된 모습을 지닐 수 있을 것으로 생각한다. 생애와 문학, 문학과 사랑은 서로 상보적인 각도에서 이해되고 연구될 때 그 이념적인 모습을 확실히 드러낼 것으로 보여지기 때문이다.

생각해 보면 지난 학창 생활 동안 참으로 많은 스승들의 분에 넘치는 보살핌을 입어 왔다. 이 연구가 작은 성과라도 거둘 수 있다면 이것은 오로지 이분들의 가르치심 덕분이라는 점을 나는 믿는다. 특히 지난 10여 년간 학문과 생애를 밝혀 주신 평생의 은사 정한모·전광용 두 분 선생님의 은혜를 결코 잊을 수 없다. 아울러 이 작은 연구 하나를 진행하는 데도 조병화·김문창 선생님을 위시한 직장의 선배, 동료들과 충북대와 인하대의 학생들 특히 서울대 대학원 정효구 양의 도움을 많이 받았다. 이에 고마움을 적는다. 또한 일지사 김성재 사장님의 각별하신 배려와 일지사 가족 여러분의 성원에도 깊은 감사를 표하지 않을 수 없다.

이렇게 생각해 보면 산다는 것, 공부한다는 것이 온통 신세지는 일로만 여겨진다. 여러 어른들의 고마운 은혜를 채찍질로 알고 분발할 것을 약속드린다.

끝으로 오랜 동안 못난 아들 뒷바라지하며 이 책을 기다리시다가 지난겨울 돌아가신 어머님의 명복을 빌며 이 책을 바친다.

1982. 4. 7

저자 적음

『한국현대시인 연구』

돌이켜보건대 시가 없었다면 내 젊은 날은 얼마나 쓸쓸하고 막막한 것이었을까. 또한 어둡기만 하던 식민지 치하에서 예술사의 꽃, 정신사의 열매로서 시가 없었더라면 우리의 민족사는 얼마나 황량하였을까.

우리의 현대시에는 비관적인 현실인식이 짙게 깔려 있는 것으로 보인다. 이것은 그만큼 이 땅의 현대사가 험난하였고, 그 속에서의 삶이 고통스러웠다는 사실을 반영하는 것이리라. 그렇지만 우리의 현대시는 비극적인 현실인식을 담고 있으면서도 그로부터 벗어나려는 치열한 몸부림을 보여주었다는 점에서 우리에게 소중한 감동을 불러일으킨다. 식민지 치하에서 우리 시는 항일독립운동의 기치를 높이 치켜들었을 뿐만 아니라, 분단의 오늘날에도 이 땅의 근본이념인 자유민주주의의 실천을 위해서 희망의 등불을 밝혀 주고 있기 때문이다. 끊임없는 수난과 질곡 속에서도 이 땅의 시는 낙관적인 미래를 기다리는 후

천개벽사상 내지는 건강한 미래지향의 역사의식을 탁월하게 형상화해 왔다는 점에서 그 의미가 놓여진다. 이들 현대 시인들이 성취한 사랑의 철학과 자유의 사상, 기다림의 철학과 평화의 사상이야말로 우리 근대정신사가 도달한 하나의 소중한 이념태가 아닐 수 없다.

저자는 우리의 현대시를 검토하는 과정에서, 시라는 것이 개인적으로는 자기극복의 명제 혹은 자기구원의 길로 열려 있지만, 또 다른 차원에서는 인간애의 지난한 실천 과정이자 민족어의 완성을 지향하는 길이라는 점을 새삼 확인할 수 있었다.

저자는 이 책에서 한용운부터 윤동주에 이르기까지 해방 이전에 등장한 17명의 현대시인을 살펴보는 데 주안점을 두었다.

시인 선정의 원칙은, 현실인식과 사회의식을 포괄하는 의미에서 역사의식이 투철하거나, 자유와 평등정신을 바탕으로 한 생명의식 또는 인간존중 사상이 두드러지고, 아울러 시가 상상력과 언어의 예술이라는 점을 인식하고 미의식을 구현하려 노력한 시인을 우선하였다. 이것은 '뼈대'로서의 이념과 사상, '살'로서의 정서와 미의식, 그리고 '피'로서의 전통과 혼이 함께 조화를 이루고 있는 시가 가장 바람직한 것이라는 저자의 평소 신념을 재확인한 것이라 하겠다. 이 세 가지 요소들이 서로 탄력 있게 균형과 조화를 성취하고 있다면 더욱 바람직하겠지만, 그렇지 않다 하더라도 그 어느 한 가지에라도 치열하다면 그것이 의미 있는 작품으로 판단되기 때문이다.

다만 아쉬운 것은 좋은 작품을 남겼음에도 불구하고 문학사에서 실종 상태에 있는 몇몇 시인들과, 상대적인 비중으로 인하여 개성이 독특한 몇몇 시인들이 유보되었다는 점이다. 이 점은 차후 선배·동학과 독자 여러분의 가르침에 힘입어 보완하고자 한다.

이제 비로소 자립할 수 있도록 지도해 주신 은사님들께, 특히 시와 학문에 눈뜨게 해 주신 정한모 선생님께 머리 숙인다. 또한 지난해에 이 책을 쓰도록 계기를 마련해 주시고 여러모로 일깨워 주신 조동일 선생님께도 이 자리를 빌어 감사드린다. 아울러 연재의 기회를 주신 소설문학사 이정숙 사장과 여러분께, 그리고 항상 격려해 주시는 일지사 김성재 사장님과 여러분께 감사드린다. 연구실에서 성심성의껏 저자를 도와주는 이기형·김창수·황규수 군에게도 고마움을 표한다. 끝으로 이 책이 때마침 화갑을 맞이하신 장인어른께 작은 기쁨이라도 됐으면 좋겠다.

1986. 8. 15.

저자 씀.

『카프시인비평』

이 작은 책은 저자가 공부하고 있는 한국현대시인연구 중 특히 프로시인 연구의 중간보고서에 해당한다. 여기에서의 논의는 1931년 간행된 『카프시인집』에 수록된 시인들을 중심으로 하였다. 물론 이 시집에 수록된 시인들로써 카프시운동의 전모를 살펴볼 수 있는 것은 아니다. 그렇지만 이 시집은 카프의 전성기에 그 핵심시인들이 망라되어 있다는 점에서 카프시운동의 주요한 면모와 수준을 알 수 있게 해 주는 한 자료가 된다.

지금까지 카프시인에 대한 논의는 일제강점기는 물론 분단 이후 오랫동안 불온시 내지는 금기사항으로 여겨져 온 것이 사실이다. 남북분단의 비극으로 인한 배제론과 단절론이 강력하게 작용해 왔기 때문이다. 따라서 그 시인 작품의 내용이나 질 또는 문학사적 위치와는 관계없이 월북이라는 문학 외적 판단 기준에 의해 대다수의 카프시인들의 경우 그들은 일반인에게는 물론 문학사에서조차도 실종상태에 놓여

온 실정이다. 그러다가 1988년 7월의 월북문인 해금조치로 인해 어둠 속에 묻혀 있던 이들 프로시인들이 비로소 햇빛을 보게 되고 문학사적 논의의 대상으로 부각되기 시작한 것이다.

카프시인에 대한 연구는 실상 여러 가지 난점을 지니고 있음이 분명하다. 우선 아직까지 카프문학운동은 물론 당대 사회주의운동의 전모가 소상히 밝혀져 있지 못한 실정이며, 게다가 카프시인들의 시세계가 하나로 묶여서 파악하기 어려운 여러 계열과 내용을 지니고 있다는 점이 그러하다. 본저가 『카프시인집』 수록 시인을 중심으로 논의를 전개하는 것도 그러한 고민의 반영이랄 수 있다. 따라서 본고는 카프의 몇 가지 특징적인 단면만을 살펴보고자 의도할 따름이다. 또한 이들 작품을 운동으로서의 문학으로 보느냐 아니면 작품으로서의 문학적 관점에서 보느냐에 따라 그 내용과 결과가 달라질 수밖에 없다. 아울러 그것을 오늘날의 상대주의 관점에서 파악하느냐 절대주의 입장에서 바라보느냐도 커다란 편차를 빚을 것이 분명하다. 실상 이러한 딜레마는 오늘날 우리가 현대문학사를 공부하는 데 있어서 부딪치게 되는 어려움이 아닐 수 없다.

저자는 우리 문학사를 정신사적 각도에서 바라보고자 하는 학도의 한 사람이다. 그렇게 보면 저자의 입장은 분명해진다고 하겠다. 그것은 카프의 당대성을 충분히 인정하면서 오늘의 관점에서 바라보는 일이며, 운동성으로서의 성격을 전제하면서 예술적 성과를 논의해 보고

자 하는 태도라고 할 것이다. 문학은 현실이나 이념의 형상적 반영일 수 있지만 그들과 일치하는 것은 아니다. 또한 문학 특히 시는 단순한 서정의 표출이나 언어의 유희일 수도 있지만 그것으로만 그쳐서도 안 된다. 문학은 개인성과 사회성·사상성과 예술성·시대성과 영원성이 탄력 있게 조화되는 데서 그 이상적인 모습이 드러난다. 내용적인 사회성과 형식적인 자율성이 변증법적으로 통합되고 고양되는 데서 문학의 생명적 요소라 할 진실성이 배태되고 예술성이 확보될 수 있기 때문이다.

카프시의 문제점은 바로 여기에서 드러나는 것으로 생각한다. 카프시는 일제강점하의 수탈과 궁핍 속에서 시가 당대 사회와 어떻게 상동관계를 지니며, 사회적·역사적 응전력을 지녀야 하는가에 대한 문학적 자각과 실천을 보여준 데서 의미를 지닌다. 그렇지만 이들 카프시들은 지나치게 계급의식에 함몰되어 예술형식에 대한 진지한 탐구를 결여한 나머지 문학 본래의 미적 기능을 상실하고 이데올로기화함으로써 문학적 진실성과 예술성을 감쇄해 가게 된 데서 그 단점 또는 한계가 드러난다고 하겠다. 뒤의 논의에서 보겠지만 볼셰비즘시에 이르면 카프시는 점차 문학적 형상성 또는 인간적 진실미를 소실하고 전투성만을 강조하여 그야말로 수단으로써의 시 또는 구호시의 수준으로 떨어져가고 마는 것이다. 그러나 앞에서도 말했지만 이 논의는 아직 진행 중인 작업에 속하기 때문에 카프에 대한 종합적인 결론은 다음 기회에 유보하기로 한다. 아울러 끝부분에 오늘의 북한 시 개관을 수록한 것은 그것이 카프문학과 어떤 공통점 내지는 차이점을 지니고 있는가를 일별해 보고자 하는 의도에서 비롯되었다.

이 부족한 책이나마 꾸려볼 수 있게 해주신 은사 김윤식 선생님께 깊이 감사드린다. 또한 〈한국문학〉에 연재의 기회를 마련해 주었던 조정래·김초혜 두 분과, 책을 만들어 주신 서울대학교 출판부 여러분께도 고마움을 표한다. 아울러 책의 체제상 분량이 넘쳐서 수록하고자 한 많은 부분을 다음 기회로 유보하게 됨을 안타깝게 생각한다. 부족하고 소략한 점은 차후 더 보완해서 언젠가 보다 완성된 모습으로 선보일 것을 약속드림으로써 부끄러움에 대하고자 한다.

1990. 4

지은이 씀

『한국현대시인비판』

한국현대문학을 전공하는 저자가 주로 관심 깊게 공부하고 있는 것은 한국현대시인 연구와 한국현대시문학사 분야에 대한 연구이다. 이러한 관심의 한 소산으로 지금까지 저자는 『한용운 문학연구』(일지사, 1982)에서 시작하여 일제강점기의 시인들을 살펴본 『한국현대시인연구』(일지사, 1986), 프로시인연구서로 『카프시인비평』(서울대출판부, 1990)을 펴내고, 근자에는 몇 실종시인들을 추적한 『한국현대문학의 비극론』(시와시학사, 1993) 등을 발간한 바 있다. 아직도 일제강점기와 해방기에 이르는 기간의 몇몇 시인들 연구가 미진한 채로 있지만, 오늘의 시인들에 대한 논의도 활발하게 전개되고 있어 이제 그 비평성과를 차츰 정립해 갈 필요가 있기에 이번에 부족하나마 『한국 현대시인 비판』을 상재한다.

저자는 이 책에서 오늘날 활동적인 원로들로부터 60년대 말경까지 등단한 중견시인들까지를 함께 다루어 보았다. 이 글의 대부분은 청탁에 의해 쓰여진 것들이어서, 이 시기의 중요 시인들이 여러 분 빠져 있고 일관성이 부족한 아쉬움이 있다. 이 점은 추후 보완해 나아가기로 한다. 그렇지만 저자의 문학관에 비추어 정리해 보니 나름대로의 체계가 서는 것도 같아 그런대로 다행스런 마음이 든다. 즉, 저자는 시란 것이 기본적인 면에서 개인적·실존적 삶의 층위, 사회적·역사적 층위, 미학적 층위, 자연적 층위, 그리고 신성사적 층위 등 삶의 제반 층위를 총체적으로 포괄하는 장르라고 생각한다. 그것은 대략 '실존적 삶/사회적 삶/역사적 삶/미학적 삶/철학적 삶/종교적 삶/자연적 삶'의 범주로 묶어 볼 수 있으며, 크게 보아 그것은 생명사랑, 인간사랑, 자유사랑이라는 인간구원의 길로 열려 있는 것이라고 하겠다. 그만큼 삶과 세계의 시작에 어머니와 고향을 사랑하는 시심으로서 시가 있고, 그 끝에 역시 인간과 하늘을 존중하는 것으로서 시심이 놓인다는 뜻이 될 수도 있으리라. 그러기에 여기에서 다루고 있는 시인들에게서 우리는 자아발견에서 시작되어 자기극복의 길을 거쳐 마침내 세계의 본질과 만나게 되고 자기구원을 성취해가는 이 시대 프로메테우스들의 모습을 찾아볼 수 있으리라 믿는다.

차제에 한 가지 개인적인 소회를 피력해 보고 싶다. 근년에 저자는 지난 30년 가까운 학창생활과 교단생활을 통해 배워온 시와 시학에 관한 지식을 사회적으로 실천하면서 작게나마 사회에 이바지해 보고자 계간 〈시와시학〉을 창간하여 지금까지 4년 가까이 고군분투해 왔다.

짧다면 짧고 길다면 길다고 할 그 사이 나는 시와 학문, 삶과 세상에 대해 깊이 배우고 다시 생각해 볼 수 있는 소중한 기회를 가졌다. 그 결과 지난 20여년 동안 연구실과 강의실만을 오갈 줄 알던 백면서생이 현실의 한가운데로 뛰어들어 삶이란 무엇이고, 진실이란 무엇이며 또한 그것을 노래하는 시란 과연 무엇인가를 구체적으로 공부하는 동안 적지 않은 고통과 외로움을 겪을 수밖에 없었다. 그러면서 70여년 전 적수공권으로 〈惟心〉지를 펴내면서 절집에서 나아가 세상을 배우고 사회와 역사 속으로 뛰어들게 되었던 만해의 얼굴을 언뜻언뜻 보게 되었다면 지나친 표현이 될 것인가?

그렇다! 내가 깨달은 것은 그것이다. 시를 쓰는 것이 바로 시를 공부하는 일이요, 시를 공부하는 것이 또한 시 사랑하는 마음을 세상에 퍼뜨리는 일과 하나임을 알았다. 학교의 안에서 밖으로 걸어가 보고 다시 밖에서 안으로 걸어 들어가 보니 그것이 서로를 바르게 알기 위한 노력이었고 안과 밖이 바로 하나임을 비로소 알았다. 세상이 바로 교실이었고 삶이 연구실이었으며, 연구실이 바로 강의실이요 시와시학의 강의실이 바로 세상과의 통로였음을 나이 50에 비로소 알게 되다니!!

앞으로 계간 〈시와시학〉의 운명이 어떻게 될지는 모른다. 그렇지만 세상에서 제일 소중한 것이 바로 시를 사랑하는 마음이며, 그 시를 사랑하는 마음이란 바로 생명을 사랑하는 일이고 인간을 사랑하는 일이며 자유를 사랑하는 길에 다름 아님을 확인할 수 있었던 것이 커다란 공부가 되었다. 그 어떤 시인의 표현대로 '하늘이 세상을 내일 적에 그가 가장 귀해하고 사랑하는 것들은 모두/가난하고 외롭고 높고 쓸쓸하니 그리고 언제나 넘치는 사랑과 슬픔속에 살도록 만드신 것이다'라고 하지 않던가.

지상의 영위 중에서 아무런 현실적 보상이 없는 일, 그러면서도 가장 죄없는 일, 순수한 일로서 시를 사랑하는 일에 나의 삶에 있어 가장 중요한 한 시기라 할 이 40대 후반의 깨끗한 열정과 성심성의를 바쳐온 데 대해 기쁨과 보람을 느낀다. 그렇지만 나의 천직은 역시 공부하고 가르치는 일, 〈시와시학〉의 일이 이것들과 결코 다른 길은 아니지만 역시 나는 연구실과 강의실에 놓일 때가 제모습인 것이 분명하다. 새삼 그곳이 이 세상에서 가장 소중하고 아름다운 곳임을 깨달은 것만 해도, 또한 삶을 사랑하는 좋은 이들을 여러 분 만나 함께 길을 갈 수 있게 된 것만 해도 큰 보람을 얻은 것이고 공부가 된 것이 분명하다.

특히 이 책을 내는데 대한교육보험(주)에서 출연 설립된 대산재단의 문학인 창작기금 지원을 받았는 바, 이에 애써주신 대산재단 관계자 여러분께 깊이 감사하는 바이다. 이 작은 책이 내 학문의 도정에 있어 새로운 출발의 한 이정표가 될 것을 믿어 의심치 않으며 격려해 주시는 모든 분들께 깊이 감사한다.

'94. 새봄에

김재홍

한국 현대시 『시어사전』

우리가 한 세상을 살아가는 데 가장 중요한 것은 무엇일까? 돈일까, 권련일까, 이념, 아니면 명예일까. 또 그도 아니면 사랑일까? 물론 그렇게 생각할 수 있을 것이다. 그러한 것들이 부족하면 삶이 불충분해 보이거나 살아가기가 불편하고, 없으면 세상살이가 아예 불가능할 것이기 때문이다.

그러나 그러한 것들보다 삶에 있어 더 원천적으로 소중하고 고마운 것은 밥과 말(글)이다. 밥이란 우리의 모든 생명 또는 생활의 근본 에너지를 제공해 주는 자원이자 동력 그 자체이기에 우리가 살아 있는 한 그 무엇보다도 중요한 것이 아닐 수 없다. 밥을 먹지 않는다는 것은 곧 죽음을 의미하기 때문이다. 그러기에 예로부터 밥(쌀)을 생산하는 터전으로서 땅(들)은 이상화의 시 「빼앗긴 들에도 봄은 오는가」에서 보듯이 농토로서의 먹이, 즉 생존권과 영토로서의 국가적 주권, 그리고 나아가서 민족혼의 상징으로서 중요성을 지닌다.

그렇지만 어디 밥뿐이랴! 우리의 얼을 담는 그릇으로서의 말과 그 말을 담는 그릇으로서 글, 즉 언어도 밥과 똑같이 때로는 그 이상의 중요성과 가치를 지닌다. 언어는 정신적인 면에서의 밥이며 인격의 표징이자 혼이고 실존적인 존재 증명이다. 우리가 밥을 먹지 않으면 살아갈 수 없듯이 언어를 사용하지 않고는 한시도 생활이 불가능하다. 언어가 곧 정신의 밥인데도 우리는 마치 공기와 물이 생존에 가장 소중하다는 것을 알면서도 너무 일상적이어서 그 중요성과 고마움을 잘 느끼지 못하는 것과 마찬가지로 언어의 소중함과 고마움을 절감하지는 못한다. 따라서 언어의 질량이란 바로 그 사람 삶의 질과 양을 반영하는 것이며, 나아가서 민족에 있어서도 마찬가지이다. 이점에서 모든 사람이 자기 나라의 말과 글을 갈고 닦아 소중히 아끼고 사랑해야 할 까닭과 당위성이 놓여진다.

언어는 흔히 그 발전 과정에 있어서 세 가지 단계로 구분하기도 한다. 생존어와 생활어 그리고 예술어가 그것이다. 생존어란, 과거 불행했던 민족의 언어들이 그러했듯이, 또 일제하 우리말의 운명이 그러했듯이 목숨만 부지하고 있는 경우를 말한다. 생활어란 그보다 상황이 나아져서 공식어로 일상생활에서 널리 사용되는 단계를 의미한다. 오늘의 우리말이 그 예라고 하겠다. 여기에서 한걸음 더 나아간 것이 바로 예술어라고 할 수 있다. 그것은 특히 인간에게 있어 가장 높은 정신의 움직임을 탐구하는 시와 그 속에 쓰인 시어에서 보듯이 보다 높은 수준의 감수성과 인식 능력을 필요로 한다. 시어는 한 차원 높여진 정신과 예술적 감각 및 예민한 감수성으로 쓰여진 것이기에 그에 대한 깊이 있는 해독과 향수를 위해서는 그만큼 훈련된 감각과 섬세한 지성을 필요로 한다는 뜻이다. 바로 이 점에서 이 사전은 우리말이 생활어에서 예술어로 발전해가기 위한 하나의 시금석으로서 그 의미를 지닌다고 할 수 있다.

시인의 궁극적인 사명이란 무엇인가? 그것은 바로 개인에게 있어서 자아를 발견하고, 자기를 극복하며, 자기를 실천하고, 나아가서 자기를 구원하는 길로서 정신의 초극을 통해 삶의 질을 고양하는 일에서 시작하여 사회적 삶, 역사적 삶으로 인식과 실천의 지평을 넓혀가고, 나아가서 민족어의 완성을 지향해 나아감으로써 민족 문화를 한 차원 높이는 일에 놓일 것이 분명하다. 이 점에서 시어의 수준은 그대로 그 시인의 시적 성취를 보여주는 한 단서이면서 동시에 그 나라 민족의 예술 정신의 수준을 반영하는 한 척도라고 하겠다.

이 시어 사전은 1970년대 중반 본인의 학위논문『한용운문학연구』를 준비하는 과정에서 처음 발상됐다. 시집『님의 침묵』에는 '기루다/슬치다/갈궁이/시쁜/도룽태' 등 사전에 나오지 않는 어휘 및 특이한 용례들이 적지 않아서 의미를 정확하게 판독하기 어려웠다. 그래서 이러한 개인 시어로서 조어, 방언, 고어, 은어, 비속어, 비유어, 상징어 등 시에서 특수하게 쓰인 말들에 관심을 갖게 되었다. 관심을 갖다 보니 육당, 소월, 상화, 지용, 영랑, 백석, 이용악은 물론 미당, 혜산, 고은, 신경림, 김지하, 송수권으로부터 박태일, 오봉옥 등 젊은 시인들에 이르기까지 뜻있는 시인들이 우리말의 조탁을 통해 그러한 민족정신과 정서의 살결과 숨결, 혼결과 무늬결을 갈고 닦는 데 힘을 기울이고 있음을 알 수 있었다. 사실 그래서 학술원이나 예술원 또는 국어연구소나 정신문화연구원 등 국가 기관에서나 해야 하는, 또 할 수 있는 거창한 작업을 여러모로 부족한 저자가 무모하게 시작하게 되었다. 더 이상 미루어서는 안 되는 일로 판단되었기 때문이다. 그 결과 한국현대시 『시어사전』이라는 제목으로 개인 차원에서 시어사전을 기획하게 되었고, 시집을 읽고 자료를 수집하는 데만 10여 년이라는 적지 않은 세월이 경과하게 되었다.

그러나 의욕뿐 작업은 의도대로 진척되지 않고 답보 상태에 머물러 있었다. 그러던 중 1990년 계간시지 〈시와시학〉을 펴내면서 외롭게 시를 통한 생명사랑, 인간사랑, 자유사랑의 시운동을 벌이게 되었고, 거기에서 필자를 이해하고 격려해주는 좋은 분들을 여러 분 만나게 되었다. 이분들은 필자의 작업을 진심으로 이해했고 성의껏 격려해 주어 이 『시어사전』 편찬 작업에 박차를 가하게 되는 소중한 계기를 마련해 주었다. 이에 이분들의 고마운 뜻을 새겨 오래 간직하고자 한다.

아울러 때마침 필자가 재직하고 있는 경희대학교에 연구처가 신설

되어 얼마간의 연구 보조비를 지원받게 되어 조영숙 교수를 비롯하여 이선이, 한원균, 홍용희, 김수이, 김경복, 이성천 군, 그리고 서울시립대의 한명희 양 등 석·박사 과정 학생들의 도움으로 이 작은 연구가 더욱 진척을 볼 수 있게 되었다. 이에 경희대학교와 연구실 학생들에게 깊이 감사한다. 아울러 입력에 수고한 김희찬 군, 이미혜, 전남숙 양에게도 고마움을 표한다.

그동안 필자의 외로운 작업을 이해하고 도와주신 모든 분들께 충심으로 감사드린다. 무엇보다도 이 작업을 진행하는 데 있어 직접 자문을 해주신 시인 여러분들께, 특히 미당, 혜산, 고은 선생님께 깊이 감사드린다. 앞으로 이 연구가 계속 진행되어 언젠가 보다 완전한 결정판을 낼 수 있기를 희망하면서(이 점에 관해선 시인 여러분들께서 언제라도 보완될 수 있는 개인 조어 등 내용이 있으면 적어서 저자에게 보내주시기 바란다. 이 책이 작은 성과라도 거둘 수 있다면 그것은 오로지 시인 여러분의 덕택이라고 생각하기 때문이다.) 우선 부끄러움으로 용기를 내어 이 작은 책을 펴냄에 있어 동학, 독자 여러분의 교시와 지도편달을 바라는 바이다.

무엇보다도 민족 문화예술의 창달이라는 큰 뜻으로 이 부족한 책의 출판을 맡아주신 고려대학교 홍일식 총장님께, 그리고 애써주신 고대 출판부 여러분 특히 畏友 최동호 교수께 깊이 감사드린다.

끝으로 이 부족한 책이 지난 여러 해 어려움에 처했던 나에게 사람에 대한 신뢰를 깊이 심어준 霧山께, 또한 결혼 20년 동안 하도 바쁘게 살아 사랑한다는 말 한마디 못해 본 아내 호소향에게 작은 보답이 라도 된다면 기쁘겠다.

1997년 2월
엷어가는 설악산 백담사
새벽 산그림자를 바라보며 金載弘 씀

『시학』

– 아리스토텔레스의 시학과 문학의 자율성

아리스토텔레스(384–322 B.C)의 『시학』은 기원전 330년 이래 인류 최초의 문학비평서이자 예술론으로 오랫동안 지속적인 성가를 유지해 왔다. '모방한다mimesis'는 관점에서 시를 포함한 예술의 근본 속성을 해명함으로써 『시학』은 예술의 자율성에 대한 이론적 근거를 제시하였다. 서사시, 비극 그리고 음악은 모두 모방한다는 점에서 공통성을 지니며, 이들이 서로 다른 점은 매체와 대상 그리고 모방의 양식에 따른 차이일 뿐이라는 것이다.

또한 예술은 모방본능에서 비롯될 뿐만 아니라 예술이 예술로서의 존재이유를 갖는 것은 인간이 이 '모방된 것'에 대한 본능적인 즐거움을 느낄 수 있기 때문인 것이다. 흔히 쾌락설이라고도 불리는 이 '모방하는 즐거움'과 '모방된 것에 대한 즐거움'은 예술이 어떠한 발생원리에서 비롯되며 어떻게 독자적으로 존립할 수 있을 것인가 하는 질문에 대한 가능한 해답을 제시한 것으로 보인다.

이렇게 볼 때 『시학』은 형이상학으로서의 철학과 윤리학 그리고 과학적 학문으로서의 역사학에 대응하는 예술학으로서의 시와 음악 등의 학문적 가능성에 대한 이론적 근거를 제시한 최초의 저서가 될 것이 확실한 것이다. 『시학』의 중심 내용의 하나인 모방설과 쾌락설은 예술의 본질에 관한 해석을 심화함으로써 예술에 관한 근본적 해명을 가능한 것으로 만들어 주었다. 따라서 『시학』을 명쾌하게 해명해 낸다는 것은 바로 예술의 본질을 밝혀내는 작업으로 이해되어 서구의 철학자는 물론 시학자 내지 예술학자들의 가장 중요한 관심사 중 하나가 되어 왔다.

실제적인 강의 교재를 목표로 하여 저술된 『시학』은 모두 26장으로 구성되어 있다. 이것을 다시 내용별로 정리해 보면 모방에 관하여(1·2·3장), 예술의 기원(4·5장), 비극의 정의와 효과(6장), 비극의 구조(7장), 예술의 본질(허구성 8·9장), 구성에 관하여(10·11·12장), 비극의 목적(카타르시스, 13·14장), 인물론(15장), 구성의 구조(16·17·18장), 사상성과 조사법(19·21·22장), 비평론(25장), 그리고 비극과 서사시의 비교론(23·24·25장) 등 여러 항목으로 묶을 수 있다. 이 중에서도 가장 핵심이 되는 부분은 대략 6장에서 14장에 이르는 비극론이다. 진지함과 엄숙성을 지녀야 하며, 동시에 일정한 길이를 지니고, 그 자체로 완결된 생명성을 갖는 행위의 모방mimesis praxeos이 바로 비극이다. 연민과 공포에 의한 비극적 정화catharsis라는 유명한 말들로 비극의 원리와 효용을 풀이하고 있는 것이다.

먼저 『시학』은 시를 '모방'이라고 정의함으로써 시인이란 자기 나름의 개성이라는 통의通意 수단을 통하여 인생을 재현하는 사람이라는 점을 분명히 밝혀준다. 다시 말해 문학은 언어를 가지고 인생을 '모방하는' 창작예술이라는 점을 제시한 것이다. 특히 시는 수단의 종류, 대상의 차이, 모방의 방법 등에 의해 서로 구별되며 전체적으로 볼 때 그것은 리듬, 언어, 화음으로 대표된다. 따라서 아리스토텔레스는 예술의 기원, 정확히 말해 시극詩劇의 기원을 인간의 본능적인 면에서 찾으려 한다. 이러한 것을 그는 ① 예술가의 모방본능 ② 훌륭한 모방을 인식하는 데 있어 본능적으로 느끼는 즐거움 ③ 화음과 리듬에서 느끼게 되는 감각적인 즐거움 등으로 해석하였다.

이 점은 실재가 이데아의 세계에만 존재하지 물질세계에는 존재하지 않는다고 주장하는 플라톤의 입장과 다른 것이다. 즉 플라톤에 의하면 시인은 실재의 불변의 이데아를 노래한 것이 아니라 모조된 세계를 모방함으로써 진리 혹은 실재로부터 두 단계나 먼 거리에 놓여진다는 것이다. 따라서 플라톤은 시인의 예술을 '열등자와 결혼하여 열등한 자식을 낳는 열등자'라고 비판하게 된다. 그러나 아리스토텔레스는 보다 본원적인 면에서 냉철하고 엄밀하게 허구적 창조행위로서의 문학 또는 예술의 본성을 선명히 제시한 데서 진일보하고 있다.

이러한 모방에 따르는 문학의 본성을 그는 '그 자체로서 완전한' 구성과 시작, 중간, 끝을 갖는 '적당한 길이'를 지니며, 있을 수 있는 일 probability을 표현하는 것으로 규정하였다. 역사가 '일어났던 일'만 다루는 데 비해 문학은 '일어났던 일'뿐만 아니라 주변에서 '일어나고 있는 일', 그리고 '일어날 수 있는 일' 즉 개연성 혹은 가능성을 다룬다는 점에서 문학이 더 보편적이라는 사실을 아리스토텔레스는 밝혀냈다. 이러한 그의 주장은 역사학 또는 철학과 상대되는 측면에서 모방예술로서의 문학의 허구성과 함께 그 창조적 본질을 드러냄으로써 문학의 독자성 및 자율성에 대한 인식을 확립하는 계기를 마련해 주었다. 또한 구성의 이론은 후대에 문학유기체설을 탄생시키는 등 중요한 계기가 되었다.

『시학』의 또 다른 중요성은 '연민과 공포를 불러일으킨다'는 비극의 기능과 효용에 대한 적절한 인식을 보여줌으로써 소위 '정화'라고 불리는 카타르시스설을 밝혀내고 정립한 데 있다. 즉 아리스토텔레스는 '억제한다'는 것의 위험성을 깨닫고 연민과 공포를 통해 카타르시스를 유발함으로써 가장 자연스럽고 평온한 영혼의 평형상태에 도달하는 것에 비극(예술)의 목적을 두고 있는 것이다. 자연스런 상태로 돌아가는 훌륭한 청결함으로서의 카타르시스는 예술적 감동과 쾌락을 의미하는 것으로서 자유정신을 본성으로 하는 예술의 근본정신과 기능에 관해 극명한 해명을 제시한다. 즉 플라톤이 강조한 예술론으로서 이성에 바탕을 둔 윤리·도덕의 사회적 기능과 대응되는 것이다.

예술은 교훈적·공리적 기능에 앞서 그 자체의 쾌락적 본성과 자기정화적 기능이 우선한다는 것이다. 이 점은 예술이 예술 자체의 기쁨 dulce에 근거한다는 점을 명확히 인식함으로써 역시 예술의 자율성을 확립하는 바탕을 마련해 주었다는 점에서 또 예술의 근본정신이 자유정신에 놓인다는 점을 확실히 해 주었다는 점에서 중요성을 지닌다.

이렇게 볼 때 아리스토텔레스의『시학』은 문학의 문학으로서의 본성과 목적, 그리고 효용과 구조적 원리를 지니고 있다는 점을 명확히 밝혀줌으로써 문학의 자율성을 확립시키는 계기가 되었다. 나아가서 자유가 모든 예술은 물론 인간존재의 조화적 형식이자 구조원리라는 점을 확실히 해 준 점에서 의미를 지닌다. 실상 아리스토텔레스는 문학에 있어 도덕적 비평과 미적 비평 사이의 구별을 명확하게 해준 최초의 비평가라 할 수 있다.

문학이 교훈적 도덕성과 공리적 효용성에 얽매여 사회와 지나치게 밀착됨으로써 문학의 고유성과 자율성을 부정하는 입장에선 플라톤적 문학관과 서로 상보적인 각도에서 문학을 '문학'으로 정립시키는 결정적 계기를 마련한 것이다. 따라서 아리스토텔레스의 대사회적 비연속성의 문예관, 즉 자율성의 문예관은 무목적의 합목적성과 '무관심의 기쁨'이라는 칸트의 자율적인 미학이론 등 근대적인 예술철학을 성립하게 하는 근원적인 힘으로 작용한다. 플라톤의 문학의 사회적 연속성에 대한 강조는 상대적으로 아리스토텔레스의 문학의 문학성을 확립하는 결정적 단서를 제공했다는 점에서 상보적 중요성을 지닌다는 뜻이다. 실상『시학』은 그의 스승 플라톤의 문제제기에 대한 뛰어난 제자 아리스토텔레스의 성실한 모범답안인 것이다. 인류 최초의 본격적인 문학이론서이자 예술론으로서『시학』은 예리한 시각과 박식하고도 체계적인 방법론 그리고 확고한 철학적 배경에 의해 앞으로도 살아있는 비평서로서 오랫동안 그 화려한 생명력을 유지해 갈 것이 확실하다.

이번에『시학』을 새롭게 상재하게 됨에 새삼 감회를 느낀다. 먼저 한국어 번역판 출간을 허락해주신 옥스퍼드대학 출판부와 파이프 교수님께, Eh한 20여 년 세월 학부와 대학원에서 석·박사의 인연을 함께 하고 있는 정한용 박사와 교정에 힘쓴 박숙희 양, 그리고 결곡한 우정으로『시어사전』에 이어 이 책을 펴내주시는 고려대 출판부의 최동호 박사와 관계하신 분들께 감사드린다.

또 하나의 나와 결별하며 새로운 출발을 약속한다.

1998년 5월

無今堂에서 山史 金載弘 씀

『한국 현대시의 사적 탐구』

그간 썼던 글 가운데 현대시사와 관련된 내용들을 하나로 묶어『한국 현대시의 사적 탐구』라는 제목으로 책을 펴내기로 한다.

우리 문학, 특히 현대시에 관심을 갖고 공부해 온 지 30여 년이 지났건만 아직도 여러 면에서 미숙하고 부족하여 안타깝기만 하다. 그런데도 다시 이 책을 출간하는 것은 그간 나의 공부하는 자세를 반성하고 새로운 방향성을 모색해 보고자 하는 뜻에서이다.

내가 현대시에 관심을 갖고 공부하기 시작한 60년대 무렵 우리 시학계의 동향은 대체로 문학 자체의 형식성, 예술성을 중시하는 신비평적 시각과 방법론에 기초를 두고 있었다. 시를 구성하는 내재적 요인과 형식적 원리, 또는 방법론적 틀거리를 중요 내용으로 하여 작품을 분석하고 해석하는 데 치중하였다는 뜻이다. 그래서 나는「한국 현대시의 은유형태 분석론」(1969)이라는 첫 평론을 썼고, 현대시의 방법론에 대해 집중적인 공부를 시작하였다. 그러한 방법론적 인식을 바탕으로 하여 나는 「한국 현대시의 방법론적 연구」(1972)라는 석사학위 논문을 쓸 수 있었다. 이러한 방법론에 대한 탐구는 나로 하여금 문학작품을 구성하는 내재적 원리와 구조적 특성을 이해하는 데 나름의 안목과 방법적 인식을 길러 가는 데 소중한 바탕이 되어 주었다. 이러한 문학적 안목과 방법론적 인식이 하나의 전환을 갖게 된 것은 박사학위 논문인 「한용운 문학 연구」(1981)를 쓰면서부터이다. 70년대 내내 한용운과 그의 문학을 공부하면서 나는 새로운 깨침을 얻게 되었다. 그것은 문학이 문학 자체로 국한되어서는 문학의 근본 목표인 바람직한 삶의 길과 가치 탐구가 제대로 깊이 있게 이루어지기 어렵다는 인식의 전환을 의미한다. 말하자면 문학의 예술적인 구조원리와 형식적인 특성을 밝히는 일이란 궁극적으로 역사적 삶으로서 사상성과 인간구원의 문제로 연결되지 않으면 그 의미와 가치가 덜하다는 뜻이라고 하겠다. 새삼 엘리어트의 "훌륭한 문학이란 사상성과 예술성이 서로 등가와 조화를 이루어야 한다."라는 말이 문학의 한 본질을 꿰뚫어본 내용임을 재발견했다고나 할까. 여하튼 그러한 변증법적 지양과 종합의 관점에서 쓰게 된 것이 『현대시와 열린 정신』(1986, 종로서적)이고 『한국 현대시인 연구』(1986, 일지사)이며, 『현대시와 역사의식』(1986, 인하대 출판부) 등의 책이다.

이를 통해서 나는 문학에서 사상성과 예술성은 서로 변증법적 관계에 놓이며, 그러한 변증법적 극복과 지양의 노력 속에서 훌륭한 문학

작품이 쓰이고 문학 연구가 바람직하게 이루어질 수 있다는 사실을 깨닫게 되었다. 그래서 문학의 현실성·사회성·역사성을 바탕으로 한 사상성·이념성을 공부하고자 하였고, 그 결과 『카프 시인 비평』(1990, 서울대 출판부)이라는 작은 탐구서를 펴내게 되었다. 이 과정에서 나는 한국의 현대문학이 극도의 대항논리와 분단논리라는 대립구도 속에서 전개되어 왔으며, 그러한 비극성이 빚어내는 모순과 갈등 또는 긴장과 황홀이 하나의 미학적 체계를 이루고 있음을 발견하게 되었다. 말하자면 우리 민족과 그 삶의 표현으로 문학이 지닌 비극적인 운명의 표정성을 조금쯤 엿보게 되었다고나 할까. 그래서 쓰여진 것이 『한국 현대시인 비판』(1994, 시와시학사)과 『한국 현대문학의 비극론』(1993, 시와시학사)이라는 저서이다. 전자는 오늘의 우리 시인들을 '사회·역사와의 만남', '생명사랑과 영원주의', '자유에의 길, 지성에의 길', '한국시의 형이상', '한국시 자유인의 계보' 등 몇 가지 층위로 파악하여 종합과 체계화를 탐색한 책이고, 후자는 좌와 우, 또는 남과 북의 적대논리 또는 분단논리의 비극성을 극복해 나아가고자 하는 모색의 의도를 피력한 책이다.

아울러 그러한 모색의 과정에서 나는 연구실과 강의실에만 갇혀 있던 나의 문학론을 구체적인 삶의 공간으로 이끌어내는 하나의 실천적인 모험을 감행하게 되었다. 80년대 말에 이르러 우리 문학은 민족문학, 민중문학이라는 현실주의 문학논리를 넘어서서 또 다른 모색기에 접어드는 세기말적 전환기의 상황을 맞이하고 있었던 것이다. 90년대에 〈시와시학〉이라는 계간 시전문지를 창간하고 주재하기 시작한 것이, 그러한 시도와 모험의 한 반영이라고 하겠다. 창간 8주년을 맞이하는 오늘에도 여전히 현실적인 여러 어려움에 봉착해 있는 것이 사실이지만, 〈시와시학〉의 발간은 내게 문학과 삶이 하나이며 하나일 수밖에 없다는 소중한 깨달음을 얻을 수 있게 해주었다는 점에서 나름대로의 보람과 긍지를 갖게 해주었다. 〈시와시학〉이 지향해 온 생명·사랑·자유의 시학과 변증법적 극복 및 지양의 논리, 그리고 학문적인 종합과 체계화의 실천의지가 90년대 문학사에 하나의 작은 반성과 모색의 계기를 제공해 주었다면 그것만으로도 만족한다.

이러한 문학적, 학문적 모색 과정에서 나는 또 하나 시가 민족어의 완성을 위한 노력을 통해 민족적 삶의 질을 높이고 나아가서 인류적 삶의 행복에 이바지하는 데 궁극적인 이념이 놓여진다는 점을 깨닫게 되었다. 시인들은 끊임없이 낡은 인식의 틀과 관습적 표현을 깨뜨리고 새로운 진실의 발견을 위해 떠나는 정신의 반역아이자 탐험가이기도 하며, 그 점에서 천부적인 자유인들이고 하느님 다음가는 창조자들이라는 존재 의미를 지닌다. 그러기에 그들은 새로운 정신과 감수성의 내용 및 형식을 개발하고 표현미학 추구의 노력을 경주하며 언어와의 격투를 벌인다. 이 점에 착안하여 적지 않은 기간 동안 자료를 모으고 정리하여 펴낸 것이 바로 한국 현대시 『시어사전』(1997, 고려대 출판부)이다. 우리의 생각을 표현하는 말과 그 말의 그릇인 글 속에는 겨레의 혼결과 숨결, 살결, 맛결과 멋결 등이 함께 어우러져 녹아들어 있기에 그에 대한 탐구는 우리 정신사를 천착하는 일이며 예술사의 향방을 연구하는 일이라고 여겨졌기 때문이다.

그렇게 보면 그간의 나의 문학적 탐구와 실천의 노력들은 바로 내 나름에 주어진 운명의 몫에 충실하며 삶에 최선을 다하고자 하는 노력에 다름 아님을 새삼 깨닫는다. 이번 『한국 현대시의 사적 탐구』도 마찬가지이다. 아직 내가 살아 있음을 확인하는 존재증명의 노력이고 더욱 최선을 다하고자 하는 작은 소망의 징표에 해당한다. 오래전에 쓰여진 글들도 섞여 있어 아쉽고 부족한 내용들이지만 내게 있어 학문적 고뇌의 과정을 말해 주는 것들이기에 너그러이 보아주시기 바란다. 이것은 내가 지금 계획하고 있는 『한국 현대시사』의 준비 작업이자, 새로운 출발에 대한 반성과 다짐의 의미를 지닌다.

새삼 이 책의 출간에 감회를 느끼는 것은 좋은 인연은 좋은 꽃이 피고 아름다운 결실을 맺어야 한다는 선연선과善緣善果에 대한 소박한 믿음 때문이 아닌가 생각한다. 내 학문적 출발에 하나의 이정표가 되었던 『한용운문학 연구』와 『한국 현대시인 연구』를 펴내 주었던 일지사에서 이 책이 출간되어 기쁘다. 김성재 사장님과 김유진 편집부장께 감사드린다. 아울러 오래 지도해 주셨고 이러한 인연을 맺게 해주셨던 고 정한모 은사님께 절을 올리며, 어려울 때마다 손잡고 격려해 주는 어진 이웃들에게 고마움을 표한다. 무엇보다 어려서부터 한번 제대로 놀아 주지도 못한 채 어느새 훌쩍 커 버린 착한 아들 가진과 예쁜 딸 은빛에게 미안함과 고마움을 이 작은 책으로 대신할까 한다.

끝으로 내가 좋아하는 어떤 분의 시 한 편을 적어 이즈음 내 마음이 불어가는 쪽의 내면 풍경을 표해 두고자 한다.

동해안 大浦
한 늙은 어부는
바다에 가면 바다
절에 들면 절이 되고
그 삶이 어디로 가나
파도라 해요

1998. 8. 15 아침
山盡水廻處에서
無今堂人 山史 金載弘 씀

『생명·사랑·자유의 시학』

먼 남쪽 바닷가에는 유채꽃이 샛노랗게 피어나고 동백꽃망울 붉게 새봄을 터뜨리고 있다는 소식이 들려온다. 겨울이 오면 봄이 머지 않다고 어느 시인이 노래했던가. 겨울이 깊고 깊더니 어느새 새봄이 저 언덕너머에 초록초록 바닷물결로 밀려오고 있다.

생각해 보면 우리 역사는 참 오랫동안 겨울이었던 듯싶다. 그래서 이상화는「빼앗긴 들에도 봄은 오는가」라고 일제강점하의 절망과 고통을 겨울의식으로 노래하지 않았던가. 그래선지 우리들의 사고방식은 긴 겨울 속에서 적대논리, 또는 투쟁논리에 길들여지고 익숙해져 왔던 것이 사실이다. 구한말에도 지배계층과 농민계층의 대립·갈등이 그러하였고, 일제하 왜적에 대한 우리 민족의 항거가 그러하였으며, 좌우의 갈등과 대립이 또한 그러하였다.

해방후에도 좌우대립과 6.25동란, 그리고 그에 뒤이은 남북대치상황도 그러한 불행한 모습의 연속이었다. 4·19혁명 이후에도 독재와 저항, 근대화와 민주화의 갈등 속에서 씌어진 신동엽의 시 한 편은 그러한 내용을 첨예하게 담고 있다. '껍데기는 가라/사월四月도 알맹이만 남고/껍데기는 가라//껍데기는 가라/동학년東學年 곰나루의, 그 아우성만 살고/껍데기는 가라/…중략…/껍데기는 가라/한라에서 백두白頭까지/향그러운 흙가슴만 남고/그 모오든 쇠붙이는 가라'(「껍데기는 가라」)라는 시의 내용이 그것이다. '향그러운 흙가슴'과 '모오든 쇠붙이'가 상징하는 대립과 갈등이 그러한 적개심과 대항논리, 투쟁의식을 반영한다. 독재탄압이 자심하다 보니 '그 모오든 쇠붙이'를 적으로 몰아 규탄하고 있는 것이다.

그러나 만약 모든 쇠붙이가 없어진다면, 숟가락이 없으면 어찌 밥을 먹고 메스가 없으면 의사가 어떻게 수술하여 생명을 구하고 또 농기구가 없으면 농부가 어찌 농사를 지을 수 있겠는가? '칼'이 상징하듯이 모든 것은 양날을 가지기에 그것은 사용하기 나름이다. 그래서 90년대 들어 시도 변화하고 있다. '벚꽃 지는 걸 보니/ 푸른 솔이 좋아/ 푸른 솔 좋아하다 보니/ 벚꽃마저 좋아'(김지하, 「새봄·9」 전문)라는 시가 그 대표적인 한 예이다.

우리는 그동안 너는 '벚꽃'이고 나는 '푸른 솔'이라고 하며 마음속에 구분짓고 생활 속에 차별두며 너무 오래 살아온 것은 아니었는가. 세상에 푸른 솔만 있고 벚꽃이 없다면 얼마나 삭막하겠는가. 거꾸로 벚꽃만 있고 푸른 솔이 없다면 세상은 또 얼마나 허전하고 맥빠진 모습이겠는가? 낙엽수가 있어야 상록수가 돋보이는 것이고 상록수가 건재하야 낙엽수 또한 귀한 것이 되지 않겠는가.

그렇다! 우리 세상도 이제 투쟁이 아니라 화해, 적개심이 아니라 사랑, 상극相剋이 아니라 상생相生의 관점에서 서로 살고 서로 살려주는 삶이 되지 않으면 안 된다. 사실 우리는 오랜 역사의 굴곡 속에서 나만 고집하며 '나 아니면 안 된다'라든가 아니면 '내편 아니면 적'이라는 양분논리, 적개심의 논리에 지배돼 온 면이 없지 않다. 그 결과 '나' 또는 '너'만 있지 주변에서 묵묵히 자기의 본분을 다하는 '그'나 '저' 사람들을 무시하거나 잊고 살아온 감이 없지 않다.

봄, 봄이란 무엇인가? 만물이 제 생명의 고귀함과 소중함을 뽐내는 계절이 아닌가. 내 생명의 한울님들이 모두 함께 중요하다. 모든 생명들이 약동하는 그런 생명과 사랑, 그리고 자유의 봄이 돼야만 하겠다. 이 점에서 나의 문학이 지향해 온, 또 지향해 나아갈 세계는 바로 이러한 생명, 사랑, 자유의 시학이라고 요약할 수 있다.

1999년, 바야흐로 20세기가 저물어가고 있다. 내가 1969년 첫 평론 「한국 현대시 은유형태 분석론」으로 문단 말석에 얼굴을 내민 지 꼭 30년이 되는 해에 이 평론집을 출간하게 되어 감회가 새롭다. 부끄러운 글들도 적지 않지만 앞으로 더욱 노력함으로써 부족함을 메워가도록 하겠다. 어머님 멀리 가신 후 오랫동안 혼자 어렵게 살아가시는 아버님께 죄송한 마음을 대신하여 이 책을 올린다. 아울러 오랜 고향 친구인 유재영 시인의 동학사에서 이 책을 펴내게 되어 기쁘다.

1999년 2월 4일 입춘에

지은이 씀

『현대시와 실천비평』

설악 봉우리에는 아직 잔설이 이마받이하고 있는데 백담 계곡에는 눈녹이물 시리게 투명합니다. 물가에 나무들은 초록초록 샘물을 길어 올리고 청솔들은 그 푸르름이 날로 더해가고 있습니다.

그간 쓴 글 가운데 현장비평에 관한 것들을 함께 묶어 현대시와 실천비평이라는 제호로 시의 바다에 띄웁니다. 시간이 흘러 낡은 느낌을 주는 것들이 많이 부끄러우나, 제 시공부 과정에 있어 고뇌의 기록들이라 여겨주십시오.

언제나 시 앞에서 정직하고 성실하려 노력하지만, 갈수록 부족하고 재주 없음을 절감하는 나날입니다. 다만 앞으로도 더욱 반성하는 마음으로 노력할 것을 다짐합니다. 항상 이해하고 격려해주시는 어진 이웃들께 감사드립니다.

2005. 4

내설악 백담사 만해마을 심우장에서 저자

김 재 홍 씀

『한국현대시인 연구 (2)』

이 땅 현대사 100년은 그야말로 죽임의 시대, 찢김의 시대가 아니었나 생각된다. 전반 50년은 일제강점으로 인한 국권상실과 인권유린의 시대였으며, 후반 50년은 분단으로 인한 민족 분열과 갈등, 이념대립의 시대로 여겨지기 때문이다. 그만큼 이 땅에서 민족적 삶이 지난했으며, 개인의 삶 또한 척박하고 고단했다는 뜻이 되겠다.

이러한 고난과 불모의 시대를 극복해 올 수 있었던 힘의 근원은 과연 무엇일까? 한마디로 저자는 그것이 바로 시정신이자 시혼의 에너지가 아니었을까 생각한다. 온갖 죽임과 찢김, 대립과 갈등 속에서도 국권이 회복되고 민족이 살아남아 오늘날 이처럼 나라의 틀과 모습이 갖춰지고 삶의 양과 질이 어느 정도 담보될 수 있게 된 저력은 바로 민족적 생존권과 주권, 그리고 민족혼의 표상으로서 말과 글이 지켜지고, 그 말과 글의 정화인 시정신과 시혼이 어둠 속에서 등불이 되고 횃불로서 타올라왔기 때문이라는 뜻이다.

그렇다! 현대시 100년은 그대로 이 땅 현대사 100년의 온갖 우여곡절과 명암 굴곡을 그대로 반영하면서 민족정신과 민족혼을 지키고 민족정서를 고양시키는 데 거울과 등불의 역할을 해온 것이 분명하다. 선열들의 어기찬 삶과 빛나는 시가 있었기에 민족 정신사의 순결 부분이 지켜지고 예술사의 순금 부분이 빛날 수 있었다는 말이 되겠다.

내 작은 개인사 60년을 돌아보아도 과연 시가 없었다면 내 지난날은 얼마나 춥고 황량했을까 하는 생각이 든다. 삶의 굽이마다 시가 있었기에 나는 어두운 삶 속에서 참 나를 찾을 수 있었고, 위안을 받으며 용기와 희망을 얻을 수 있었으며, 그를 통해 생명사랑과 이웃사랑 그리고 자아실현과 정신적 구원을 향해 열린 길을 조금씩 걸어올 수 있었다. 그리 보면 시는 내 작은 삶에 있어 현실 그 자체이자 꿈과 보람이었고, 동시에 생의 의미이자 가치였던 것이 분명하다. 한평생 돈을 세면서 재산을 늘려가는 기쁨과 보람도 큰 것이겠지만, 돈이 안 생겨도 시를 살면서 어떤 것이 진실한 삶의 길이고 바람직한 인간의 길인가를 깨치고 생각하면서 살아올 수 있었던 나날이 내겐 분명 과분한 행복이자 소중한 삶의 의미가 돼 왔다는 뜻이 되리라.

그렇다. 시가, 시 공부가 내게 가르쳐 준 것은 외로움과 슬픔의 힘, 고독과 허무의 에너지이자 꿈과 희망의 소중한 원천이 될 수 있다는 사실이며 동시에 생명과 사랑 그리고 자유와 평화를 향한 영원한 갈망이자 염원이라는 점을 깨닫게 해준 것이다.

그러니 어쩌랴. 그냥 그렇게 이 시의 길을 걸어올 수밖에 없었고 앞으로도 걸어갈 수밖에 무슨, 어떤 별다른 삶의 방도가 있을 것인가?

이번에 상재하는 『한국현대시인연구·2』는 1986년 간행한 『한국현대시인연구』의 후속편이다. 10쇄를 거듭한 앞서의 책에서 묶여지지 않은 논문들을 함께 모으고 새로 써 보태어 20년 만에 둘째 권을 상재하게 된 것이다.

전번 책에서 저자는 시인 선정의 원칙으로 자유와 평등정신을 바탕으로 한 생명의식 또는 인간존중사상이 두드러지고, 현실인식과 사회의식을 포괄하는 의미에서 역사의식이 투철하거나 시가 상상력과 언어의 예술이라는 점을 인식하고 미의식을 구현하려 노력한 시인들에 중점을 두었다.

이번 책과 다음 셋째 권까지 이어질 책에서도 그러한 원칙은 이어진다. 그러나 첫째 권이 오랜 분단 상황으로 인해 남쪽에서 다룰 수 있었던 시인들만을 대상으로 한 데서 한걸음 더 나아가 이번에는 좌파와 우파, 민족주의와 계급주의 또는 순수문학과 경향문학 및 서정시와 모더니즘문학을 포괄하고 실종 상태에 놓여 있던 시인들까지를 함께 포괄함으로써 현대시사의 입체성과 다양성을 함께 보여주고자 노력하였다.

어느새 내 작은 인생도 갑년에 이르러 원점에서 새 출발을 기약하게 되었다. 인생 60년, 1966년 대학에 입학하여 우리 문학 공부에 뜻을 둔 지 어언 40여 년, 그리고 1972년 대학원을 졸업하고 대학에서 어줍은 지식으로 강의를 시작한 지 35년을 맞이하였다.

누구에게나 그렇겠지만 60년 한 생애, 눈 깜짝할 사이 같은데 그 하루하루는 결코 쉽지 않은 나날이었다. 이 점에서 오늘이 있기까지 나를 있게 해준 천지신명께, 그리고 낳아 준 부모님과 길러 주신 스승님들께 감사드린다. 무엇보다 원체 숫되고 어리석은 데다 욕심까지 많아서 여러분들께 과분한 은혜를 입고도 많은 허물을 지었다. 본디 마음은 그렇지 않았으나 살다 보니 그리 되었음을 혜량하고 두루 용서해 주시기 바란다. 한 가지 이 책을 펴내면서 우리 출판문화 풍토를 개척하고 양서 발간에 진력하다 가신 일지사 고 김성재 사장님을 추모하면서, 언제나 좋은 도반이신 김유진 선생, 그리고 성심성의 필자를 도와주는 경희대 박사 수료생 조운아 양에게 감사한다.

이제 새로 한 살 거듭 태어난 심정으로 비록 남은 날은 그리 많지 않겠지만 진인사 대천명, 언제나 처음처럼 힘내어 살아가겠다. 여러분들의 지도편달과 성원을 부탁드린다.

2007년 雨水節
韻夕書室에서
無今堂人 山史 金載弘 씀

〈제6회 김환태평론문학상 수상소감〉

인간사랑, 생명사랑, 자유사랑의 먼 길

– 문학은 가장 높은 정신의 움직임

속절없이 흘러간 어린 시절

외로움 때문이었다. 문학이라는 끊지 못할 마약의 환상에 사로잡히게 된 것은.

6·25가 끝나고 국민학교에 다닐 무렵부터 나는 혼자였다. 부모님은 객지로 떠나시고, 나는 조부모님께 맡겨져 있었다. 충청도 산골, 그때만 해도 호롱불 켜고 지내던 시절, 그 호롱불 너울대는 밤이 좋았다. 무어랄까, 밤은 깊고 깊은 우주의 동굴 속만 같았고, 흔들리는 호롱불은 동요에 나오는 가랑잎 쪽배가 되어 어디론가 하염없이 흘러가고만 있었다. 그 천길 만길 밤의 바다 어둠이 외로움을 감싸 주었고 그 호롱불빛만이 고즈넉이 친구가 돼 주었다.

그렇게, 그렇게 시오리 산 너머 기찻길이 그리웠고, 산모롱이 감돌아 사라져 가는 기차처럼 어디론가 끝없이 떠나고 싶었다.

그러나 어린 아이가 무작정 떠날 수는 없는 것, 그래서 닥치는 대로 읽고 또 읽으면서 끝없는 환상의 나라, 그리움의 세계로 빠져 들었다. 실제는 아니지만 꿈꿀 수 있는 것, 상상해 볼 수 있는 그것만 해도 즐거웠고 그런 밤이면 누가 곁에 없어도 행복하기만 했다. 그렇게 어린 날은 속절없이 흘러갔고, 외로움의 병은 깊어만 갔다.

희망을 찾아 헤맨 젊은 날의 겨울 행진

대처로 나온 중·고교, 대학 시절도 마찬가지였다. 60년대 전반의 중·고교 시절은 가난과 외로움 속에서 유독 낯붉히기 일쑤였고, 그러기에 글 읽는 일, 특히 시 읽는 일이 그렇게 좋을 수가 없었다.

'산모퉁이를 돌아 논가 외딴 우물을 홀로 찾아가선 가만히 들여다봅니다//우물 속에는 달이 밝고 구름이 흐르고 하늘이 펼치고 파아란 바람이 불고 가을이 있습니다//그리고 한 사나이가 있습니다/어쩐지 그 사나이가 미워져 돌아갑니다'라는 시구가 그렇게 마음에 부딪쳐 왔다. 어린 시절 시골에서 바라보던 하늘과 바람과 별과 그리던 어머니가 고스란히 그 시집 속에 펼쳐지고 있었다.

여의도 백사장, 밤섬이 보이는 마포 강둑에 누워 굽이쳐 휘돌아가는 서강을 바라보며 하늘의 구름에 청소년 시절의 온갖 열등감이며 외로움, 그리고 지향 없는 그리움을 띄워 보낼 뿐이었다. 그래선지 글 읽는 사람이 되고 싶었고, 될 수만 있다면 시를 쓰며, 낙도에라도 가서 나보다 더 외로운 아이들의 손목을 잡고 그저 순하디순한 짐승처럼 바다만 바라보면서 한세상 살고 싶었다. 그뿐이었다.

대학 시절은 더 그랬다. 주변엔 온통 나보다도 더 외롭고 힘든 친구들만 있었다. 칫솔 하나만 들고 객지를 동가식서가숙하면서도 치열하게 쓰고 아파하며 절망과 허무라는 천형을 앓는 친구들이 대부분이었다. 그래서 우리는 모였다. 외로움의 관솔에 불붙여 들고 60년대 후반 이 땅에 어둠처럼 깔려 있던 허무와 격투를 벌이며 사나운 시대의 풍속과 싸워 나아가고자 했다.

외로운 만큼 뜨거웠고, 가난한 만큼 치열했으며, 서러운 만큼 순수할 수 있었다. 그렇게 어렴풋한 취기 하나 데불고 생의 한가운데를 질주하고자 하였다. 실존주의 풍으로, 뉴크리티시즘의 세례를 받으며, 거친 난바다에 내던져지면서 좌초하지 않으려 버둥거렸다. 끝내 절망 속에서 몇 오라기 희망을 찾아 헤매며, 친구의 죽음을 통과시키면서, 두꺼운 일상의 갑옷을 마련하면서, 겨울 행진을 해 나아갈 수밖에 없었다.

그렇게 겨울은 깊고 두터웠다. 누구는 젊음이 아름답다고 외쳐댔지만, 나는 늘상 춥고 배고프고 불안한 채로 빙하기를 통과하고 있었다.

혼자였기에 강해진 나

강하게 살고 싶었다. 외로움을 외로움대로 쓰면서 그것을 수정하고 희망을 찾아내는 일로서의 시 쓰기가, 그 순수한 열정과 참담한 격투가 힘들었다. 자신이 없고, 그러한 무능과 무력함이 싫었고, 허무와 외로움이 무서웠다. 그래서 나는 도피의 수단으로 시 읽기에 더욱 몰두하였고, 거기에서 내 능력에 맞는 하나의 작은 길을 발견해낼 수 있었다.

그것은 시를 쓰는 일이 아니라 씌어진 시를 읽고 그에 대해 내 생각을 쓰는 일이었다. 그걸 평론이라고 하던가? 세계를 쓰는 일도 좋겠지만, 세계가 씌어진 그 창조의 세계를 가지고 다시 시와 시인의 세계를 함께 써 보는 일도 그럴듯하게 생각되었고, 어쩌면 그게 내 능력과 적성에 맞는 일인지도 모른다고 생각하게 되었다. 그만큼 나의 순수는 세상살이에서 색깔이 바래지고, 세상 사는 일에 익숙해지고 요령을 부리게 되었다는 뜻이 될는지도 모른다. 진짜 강한 게 무언지도 모르면서 칼을 쥐는 게 강하게 사는 걸로 착각해 왔던 것은 아닐까 한다.

어떻든 그렇게 시와 시인과 문학사를 분석하고 해석하며 평가하고 감상하는 일에 참여해 온 지도 어느덧 20여 년의 세월이 흘렀다. 그리고 어줍게 가르치는 일에도 적지 않은 세월이 스쳐갔다.

그렇게 혼자였기에, 외로웠기에 나는 비로소 강해질 수 있었다.

문학과 사회·역사와의 관계에 눈뜬 70년대

내 글이 처음 공식적으로 활자화된 것은 1969년 《서울신문》에 정명환 선생님이 「한국현대시 은유형태 분석론」이란 평론을 뽑아 주셨기 때문이다. 3학년 때 브룩 로즈Brooke Rose의 「은유문법A GRAMMAR OF METAPHOR」이란 글을 읽고 우리 현대시에 적용해서 10여 개의 은유형태를 만들어 본 100매 정도의 시론적 성격의 글이었다. 이 부족한 글이 인연이 되어 조태일 시인이 〈시인〉지(1970)에, 이문구 작가가 〈월간문학〉지(1971)에, 조정래 작가가 〈현대문학〉지에 지면을 주선해 주어 평단의 말석에 조금씩 발을 들여놓을 수 있었다.

학부를 마치고는 곧장 대학원에 입학하였다. 그때부터 동숭동 J 선생님의 연구실에서 무급 조교로 밤낮을 상주하며 본격적으로 현대문학, 특히 현대시를 공부하기 시작하였다.

석·박사를 하는 10년 세월 동안 나의 관심은 주로 문학을 문학 자체로 분석하고, 해석하며, 평가하고, 감상하는 능력을 기르는 데 쏠려 있었다. 그래서 석사학위 논문으로 쓴 것이 「한국 현대시의 방법론적 연구」라는 글이었고, 이 논문의 연장선상에서 박사 논문인 「한용운 님의 침묵 연구」가 씌어질 수 있었다. 그러면서 나는 조금씩 눈을 떠 가기 시작하였다.

70년대 내내 한용운을 공부하면서 나는 문학을 보다 총체적으로 이해하기 위해서는 작품 자체를 객관적으로 깊이 있게 공부하는 일도 중요하지만 그것이 산출된 사회·역사적 현실을 포괄적으로 이해하는 일이 필수적이라는 사실을 깨닫게 되었다. 그러면서 새삼 학부 시절에

강한 충격을 주셨던 K 선생님을 떠올리게 되었다. 왠지 모르게 그분에게 서려 있는 깊이 모를 우수와 프로문학 비평사 연구에 몰두하고 계시던 열정이 뜨겁고 순수하게 가슴에 부딪쳐 왔다.

J 선생님의 원만한 성품 및 인간적 포용력과 함께 K선생님의 예리한 지성 및 학문적 업적이 내 젊은 날의 가난한 영혼에 채찍이 되고 등불이 되었다고 나는 이제 와서 감히 고백한다. 그러면서 나는 차츰 문학과 사회 현실 및 역사와의 관계를 고민하게 되었다. 70년대 내내, 김지하 시인의 뜨거운 반역의 정신과 인간해방의 사상은 끊임없이 내게 역사에 대한 부끄러움과 열등감을 일깨워 주었다. 이 과정에서 씌어진 것이 첫 평론집 『한국전쟁과 현대시의 응전력』(1978)이었고, 첫 연구서 『한용운 문학 연구』(1982)였다. 특히 한용운은 내게, 문학은 문학 자체의 예술성과 문학적 성과를 기본으로 하면서도 사회· 역사적 삶의 지평을 열어 가는 데에 참뜻이 있음을 조용히 또 깊이 있게 일러 주었다.

아직도 그에 대해 체계적이고 깊이 있는 연구업적을 이루어내고 있지는 못하지만 한용운은 지금까지도 내게 끊임없이 문학과 인생·종교·사회·역사를 일깨워 주고 있는 큰 스승임에 분명하다.

시는 인간 사랑의 실천이자 민족어 완성의 방법

80년대의 험악한 현실 속에서 나는 내가 처한 시대와 사회를 보다 구체적으로 이해하면서 내 문학 연구의 시야를 넓혀 가고자 노력하였다. 그 작은 결과로 80년대에 『한국 현대시인 연구』(1986) 『현대시와 열린 정신』(1987) 『현대시와 역사의식』(1988) 등의 연구서를 펴낼 수 있었다.

이 작은 책들에서 나는 문학을 바라보는 몇 가지 층위가 필요함을 깨달을 수 있었다. 우리의 현대시를 공부하는 과정에서, 시라는 것이 개인적으로는 자기 극복의 명제 혹은 자기 구원의 길로 열려 있지만, 또 다른 차원에서는 인간애의 지난한 실천 과정이자 민족어의 완성을 지향하는 길이라는 점을 새삼 확인할 수 있었다.

그러한 층위는 현실인식과 사회의식을 포괄하는 의미에서 역사의식이 투철하거나, 자유와 평등정신을 바탕으로 한 생명의식 또는 인간존중 사상이 두드러지고, 아울러 시가 상상력과 언어의 예술이라는 점을 인식하고 미의식을 구현하려 하는 것으로 나누어 볼 수 있었다. 이것은 '뼈대'로서의 이념과 사상, '살'로서의 정서와 미의식, 그리고 '피'로서의 전통과 혼이 함께 조화를 이루고 있는 시가 가장 바람직한 것이라는 평소 신념을 재확인한 것이라 하겠다.

시인은 자기의 눈으로 세상을 바라보고 세계를 개성적으로 자아화해 가면 되지만, 연구자는 좀 더 총체적이고 포괄적인 안목을 갖는 일이 중요하다는 생각이 들었다. 어떤 이념이나 논리를 독단적으로 적용하는 일보다는 균형감각을 갖고 작가, 작품을 이해하고 사랑하는 일이 긴요함을 깨달을 수 있었다.

그러는 과정에서 내가 좌파문학에 대해 너무도 무지함을 깨닫고 그 방면에 대한 공부가 절실함을 생각하여 공부 삼아 쓰게 된 것이 『카프 시인 비평』(1990)과 『한국현대문학의 비극론』(1993)이란 책이다. 그 과정에서 나는 새삼 자본주의도 사회주의도 모두가 인간의 삶의 질을 고양시키려는 의도에서 배태되고 전개돼 왔음을 깨달을 수 있었다.

자유가 소중한 만큼 그 상보적 개념으로 평등이 필수적인데도 일제 강점의 오랜 질곡과 분단의 어두운 세월 속에서 그것들이 분리된 채로 충돌할 수밖에 없었던 현실이 가슴 아프게 부딪쳐 왔다. 한국과 일본, 좌파와 우파, 남과 북, 지배문화와 저항문화의 대립과 갈등 속에서 무엇이 바람직한 삶의 길이고 가치 있는 문학의 길이냐가 논의되지 못하고 '내편 아니면 적'이라는 식의 대항논리, 적개심의 분위기가 이 땅의 삶뿐 아니라 문학까지도 온통 지배하게 된 것이다. 문학까지도 그 생명이라 할 진실의 법칙으로써가 아니라 힘의 법칙으로 재단되게 되고, 대항문학 또는 적개심의 문학이 문학의 본령인 것처럼 오도되는 측면도 없지 않았던 것이다. 이번에 수상작으로 선정된 『한국 현대시인 비판』은 이런 대항논리의 극복 의도에서 묶여진 책이다.

아직도 먼 문학에의 길

지난 30년 가까이 우리 문학을 공부하면서 작게라도 분명히 깨달은 것이 있다면 그것은 모든 생명은 삶 앞에서 자유롭고 평등하다는 사실이다. 왜, 그리도, 늦게, 너무나도 평범한 이 사실이 내게 큰 울림으로 부딪쳐 왔는지 모른다.

물고기는 물고기의 자로 재야 한다. 물고기도, 멸치를 재는 자는 멸치에게서 나와야 하고 고래를 재는 자 역시 고래에게서 나와야 올바로 잴 수 있음이 분명하다. 하물며 사람에게 있어, 가장 높은 정신의 움직임을 추구하는 문학에 있어서야 말해 무엇하겠는가. 변하는 것으로 시대정신이라 할 사회성·역사성이 중요한 만큼 변하지 않는 속성으로 문학의 본성인 예술성·영원성도 그 이상으로 중요하다. 이러한 개념들은 대립적인 것이 아니라 상보적이며 변증법적일 것이 분명하다.

이어령, 김윤식 심사위원들께서 이 부족한 책을 추천해 주신 것도 문학을 총체성으로 껴안아 들이려는 이 책의 노력을 받아들여 준 때문이리라고 생각한다. 나는 문학을 사회·역사의 층위, 생명 사랑과 영원주의의 층위, 자유인의 계보 등으로 묶어 삶을 총체성·입체성 속으로 섭수해 들임으로써 시가 인간 탐구의 길이며 동시에 인간 구원, 사랑과 영원으로 열린 길임을 확인해 본 것이다. 그뿐이다.

아직도 길은 멀다. 이룬 것은 보잘것없고, 해는 조금씩 기울어 가고, 가야 할 길은 아득하기만 하다. 앞으로도 시 공부를 통해 진정한 인간사랑, 생명사랑, 자유사랑으로서 문학비평의 길을 걸어가도록 힘쓰겠다.

그간 부족하기만 한 학문의 길, 서투르기만 한 삶의 길에서 은혜 입은 분들이 한두 분이 아니다. 무엇보다도 이 땅에서 옳게 살려는 노력으로 문학에 헌신하신 모든 분들께 머리 숙인다. 일제강점 하 우리 문학을 지키고 순수문학의 참뜻을 세우려 진력하다가 요절하신 김환태 선생님도 그 소중한 한 분이라고 하겠다. 특히 문학의 순례자들을 격려하기 위해 이 상을 제정한 '문학사상사' 여러분, 그리고 심사위원님들께 깊이 감사드린다. 이 작은 선물을 그동안 나를 지탱해 준 나의 깊은 외로움에, 고마운 이웃들의 풀잎 사랑에 바친다.

박물관은 역사·문화·생활의 희망발전소

1. '한국 현대시박물관'의 한 의미

필자의 평생 꿈이었던 '현대시박물관'을 개관한 것은 한국 현대시가 출범 100주년을 맞이한 2008년 11월 1일이었다. 우리 민족에게 있어 예술사의 꽃이면서 동시에 정신사의 열매라고 할 현대시가 100년이 되었는데도 전문박물관 하나 없었던 것은 현대시 전공자로서의 아쉬움을 넘어서 국가적인 불행이 아닐 수 없다고 평소 생각해 왔기에 그 개관의 감회는 자못 깊고 큰 것이었다.

지난 100년의 전반기에 우리 시는 망국의 아픔을 겪으면서 그 절망과 고통을 치열하게 시적으로 형상화해 왔다. 이상화는 「빼앗긴 들에도 봄은 오는가」라 부르짖으면서 생존권과 주권을 강탈당하고 민족혼까지 멸실될 것 같은 위기감을 형상화하였고, 만해 한용운도 '타고 남은 재가 다시 기름이 됩니다/그칠 줄 모르고 타는 나의 가슴은 누구의 밤을 지키는 약한 등불입니까'라고 노래하여 민족의 어둔 가슴에 희망의 등불을 높이 치켜들어 주었다. 심훈 역시 '그날이 오면 아아 그날이 오면/보신각 인경을 머리로 들이받아 울리오리다/두개골은 깨어져 산산조각이 나도/기쁨에 죽사오매 무슨 한이 남으오리까'라고 시 「그날이 오면」에서 해방과 독립을 피울음으로 절규하지 않았던가.

해방 50년도 분단의 고통과 슬픔 속에서 이 땅의 근본이념인 자유민주주의를 수호하기 위해 또한 생명사랑과 평화사랑, 인간사랑을 실천하기 위해 우리 시는 끊임없이 노력을 경주해 온 것이 사실이다. '어째서 자유에는 피의 냄새가 섞여 있는가를/혁명은 왜 고독해야 하는가를'이라며 노호한 김수영도 그렇고, '한라에서 백두까지/향그러운 흙가슴만 남고/그, 모오든 쇠붙이는 가라'라고 부르짖은 신동엽의 시편들이 바로 그러한 예들이 될 것이다.

시인들의 이러한 고통스런 절망과 절규의 노래들은 우리 민족으로 하여금 이 땅의 온갖 어둠과 절망을 딛고 자유와 평등, 평화와 생명의 나라로 나아갈 수 있게 해 주는 정신의 횃불이 되고 희망의 나침반이 돼 주어 왔다고 해도 과언이 아니리라.

그런데도 국권상실과 국권회복, 그리고 인간회복의 꿈과 소망을 노래해 온 예술사의 꽃이자 정신사의 열매인 현대시에 관한 전문박물관 하나가 이제껏 설립되지 못한 것은 참으로 안타깝고 부끄러운 일이 아닐 수 없다고 생각한다. 지금이라도 국가적 차원에서 현대시, 나아가서 현대문학박물관이 설립돼야 함은 물론이다. 아니 그러기에 앞서 우선 지금 설립되어 영세 규모로 운영되고 있는 문학관들, 문학박물관에라도 좀 더 과감한 국가적 지원책이 마련되어야 마땅하리라고 생각한다. 그것은 민족정신사의 올바른 정체성을 회복하고 민족정기와 민족 자존심을 확립하는 결정적 계기가 될 것이 분명하기 때문이다.

고려자기, 숭례문, 석굴암 등 유형문화재들도 소중하지만 정신사의 꽃이고 예술사의 열매인 정신적 문화재로서 시와 문학도 그 이상 소중한 것이 분명하지 않겠는가?

2. 나와 시, 시사랑 외길 50년

내가 시와 시인 사랑에 눈뜨게 된 것은 한마디로 외로움 때문이었다. 해방기에 태어나 6·25 동란기와 50~60년대 궁핍한 시대를 살아오면서 나는 언제나 혼자였다. 6·25로 징집되어 군문에 계시던 아버지와 어머니는 어린 나를 조부모에 맡기고 객지를 전전하셨다. 그러기에 나는 혼자서 고향 산과 들을 쏘다니고 시내와 숲을 헤매면서 자연과 하나 되어 뒹굴면서 아지 못할 외로움과 그리움을 길들여 온 것이다.

그럴 즈음 4·19가 일어나고 도시로 나와 중고교 자취생활 비슷하게 하면서도 그런 혼자의 삶은 계속 되었다. 그런 외로움과 가난의 시절을 살아가면서 또 사춘기를 겪으면서 나에게 친구가 돼준 것은 윤동주의 「서시」와 김소월의 「진달래꽃」, 「부모」 등의 시편들이었다. 부모님의 정을 살갑게 느끼지 못하면서도 '엄마야 누나야 강변 살자'라거나 '낙엽이 우수수 떨어질 때 어머님 하고 둘이 앉아…'로 시작되는 시를 읽노라면 낙망과 좌절 속에서 새삼 아지 못할 위안과 힘이 샘물처럼 솟아남을 느끼게 되고 다시 희망을 가질 수 있게 되곤 하였다. 또한 '죽는 날까지 하늘을 우러러 한 점 부끄럼 없기를/잎새에 이는 바람에도 나는 괴로워했다/별을 노래하는 마음으로 모든 죽어가는 것들을 사랑해야지/그리고 나한테 주어진 길을 걸어가야 겠다'라는 「서시」는 책상머리에 붙여놓고 외면서 운명을 사랑하는 운명애amor fati에 눈뜨게 해주었다. 그래서 글을 쓰는 삶, 시를 공부하는 삶을 내 운명의 길로 선택하고 국문학, 특히 현대시를 공부하기로 결심하였다. 그래서 스무살 전부터 오늘까지 수십 년간 우리 시를 공부하는 내 삶의 길, 운명의 길로 들어서게 된 것이다.

3. '한국 현대시박물관'은 종로의 진주, 이 땅의 문화발전소

그렇게 취미가 전공이 되고 전공이 직업이 되어 대학에서 시를 강의한 지 내년이면 40년을 맞이한다. 그 과정에서 나는 시공부를 통해 내 삶과 인생을 깨닫고 나를 둘러싼 사회와 역사, 세계와 우주로 조금씩 다가가게 되었다. 시는 삶과 인간을 탐구하는 것이고 자연과 세계, 우주와 인간과의 친화와 교감을 획득하는 일이라는 것을 깨치게 되었다. 또한 참시의 시대란 참인간의 시대이고 바람직한 역사를 열어가기 위한 노력이라는 점도 깊이 이해하게 되었다.

그러기에 연구실과 강의실에만 머무는 것보다는 그것을 사회와 역사에 되돌려주는 게 바람직한 학자의 길이 아닌가 생각되어 세 가지 일에 팔 걷어 부치고 나서게 되었다.

첫째는 시의 매체운동, 즉 시문예지를 직접 창간하여 시와 삶의 현장으로 뛰어드는 일이었다. 그리하여 평생 은사이시던 정한모 시인과 의논 끝에 시전문계간지 〈시와시학〉을 창간(1991)하고 시지를 통한 시의 생활화, 시의 대중화 운동을 전개하기로 하였다. 그로부터 올해로 〈시와시학〉은 20년, 통권 80호를 맞이하게 되었다. 그 20년 길은 그야말로 가시밭길이 아닐 수 없었고, 앞으로도 그 운명이 어찌될지 알 수 없으나 어떻든 시전문계간지로선 최장수를 기록하게 되었다. 서정시를 통한 정신적인 녹색운동을 전개함으로써 한국 현대시의 한 지평을 마련하게 된 점에서 필자는 자부심을 느낀다.

두 번째는 박사학위논문 주제였던 만해 한용운의 생명사랑·나라사랑·겨레사랑·인류사랑·평화사랑의 정신을 오늘에 되살리는 실천적인 사회봉사의 길이었다. 그래서 만해가 출가하고 겨레의 시집인 『님의 침묵』을 집필한 백담사에 들어가서 조오현 스님을 모시고 만해사상실천선양회, 만해시인학교를 만들고, 세계인의 민족문학축전인 '만해축전'(1999)을 창안·발기하여 만해정신을 오늘에 살리고 세계인의 가슴에 심는 일을 위해 20년 가까이 최선을 다해 왔다.

세 번째가 바로 '현대시박물관' 건립이었다. 시를 공부하는 40년 세월 만여 권의 시집과 희귀시집 수백 권을 모을 수 있었고, 〈시와시학〉을 20년 간행하는 동안 만해, 미당을 비롯하여 근년의 고은, 김지하에 이르기까지 수백 종의 친필 휘호, 육필원고들을 수집하게 되었다. 그리고 김남조, 고은, 김윤식, 김후란, 허영환, 김초혜, 김추인, 윤범모 등 여러분의 자료 도움과 뜻있는 많은 분들의 십시일반 경제적 도움까지 얻게 되어 마침내 이 땅 최초의 '현대시박물관'을 개관하게 된 것이다.

그런데 문제는 개관 후로부터 어려움이 시작된 것이다. 건물은 필자가 살던 혜화동집 전체를 내놓아 용도 변경하여 사용하기로 했기에 큰 어려움이 없었다.

그러나 가정집을 그대로 쓸 수는 없는 것이기에 1, 2층 전체를 리모델링하게 되었고 그러다 보니 수억 원을 쏟아붓게 되고 말았다. 두 번째가 자료, 수집·보관·정리 문제, 기왕 만여 권의 시집과 희귀시집이 있었으나 명색이 전문박물관이라 부족한 시집, 시문예지, 조각상들을 보관·수집하려니 참으로 많은 자금과 노력이 들지 않을 수 없었다. 그것 또한 절망과 고통의 연속이었다. 그런 다음 셋째, 각종 수백 점의 자료들을 표구, 액자화하려니 거기에도 수천만 원에서 억대 가까운 돈이 들어가게 되었다. 특히 대표 현대시인 100인 초상시화에는 화가의 초상화 의뢰만도 거금이 들어가게 되어 큰 난관을 겪지 않을 수 없었다.

넷째 그야말로 큰 어려움은 막상 개관 후에 닥쳐왔다. 전문 학예사를 모셔야 하고 각종 전기, 수도료를 비롯하여 물류, 통신·냉방·난방 등 운영관리비만도 매월 수백만 원은 기본으로 계속 들어가지 않을 수 없는 것이 큰 문제점이었다.

그렇다! 세상에 쉬운 일이 어디 있겠냐마는 박물관 사업은 정말 고난과 역경의 연속이 아닐 수 없음을 절감하였다. 다행히 비좁기는 하지만 자기 건물이 있는데도 그 운영이 이렇게 어려우니 귀한 뜻과 자료를 세상에 다 내놓고 박물관을 설립·운영하는 박물관인들의 노고와 고난은 과연 어떠할 것인가?

박물관은 한 민족에 있어서 역사의 보물창고이면서 동시에 문화생활의 현장이며, 예술의 희망 발전소가 아닐 수 없다.

이 점에서 문화 당국, 아니 정부차원의 적극적인 박물관 진흥·발전책이 마련되고 국가적 지원이 있어야 마땅하리라 생각한다.

|군말|

I

"바야흐로 전원이 황폐해지니 내 어찌 고향으로 돌아가지 않으리田園將蕪胡不歸"라는 시구가 있었던가요. 나는 열네 살 초등학교를 졸업하며 떠난 고향으로 50여년 만에 되돌아와 오두막을 한 채 짓고 귀성을 준비 중입니다. 반세기가 지나 돌아온 목천 독립기념관 앞 산마을. 산은 옛 산이로되 사람들은 많이 바뀌어 낯설지만, 그래도 옛 정취와 분위기는 그대로여서 차츰 옛정을 돌이키며 세상에서 지친 몸과 마음을 다스리고 있는 중입니다.

II

어느새 만65세 정년을 맞이하고 보니 감회가 없지 않습니다. 그간 나름대로 열심히 선하게 살아 보려고 최선을 다해 노력해 왔으나 실수도 잦았고 실패한 것도 많았습니다. 그러나 모든 것은 다 그것대로 반성하면서 오늘의 저를 가늠해 보며 남은 날이라도 성실하고 친절하게 살아가고자 스스로 다짐해 봅니다. 워낙 재주도 없고 가진 것 또한 없이 욕심만 앞서다 보니 그간 본의 아니게 주변 분들께 많은 누를 끼치고 도리어 은덕을 입으며 살아왔습니다. 그 모든 것 엎드려 반성하며 참회합니다.

60여 년 지상의 삶, 신세 지고 은혜 입은 분들이 한두 분이 아닙니다. 지금까지 제가 만난 분들은 모두가 어질고 아름다운 분들이셨습니다. 다만 제가 부족하고 용렬한 탓에 뜻한 바대로 제대로 모시지 못한 것들 너그러이 용서해 주시고 남은 날도 계속 지도 편달해 주십시오.

초등학교 졸업하고 대처로 나온 이래 나름대로 사람답게 사는 길이 지상에서 가장 죄 없는 길로서 시를 쓰고 읽는 길이라 생각하여 반백 년 그야말로 부족하지만 시의 외길을 걸어왔습니다. 시를 공부하는 일이 바로 나를 올바로 알기 위한 노력이고 나를 이겨내고, 나를 사랑하면서 '참나'를 실현하며 사는 일이라 생각했습니다. 아울러 나와 이웃들을 제대로 사랑하고 나아가서 나를 고양시키며 구원하는 길이라 믿었기에 이해타산 아무것도 생각지 않고 제 나름 최선을 다해 신념의 길을 걸어오고자 한 것입니다.

Ⅲ

그러면서 만해 선사, 한용운 스님 시인의 시와 삶을 접하면서 그렇게 한 세상 살아보는 것도 의미 있는 일이라 꿈꾸게 되었습니다. 그 결과 20여 년 안주하던 대학 연구실과 강의실에서 걸어 나와 현실의 삶, 구체적인 삶의 현장으로 다가가기 시작했습니다. 계간 시지 〈시와시학〉을 펴내면서 진정한 문학의 길, 시의 길이 무엇이고 어떠한 것인가를 고민하게 되었고 만해 운동에 뜻을 두고 진력하는 가운데 그분을 통해 시의 길이 사람을 만나고 헤어지는 일이며 사회·역사·인간을 공부하는 일에 다름 아님을 깨쳐가기 시작했습니다. 제대로 배운 것 없고 가진 것 없이 〈유심〉을 펴내고 3·1독립운동, 민족운동에 헌신하고 끊임없이 구도행, 실천행의 삶을 살다가 마침내 뜻과 시 하나만을 오롯이 남기고 들꽃처럼 사라져가 버린 그 만해 시혼의 향기가 외경스럽고 평생 사표로 삼을 만한 것으로 여겨졌기 때문일 겁니다. 그러나 언감생심, 만해 선생의 그 삶과 뜻에 제가 어찌 저의 초라한 생애와 부족한 작업이 비견될 수 있겠습니까. 다만 그러한 만해 선생의 높은 뜻과 삶에 조금씩이라도 다가감으로써 제 나름의 자아실현과 인간 구원을 성취해 나아가고 싶었다는 고백이 되겠습니다. 그렇게 만해의 삶과 시 속에서 저는 몇 번씩 거듭 태어나곤 했습니다.

Ⅳ

그러나 어느새 저의 삶에도 해가 저물고 석양이 뉘엿뉘엿 얼비쳐들기 시작하고 있습니다. 그래선지 새삼 제가 바로 만해 선생께서 말씀하신 '해 저문 벌판에서 돌아가는 길을 잃고 헤매는 한 마리 어린 양'의 모습인 것을 깨닫게 되었습니다.

모든 것이 부족하여 그동안 은혜 입은 분들께, 어진 이웃들에게 잘못한 일 많았던 것 새삼 반성하고 참회합니다. 그러면서 저로 인해 조금이라도 상처 받았던 분들, 마음에 그늘이 드리워졌던 모든 분들께 용서를 빌며 감사드리는 마음으로 덕과 복의 공덕을 받으실 것을 믿고 서원합니다.

Ⅴ

타고 남은 재가 다시 기름이 됩니다.

이 책과 함께 이 부족한 사람의 정년을 기념하여 『산사 강의실의 한 추억』이라는 진솔한 말씀의 꽃다발을 엮어서 떠나가는 배를 배웅해 주는 경희대 국문과 제자들, 시학교실의 여러 벗들에게도 마음으로 깊이 감사드립니다. 특히, 원고 수집과 출판에 힘쓴 산사시학회의 이문재 회장과 이성천 평론가에게 감사합니다.

아울러 이 작은 책을 펴내 주시는 '문화의 힘' 이순옥 대표에게 고마움을 표합니다. 수록된 원고는 발표년도와 출처를 모두 싣지 않기로 합니다. 까닭은 전체를 하나의 시간적 공간 속에서 되살리고자 하는 뜻에서입니다.

거듭 감사합니다.

2012. 5. 8

목천 시마을 오두막에서

山史 金載弘

山史 金載弘 教授 주요 연보

아호 : 山史(서정주 시인 제명), 서재명 : 韻夕書室(고은 시인 제명), 당호 : 無今堂(조오현 스님 제명)

1947. 2. 4. 충남 천안군 성남면 신사리 132번지 祖父 南山 金榮星과 祖母 李福蓮의 장손, 父 南江 金世喜와 母 柳在德 사이에서 5남매 중 장남으로 출생. 현주소: 충남 천안시 동남구 성남면 신사리 467-4(서울 연락처: 서울시 종로구 혜화로3가길 4)

|학 력|

1963~1966	서울대학교 사대부고 졸업
1966~1970	서울대학교 사범대학 국어교육과 졸업 (문학사)
1970~1972	서울대학교 대학원 국어국문학과 졸업 (문학석사)
1974~1977	서울대학교 대학원 국어국문학과 박사과정 수료
1982. 2. 26	서울대학교 대학원 국어국문학과 (문학박사)

|교직 경력|

1972. 8~1977. 8	육군사관학교 전임강사, 조교수
1977. 9~1981. 2	충북대학교 사범대학 국어교육과 전임강사, 조교수
1980. 5~10	미국 일리노이주립대 객원교수
1981. 3~1984. 2	인하대학교 문과대학 국어국문학과 조교수, 부교수
1984. 3~1988. 8	인하대학교 교무부처장, 교양교육위원장
1988. 8. 22~2012. 2. 28	경희대학교 문리과대학 국어국문학과 교수
1998. 2~2001. 12	경희대학교 중앙도서관장
2002. 1~ 2003. 2	경희대학교 문리과대학 마지막 학장
2003. 3~2005. 7	경희대학교 문과대학 초대 학장
2012. 2. 28	경희대학교 국어국문학과 교수 퇴임
현재	경희대학교 명예교수

|학회 · 사회활동|

1996. 6~2000. 8	사단법인 만해사상실천선양회 초대 상임대표
	계간 〈만해새얼〉 편집 겸 발행인
	설악산 백담사 만해학교 · 만해시인학교 교장
1999. 8	제1회 백담사 만해축전 기획 · 개최
2003. 5~2005. 5	한국시학회 회장
2005~2007	백담사 만해마을 만해문학박물관장
현재	만해학술원장, 학술지 〈만해학연구〉 발행·편집인

|수 상|

1969. 12.	서울신문 신춘문예로 문학평론가 데뷔
1970. 5	시지 〈시인〉 첫 평론 발표, 〈월간문학〉 신인상 평론 당선
1982. 2.	제1회 녹원문학상 평론상 「만해시학의 원리」
1988. 5.	제33회 현대문학상 평론상 「현대시와 열린정신」
1991. 5.	제1회 편운문학상 평론상 「카프시인 비평」
	제1회 대산창작기금 문학평론부문 수혜
1994. 11.	〈문학사상〉사 김환태 평론문학상 「한국현대시인 비판」
2000. 11.	후광문학상 「생명·사랑·자유의 시학」
2002. 5.	현대불교문학상 「불교시의 오늘과 미래」
2008. 8	〈유심〉 특별상
2010. 10	서울특별시 문화상 문학부문
2012. 8	만해대상 문예부문 수상

|수 훈|

2010	보관문화훈장
2012	홍조근정훈장

|저 서|

한국전쟁과 현대시의 응전력(평민사, 1978)

한용운문학연구(문공부 추천도서, 일지사, 1982)

시와진실(문공부 추천도서, 이우출판사, 1983)

한국대표시평설(정한모 공편저, 문공부 추천도서, 문학세계사, 1983)

나도향 선집·평전(지학사, 1984)

이장희 전집·평전(문학세계사, 1984)

한국현대시형성론(인하대출판부, 1985)

한국현대시인연구(오늘의 책 선정, 문공부 우수도서, 일지사, 1986)

현대시와 열린 정신(문공부 추천도서, 종로서적, 1987)

현대시와 역사의식(현대문학상 수상, 인하대출판부, 1988)

카프시인비평(서울대출판부, 서울대 권장도서, 문화부 추천도서, 1990)

현대불교시선 (민족사, 1990)

즐거운 명시감상(시와시학사, 1991)

현대문학의 비극론(시와시학사, 1992)

그대 왜 그리 허둥대는가(시와시학사, 1993)

한국현대시인비판(문화부 추천도서, 김환태평론상 수상, 시와시학사, 1944)

이육사(문화체육부, 1995)

이상화(건국대출판부, 1996)

한국 현대시『시어사전』(고려대출판부, 1997)

한국현대시의 사적 탐구(문화부 우수학술도서, 일지사, 1998)

오늘이 그날이라면 - 통일시대의 남북한 문학(홍용희 공편저, 청동거울, 1999)

김재홍 비평집 - 생명·사랑·자유의 시학(후광문학상 수상, 동학사, 1999)

우리문학 100년(김윤식 외 공저, 방일영문화재단, 현암사, 2001)

현대시와 삶의 진실(문학수첩, 2002)

한국현대시100년 명시감상·전5권(문학수첩, 2003~2004)

1권 작은 들꽃이 보고 싶을 때

2권 해지기 전 그대가 그리워지면

3권 당신은 슬플 때 사랑한다

4권 별 하나 나 하나의 고백

5권 삶, 옷과 밥과 자유

님의 침묵 외/ 한용운(편저 · 범우사, 2005)

한국현대시인연구 · 2(일지사, 2007)

|역 서| 아리스토텔레스 '시학'(고려대출판부, 1998)

|산문집| 『꽃진 자리에 향기 더 짙다』(문화의 힘, 2012)

|창간 · 설립 · 운영|

1991. 3 ~ 현재	계간 시전문지 〈시와시학〉 창간 및 주간 · 명예주간 (현재까지 86권 발행)
1991 ~ 현재	정지용문학상 선정 주관
1992. 2	만해학회 창립 발기, 〈만해학보〉 발행, 부회장
1993	충남 홍성 제1회 만해제 기획 운영
1996	한국시학회 창립 발의, 〈한국시학연구〉 발간, 부회장
1996 ~ 현재	시와시학상 운영
1999 ~ 현재	인터넷시전문포탈사이트 poemtopia.co.kr 창설, 대표
1996 ~ 2005	계간 만해실천운동지 〈만해새얼〉 창간(13호까지 간행)
2003 ~ 현재	영랑시문학상 공동주관(전남 강진군)
2007 ~ 현재	시교양지 〈님〉 창간, 발행 · 편집인
2012 현재	한국 시마을예술촌 · 문학관 설립 중